学前教育学

白 洋　刘原兵　张继红　◎著

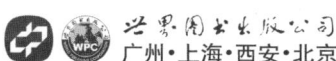
广州·上海·西安·北京

图书在版编目(CIP)数据

学前教育学 / 白洋,刘原兵,张继红著. -- 广州：世界图书出版广东有限公司,2019.12
　ISBN 978-7-5192-7209-8

Ⅰ.①学… Ⅱ.①白… ②刘… ③张… Ⅲ.①学前教育—教育理论 Ⅳ.①G610

中国版本图书馆CIP数据核字(2020)第003668号

书　　名	学前教育学 XUEQIAN JIAOYU XUE
著　　者	白　洋　刘原兵　张继红
责任编辑	程　静　曹桔方
装帧设计	博健文化
责任技编	刘上锦
出版发行	世界图书出版广东有限公司
地　　址	广州市新港西路大江冲25号
邮　　编	510300
电　　话	020-84451969　84453623　84184023　84459579
网　　址	http://www.gdst.com.cn
邮　　箱	wpc_gdst@163.com
经　　销	各地新华书店
印　　刷	广州市迪桦彩印有限公司
开　　本	787mm×1092mm　1/16
印　　张	15.5
字　　数	263千字
版　　次	2019年12月第1版　2019年12月第1次印刷
国际书号	ISBN 978-7-5192-7209-8
定　　价	58.00元

版权所有　侵权必究

前　言

近年来，政府对学前教育及其师资培养日益重视，学前教师的专业化建设呈现出了前所未有的局面。学前教育学是一门多领域交叉融合的学科，体现了人类对学龄前儿童发展与教育的共同智慧，对人的发展、对教育事业的发展、对家庭和社会的进步都具有重要意义。本书以学前教育基本理论为主线，力求体现学前教育理论研究的前沿信息，体现学前教育倡导的最新理念。同时，本书立足于学前教师专业发展的现实需要，注重实践能力的培养，强调理论与实践的融合，帮助读者了解学前教育教学实际，学会审视分析，并初步解决教育实践中的问题。

全书共分九章，介绍了学前教育的相关概念及理论实践，探究了学前教育与社会发展、儿童发展的关系，分析了学前儿童的全面发展教育目标、内容及原则，研究了幼儿园的教育环境、教育活动，以及学前教育的衔接问题，阐述了学前教师的专业素养与成长、学前教师对儿童的发展所做出的评价标准。笔者期待本书能为我国学前教育理论的发展做出一份贡献。

目　录

第一章　绪论···1
　　第一节　学前教育的定义与价值···1
　　第二节　学前教育的性质与特点··10
　　第三节　学前教育的主要理论与实践··13
第二章　学前教育与社会发展的关系··32
　　第一节　学前教育对社会发展的积极意义···32
　　第二节　社会因素对学前教育的影响···35
　　第三节　当今社会学前教育的发展趋势··46
第三章　学前教育与儿童发展的关系··50
　　第一节　儿童发展的影响因素··50
　　第二节　儿童发展的相关理论··57
　　第三节　学前教育与儿童发展的关系···64
第四章　学前儿童的全面发展教育··68
　　第一节　我国教育总目标与幼儿园教育目标······································68
　　第二节　学前儿童全面发展教育的具体内容·····································74
　　第三节　学前儿童全面发展教育的基本原则·····································92
第五章　幼儿园的教育环境···98
　　第一节　环境对学前儿童发展的影响···98
　　第二节　幼儿园教育环境构成及其特点··106
　　第三节　幼儿园教育环境的创设原则···112
　　第四节　幼儿园环境的创设及评估··117

第六章　幼儿园的教育活动 ·················· 126
第一节　幼儿园的教育活动概述 ·············· 126
第二节　游戏活动 ······················· 129
第三节　区域活动 ······················· 159
第四节　小组活动 ······················· 167
第五节　主题活动 ······················· 170
第六节　幼儿园其他活动 ··················· 176

第七章　学前教育的合作与衔接 ················ 179
第一节　幼儿园与家庭教育的合作 ·············· 179
第二节　幼儿园与社区教育的合作 ·············· 187
第三节　幼儿园、家庭、社区的合作 ············· 191
第四节　幼儿园与小学的衔接 ················ 194

第八章　学前教师的专业素养及其发展 ············· 207
第一节　学前教师概述 ···················· 207
第二节　学前教师的专业素养 ················ 212
第三节　学前教师专业化成长 ················ 221

第九章　学前儿童的发展与评价 ················ 227
第一节　学前儿童发展评价的定义与意义 ··········· 227
第二节　学前儿童发展评价的内容与要求 ··········· 231
第三节　学前儿童发展评价的模式与方法 ··········· 235

第一章 绪 论

学前教育学是专门研究 0~6 岁儿童的教育现象和教育问题,揭示其教育规律的学科。已有的解释学前教育学的文献基本上循此意义。如有的人认为"学前教育学就是专门研究学前教育规律的科学",有的人认为"学前教育学是专门研究学前教育现象,揭示学前教育规律的一门学科",还有的人认为"学前教育学主要是探讨学前教育的基本概念、基本命题、基本历史及基本理论框架的一门学科"等。由此可见,学前教育学以学前教育现象为学科研究对象,其基本范畴为研究学前儿童的生理、心理发展规律和行为表现,营造良好的教育环境,运用科学有效的方法,帮助学前儿童获得最大限度的发展。围绕此基本范畴建立学前教育的基本概念、原则等是学前教育学的根本使命。

第一节 学前教育的定义与价值

一、教育的定义

教育已成为现代社会成员生存和发展的重要基础和条件,成为与人们关系最为密切,并越来越具有终身性的社会活动之一。"教育是什么?"这个问题看似简单,但要回答正确却并不容易,而作为一个教育工作者,这是必须弄清楚的一个问题。

教育这种现象是随着社会的发展而发展的,由于教育本身在不断发展,加之人们对教育的认识不断深入,因而教育的含义也在不断发展和深化。

"教""育"这两个字,在我国最早出现在甲骨文中。"教"在甲骨文中像是有人在一旁执鞭演卜,下面是小孩学习的形象;"育"在甲骨文中像妇女养育孩子之形。在先秦古籍中,把"教"与"育"二字用在一起的是孟子,他说:"得天下英才而教育之,三乐也。"在西方,"教育"一词,英文为education,法文为enseignement,德文为erziehung,概由拉丁语eduiere而来。拉丁语的eduiere,又是从动词educere衍变而成的。"e"在拉丁语中有"出"的意思,ducere有"引"的意思。因而,"教育"一词含有"引出"之意。而对于教育的解释,古今中外却有很多不同的解释。如荀子(约公元前313年—公元前238年)说:"以善先人者谓之教。"《学记》中说:"教也者,长善而救其失者也。"东汉许慎在其所著《说文解字》中说:"教,上所施,下所效也。""育,养子使作善也。"法国著名启蒙思想家、教育家卢梭认为:"教育应当依照儿童自然发展的程序,培养儿童所固有的观察、思维和感受的能力。"瑞士资产阶级民主主义教育家裴斯泰洛齐认为:"教育的目的在于发展人的一切天赋力量和能力。"德国的教育家赫尔巴特说:"教育的全部问题可以用一个概念——道德——包括。"

　　这些说法,有的是从社会的需要、发展来解释教育,有的是从人的发展角度来探讨教育的含义,有的则着重表述教育中教育者与受教育者的关系。它们反映了学者们各自的观点,从不同的角度解释了教育的某些特点。其实,教育不仅是一种社会实践活动,而且是一种特殊的社会实践活动。教育的特殊性体现在哪些方面?我们不妨从以下三个方面阐释。首先是教育活动的对象这一维度。教育活动和其他活动不同,教育活动的实施者是人,活动对象也是人,是一种"人—人"之间的关系。其次是教育活动的目的这一维度。教育有着不同于其他社会活动的特殊目的。教育活动的目的是通过培养人,影响人的身心发展,从而使每个人能更充分、更真实地生活,最终影响人类的发展。这种目标上的定位把教育活动与其他以满足人的各种需要为直接目的的社会活动区别开来。再次是活动方式这一维度。教育活动是以一种特殊的规训方式呈现,是在尊重生命、发挥主体能动性的条件下使个体不断社会化,是自我实现创造性转化的典型。

　　通过这些比较,我们认为,教育是有目的、有意识地对人的身心施加影响并促进人向社会要求的方向发展的一种社会实践活动。它的根本任务就是把原本作为自然人而降生的儿童培养成合格的社会成员。这里的教育包括了家庭教育、社会教育和学校教育,范围很广,一般称之为广义的教育。

　　与广义的教育相对的就是狭义的教育。狭义的教育是指在人们专门设置的教育机构中实施的教育，主要指学校教育，如幼儿园、小学、中学和大学教育，以及其他人们为了某种目的而特别组织的教育。在专门的教育机构中，有专职教师，他们根据社会的要求，对受教育者进行有目的、有计划、有组织、系统性的教育和培养，使受教育者在思想品德、知识技能、智力和身体方面向预期的方向发展，成为社会所需要的人。可以说，学校教育是一种专门的、规范的教育，一般来说有较高的效率和更明确的效果，而家庭教育和社会教育对人的影响则较零散和不规范，其结果也具有偶然性和不确定性。由于学校教育具有独特的结构和功能，因而在近现代成为人类社会教育活动的核心部分，对其他各种教育起着示范和主导作用。

二、学前教育的定义

什么是学前教育？对这一概念的认识可谓仁智各见，国内外对此至今尚无统一的认识。但较有影响的观点有以下几种：有人认为，学前教育就是幼儿教育，指对3~6、7岁儿童在幼儿园进行的教育。我国学者黄人颂先生提出，学前教育是指从出生到6岁前儿童的教育。学者梁志燊先生认为，学前教育是对"出生到入学前的儿童"所进行的教育。国外一些学者提出，学前教育是从胎儿到正式受教育前这段时期的幼年照管和教育。国外还有一些专家对学前教育做出了这样的解释：能够激起出生至进入小学前的儿童（小学入学年龄因国家不同而有5~7岁的差别）的学习愿望，给他们学习体验，且有助于他们整体发展的活动总和。

其实，要理解学前教育的含义，必须先明确人的年龄特点和教育对象的阶段划分。人的一生按年龄可划分为若干阶段，如胎儿期、婴儿期（0~3岁）、幼儿期（3~6岁）、儿童期（6~11、12岁）、少年期（11、12~14、15岁）、青年期、成年期、老年期等。不同的年龄阶段有着不同的年龄特征、不同的需要，教育要适合不同年龄阶段的人，分段进行。

我们认为，对出生至进入小学前的儿童所进行的教育就是学前教育。它的教育对象包括婴儿（0~3岁）、幼儿（3~6、7岁）。

学前教育也有广义和狭义之分。从广义上说，凡是能够影响和促进学前儿童身体成长和认知、情感、意志、性格和行为等方面发展的活动，如儿童在成人的指导下看电视、做家务、参加社会活动等，都可以说是学前教育。狭义的学前教育则特指幼儿园和其他专门开设的学前教育机构对出生至进入小学前的儿童施以有目的、有计划、系统性的教育。幼儿园教育在我国属于学校教育系统，具有家庭教育和社会教育所没有的优点，如计划性、系统性等。

学前教育还可以细分为婴儿期教育（0～3岁）和幼儿期教育（3～6、7岁），两者既相互联系，又各具特点。婴儿期教育主要由教育工作者指导家长在家庭中实施，同时还可在各类早教机构、托幼机构中进行。幼儿期教育主要是在幼儿园中实施的，同时与家庭教育密切合作。

三、学前教育和其他几个概念的辨识

在生活中，我们常常听到诸如幼儿教育、早期教育、儿童教育等名词，它们和学前教育一样，关注的都是儿童的教育问题，其内涵也存在某些重合，但差异也很明显。

学前教育与这些概念的区别在于：第一，从包含的人生阶段看，学前教育是对出生至进入小学前的儿童所进行的教育；早期教育即婴儿教育，指对0～3岁婴儿期学前儿童进行的教育；幼儿教育旧称幼稚教育，指对3～6、7岁幼儿期学前儿童进行的教育；儿童教育则包含了婴儿期（0～3岁）、幼儿期（3～6、7岁）、儿童期（6～11、12岁）的教育。第二，从产生的时间看，幼儿教育、儿童教育更为古老，原始社会就有了对儿童的教育，这种教育是伴随着人类社会的产生、发展而产生、发展起来的；而学前教育是相对于学校教育而言的，在近代出现正式学校后才逐渐产生的。早期教育是近年来随着人们对婴儿期教育的重视，逐渐发展并普遍运用的概念。第三，从概念的立足点看，幼儿教育、早期教育、儿童教育更多的是从人的自然发展过程对儿童特定发展阶段的教育做出界定，其主要依据是不同年龄阶段儿童的身心发展特点；而学前教育更多的是从学校教育的立场对儿童的教育阶段做出界定。学前教育是当下的儿童教育，是未来学校教育的前一阶段，是从有利于儿童未来接受学校教育的立场考虑儿童教育。第四，学前教育内涵更为丰富。它蕴含如下理念：学前教育要求对儿童的教育"学前"与"学后"应整体地、有差别地予以考虑。

因此，不能将上述概念相混淆。我们应当严谨、明晰地使用这些概念。

四、学前教育的价值

作为国家教育体系之基础的学前教育正受到广泛的重视,学前教育有着极其重要的意义,主要体现在以下方面。

(一)学前教育价值的生理基础——关于脑科学的研究

脑的发展是个体心理发展的自然物质基础。学前期是人一生中脑的形态、结构和功能发展最为迅速的时期,这主要体现在脑重的增长、大脑皮质发展、大脑单侧化等方面,这些直接决定着大脑功能的发展。借助 FMRI、LMN 扫描等基于计算机的成像技术,人们比以往任何时候都更详尽地了解大脑的结构。人们可以看到大脑在不同发展阶段的形状与功能,以及出生前数月的大脑发育情况。

1. 脑重的增长

出生之际,婴儿的大脑处于极度未发展状态。人脑有 140 多亿个细胞,这是个体终生思考、交流、学习和发展的基础。有研究表明,出生后 3 个月内脑细胞第一次迅速增殖,70%~80% 的脑细胞是在 3 岁前形成的,脑的发育速度在 7 岁前是最快的。新生儿脑重约 400g,只相当于成人脑重的 30%,9 个月时脑重达 660g,接近于成人脑重的 50%,这一时期脑重平均每天增长 1g;3 岁左右儿童的脑重达 950g,相当于成人脑重的 70%;6 岁时脑重达 1280g,相当于成人脑重的 90%。这些脑形态的发展变化在一定程度上反映了大脑内部结构发育和成熟的情况。

2. 大脑皮质发展

儿童出生后 5 个月是脑电活动发展的重要阶段,脑电逐渐皮质化,伴随产生皮质下的抑制;1~3 岁期间,儿童脑电活动逐渐成熟,主要表现为安静觉醒状态下脑电图上主要节律的频率有较大的提高,脑电图也复杂化。在 4~20 岁这个年龄段中,脑功能发展存在两个明显的加速期,第一次在 5~6 岁(第二次是在 13~14 岁),个体脑的功能在一定程度上呈现出一个"飞跃"。随着新经验的到来,婴儿的大脑通过在神经元之间形成和强化数以兆计的神经结或神经键来做出反应。

3. 大脑单侧化

大脑单侧化,即在大脑某个半球建立特定功能的过程,是大脑功能发展的另一重要方面。新生儿具有大脑单侧化的倾向，但这种倾向只表明了大脑两半球在功能上存在着量的差异。随着幼儿期大脑逐步发育成熟，单侧化倾向逐渐发展，两半球在功能上出现质的差异。脑的结构和功能在学前期的发展并非处于一种纯粹自然的状态，而是在很大程度上受到环境和教育的影响与制约。作用于儿童身体或神经系统上的早期经验影响着其大脑相应区域细胞的生长。丰富多彩的适宜环境因素的刺激是促进儿童脑细胞迅速生长的重要条件，而适宜的早期教育是促进脑发育充分和完善的最有效的环境刺激因素。

儿童大脑的"工作细胞"已经形成，大脑的主要功能已趋完善，具备了接受外界大量刺激的可能性。如果抓紧时机进行充分、最适合、最有效的刺激，可以使儿童在大脑中留下极为深刻的印象，有助于儿童大脑及早建立复杂交错的神经网络，为儿童今后大脑的健康发展奠定良好的基础，使其日臻完善和成熟。

可见，脑是个体心理发展所必需的"硬件"，其质量直接影响人的发展，而学前期是脑的形态、结构和功能发展最为迅速的时期，同时，这一时期的发展又在很大程度上受制于早期环境和教育质量，这就直接为学前教育对人的全面发展和国民素质的提高产生长远、深刻的影响提供了生理基础和依据。

（二）学前教育价值的心理基础——关于关键期的研究

关键期是发展神经生物学领域中的重要概念，起源于奥地利生态学家、诺贝尔奖获得者洛伦兹对印刻现象的研究。之后，研究者开始把主要精力集中于人类行为上，这些研究成果为教育领域研究早期儿童的发展所借鉴，尤其在对儿童的各种早期发展行为（包括心理、技能、知识的掌握等行为）的研究中，提出了儿童心理发展关键期理论，并且对儿童早期教育和儿童学习产生了巨大的影响。当前研究进展主要包括关键期内某些功能的补偿性、关键期与突触发生及修剪的关联性，以及人脑有发育顺序和成熟的关键期等方面。

研究发现，关键期内的某些能力和学习能力与突触发生有密切的关联，即学习的机制在于神经细胞突触能力的改变。一个人从出生起就不断地学习和记忆各种东西，在脑系统中也相继形成一个个有序状态，相应地也引起突触的生长。从婴儿出生开始一直持续到儿童期，这是大脑神经突触显著增长的时期。人脑中突触的密度是随着不同的脑区而变化的，在幼儿成长过程中，存在着一系列的关键发展期或敏感阶段，不同发展方面的关键期也不尽相同。

人类突触生长的时间周期与儿童的发展和教育密切相关，表现为神经发展方面的改变与幼儿行为和认知能力变化的联系。环境刺激维持和强化经常加工信息的突触，经常使用的突触得到经验的强化和保持。错过了学习关键期，相关的学习就会变得非常困难，呈现递减状态，甚至不可能进行相关的学习。因此，科学家称之为一个可开可关的"机会之窗"。

所有这些研究都在坚定一个信念：幼儿早期是大脑对新经验最开放的时期。脑的发展在最早期是独特的。经验在一定的时间段里能起到非常重要的作用，会深深地影响往后的发展。学前期是幼儿人生的关键阶段，人的学习能力、对事物的敏感程度、行为习惯，以及智力等都是在这一时期发展而来的。这段时期对幼儿具有重要的作用，因此，应该抓住机会对幼儿开展适宜性的教育，提升幼儿早期发育所处环境和所接触信息的质量。

国内外对学前教育在幼儿智力发展中的作用进行了诸多研究，如美国著名心理学家布鲁姆对近千人从出生一直到成年进行了追踪研究，提出了个体智力发展的科学假设：5岁以前幼儿的智力与17岁普通人智力水平相比较，在4岁时获得了50%的智力，30%的智力是在4～8岁形成的，最后的20%是在8～17岁时形成的，即人的智力在17岁时就已确定，并且婴幼儿阶段决定了一个人大部分的智力，学前阶段是人智力形成的关键期。

随着以脑生理、心理研究为主要内容的儿童早期心理和教育研究的深入，人们对学前教育重要性和价值的认识不断地提高和深化。加强早期儿童教育，为每一个儿童创造高质量的学前教育的机会，正成为世界各国教育改革与发展的一项重要内容。

（三）学前教育对人的发展的意义

学前教育对个体的身心发展意义重大。

1. 促进儿童的身体素质发展

学前阶段是儿童身体生长发育的关键时期，是为人的健康体魄奠定基础的重要时期。儿童身体的发展状况不仅影响到儿童身体的发育，还会影响儿童的心理发展，甚至影响到人的一生。正如陈鹤琴先生所说："健全的身体是一个人做人、做事、做学问的基础。"

学前教育根据儿童生长发育的特点，着眼于儿童身体素质的提高，有计划、有目的地为儿童创设良好的环境，合理安排营养保健和一日生活，科学组织体育锻炼，能促进儿童身体的正常发育，增强儿童的体质，帮助儿童获得基本的健康知识，培养良好的生活习惯，增强其对疾病的抵抗能力、对环境的适应能力，以及自我保护的能力，帮助儿童健康成长，为将来成为体格健壮的社会成员打下基础。

2. 促进儿童认知能力的发展

学前期是人的认知发展最为迅速、最为重要的时期，在人一生认识能力的发展中具有十分重要的奠基性作用。研究表明，婴幼童具有巨大的学习潜力，比如，婴儿2～3个月开始，可以发出"啊""咦"的音，3个月时便能进行多种学习活动；1岁能学会辨认物体的数量、大小、形状、颜色和方位；幼儿具有很强的模仿力、想象力和创造力。学前期还是个体心理多方面发展的关键期。研究发现，2～3岁是个体口头语言发展的关键期；4～6岁是儿童对图像的视觉辨认、形状知觉形成的最佳期；5～5.5岁是掌握数字概念的最佳年龄；5～6岁是儿童掌握词汇能力发展最快的时期。同时，学前期还是人的好奇心、求知欲、学习习惯等重要的非智力品质形成的关键时期。

因此，在学前阶段为儿童提供丰富的感性经验并给予积极的引导、帮助和教育，能够促进儿童各种能力的发展。在这时期施以适宜的教育，儿童对某些知识经验的学习或行为的形成比较容易，从而对儿童的认知发展和终身学习产生重大影响；而如果错过了这一时期，在较晚的阶段再来弥补则是很困难的，有时甚至是不可能的。学前教育状况在很大程度上可以预测儿童将来的认知、语言和智力发展水平。教育者对儿童恰当的关爱、支持、鼓励和引导，能够在很大程度上促进其日后认知与智力的发展。

3. 促进儿童社会性、人格品质的形成

社会性、人格品质是个体素质的核心组成部分。学前期是个体社会化的起始阶段和关键时期，在后天环境与教育的影响下，在与周围人的相互作用的过程中，儿童逐渐形成和发展着最初、也是最基本的对人、事、物的情感、态度，奠定着行为、性格、人格的基础。并且，这一时期儿童的发展状况具有持续性作用，影响并决定着儿童日后社会性与人格的发展方向、性质和水平。

儿童在学前期形成良好的社会性、人格品质有助于儿童积极地适应环境、顺利地适应社会生活，从而有助于他们的健康成长、成才。学前教育提供良好、适宜的教育环境，营造温暖、关爱、平等的家庭、集体生活氛围，建立良好的亲子关系、师生关系和同伴关系，使儿童在积极、健康的人际关系中获得安全感和信任感；学前教育帮助儿童在生活与活动中，在与成人和同伴的交往中，学习和人相处，学习如何看待自己、对待他人，能有力地促进儿童的社会交往能力，培养儿童养成礼貌、友爱、帮助、分享、谦让、责任感、自控力、自信心、慷慨大方、活泼开朗和合作精神等良好的社会性行为和人格品质。

（四）学前教育对教育事业、家庭和社会的价值

学前教育不仅对个体的身心发展意义重大，而且对教育事业的发展、家庭的幸福和社会的稳定与进步也具有重要的作用。

1. 有利于教育事业的发展

学前教育作为我国学制的第一阶段，基础教育的有机组成部分，必然对我国教育事业的整体发展，尤其是对基础教育的发展具有重要的作用与影响。学前教育通过帮助儿童做好上小学的准备，包括学习适应方面的准备（如培养儿童小学学习所需要的抽象思维能力、观察能力、对语言指示的理解能力和读写算所需要的基本技能等）、社会适应方面的准备（如培养儿童任务意识与完成任务的能力、规则意识与遵守规则的能力、独立意识与独立完成任务的能力，以及主动性、人际交往能力等）、身体素质的准备等，能够使儿童进入小学后在身体、情感、社会性适应和学习适应等方面都有良好的发展，从而顺利地实现由学前向小学的过渡。由此可见，学前教育对基础教育，乃至教育事业的整体发展具有重大影响。我国已将普及九年制义务教育作为教育事业发展的重要目标，学前教育则可为有效提高义务教育的质量与效益、促进这一目标的实现做出积极的贡献。

2. 促进家庭生活幸福，带来长远的社会效益

家庭是社会的组成细胞，每一个儿童的健康成长都是家长关注的焦点，也是家庭生活幸福的重要影响因素之一，进而牵动着整个社会。学前教育为儿童成长提供良好环境，促进儿童健康成长。学前教育机构可以在观念和方法上影响年轻的父母，分担父母的教育责任，承担着从时间上为家长参加工作和学习提供便利的任务，让家长能放心地工作、安心地学习。因此，学前教育的顺利开展有助于提高家庭生活的质量，促进家庭生活幸福。

学前教育还能产生长远的社会效益。学前教育的收益要大于其花费，在学前教育上的投入可以为国家日后节省庞大的社会教育费和社会福利费。美国佩里方案研究表明，儿童教育投资是一种省钱、回报率大的公共投资，在儿童到

27岁时，投资回报率为1：7.16，即对学前教育每投入1美元，日后能够获得7.16美元的收益。因此，从长远看，学前教育对国民经济发展和社会秩序的稳定具有重要作用。

总之，学前教育是人的个体发展的重要阶段，学前教育担负着保护儿童、教育儿童，促进他们身心全面协调发展的任务，科学、有计划、高水平的学前教育必将对受教育者产生积极深远的影响，为受教育者的人生发展奠定终生受用的基础。

第二节　学前教育的性质与特点

一、学前教育的性质

学前教育在不同的时期、不同的地区，都有不同的表现形式和要求，为了准确认识学前教育，保障学前教育事业的健康发展，我们必须全面、科学地认识学前教育的性质。

（一）学前教育的基础性

学前教育是人的成长历程中最初、最早的教育，对人的发展具有持久而深刻的影响。正如有人所说的"百年教育，始于幼学"，学前期是人生历程的巨大变化时期，是人一生发展的关键时期。学前儿童具有非常强的可塑性，人的智力、体力和语言等诸多方面发展迅速，此时适宜的学前教育显得尤为重要和迫切。学前教育强调保育、教育一体，在做好对儿童看护、照料的基础上，通过游戏等多种形式的活动，让学前儿童获得行为习惯、探索环境等方面的初步经验。学前教育的基础性是由其教育任务所决定的。

学前教育是整个教育体系的重要组成部分。教育为人的发展服务，从胎儿、婴儿、幼儿、儿童、少年、成人到老年，形成一个完整的终身教育体系。在这一体系中，学前教育位于教育链条的起点，是整个教育体系的基础，学前教育的质量必然影响着高一级学校教育的质量，影响着高素质人才的培养。国家颁布的相关文件中有明确的表述，如学前教育"属学校教育的预备阶段"，"是基础教育的有机组成部分，是学校教育制度的基础阶段"，"是我国学校教育和终身教育的奠基阶段"等。可见，学前教育一直是被纳入国民教育体系的，发学前教育事业是关系到人口素质的提高和民族未来兴衰的大问题。

(二)学前教育具有公益性

所谓"公益",顾名思义是私利的反义,是"公共利益"。学前教育的公益性就是指学前教育具有造福公众、让社会获益的性质。学前教育发展到今天,其福利性已不再仅仅是解除家长的后顾之忧、减免学费的问题,还包括维护儿童的权益,使其幸福地成长。

学前教育的公益性是由其社会功能所决定的。近年来,多学科的研究成果都证实了学前教育具有正外部性,其效果不仅使儿童及其家庭受益,而且还可以外溢给社会,在提高人民素质,减少贫困、犯罪等社会问题方面,起到了早期预防社会问题的作用,并为国家未来人力资源的开发奠定了基础。正因如此,国际社会,包括许多发展中国家都切实地把对学前教育的投入看作为国家积累财富而将其放在优先发展的位置上,更多地承担着发展学前教育的责任,并坚定不移地履行职责。如有些国家将学前教育作为完全公益性公共事业,完全具有非竞争性和非排他性;有些国家将学前教育作为准公益性公共事业,虽具有一定的一般私人物品的性质,但公益性是学前教育的基本前提。大部分欧洲国家都是通过公共财政来支持学前教育的发展。在有些国家,不论父母的就业状况或收入如何,学前教育都是免费的,如在法国,所有 2~6 岁幼儿的教育都是免费的。也有一些国家的学前教育是采取由国家财政支持和根据父母收入水平交费并行的方式,如德国和意大利,为所有 3~6 岁儿童提供免费的学前教育,3 岁以下幼儿的保育则由社会福利加以保障,并由其父母支付不多于 20% 的费用。

新中国的学前教育以福利性质起源。当时为了支援国家建设,为了方便职工的工作,解除他们的后顾之忧,各单位纷纷创办福利性质的幼儿园,幼儿入园完全免费或只交少量的伙食费。学前教育事业获得了迅猛的发展。随后,我国学前教育的法规文件中都规定了学前教育的社会公共福利性质。在 1996 年正式推行的《幼儿园工作规程》和 2003 年《关于幼儿教育改革与发展的指导意见》中都再次明确指出:任何组织和个人举办幼儿园不得以营利为目的。尽管从 1992 年国有企事业单位体制改革时起,绝大部分幼儿园逐渐从原有的企事业单位中剥离出来,或自负盈亏,或改为民办,原有的福利性质逐渐减退或消失。但学前教育的福利性和公益性以及不以营利为目的,一直是国家规定的办园指导性思想。

在我国，学前教育曾在一定时期内不为政府所重视，以致出现一些乱象，这是由学前教育的公益性没有得到彰显造成的。学前教育的公益性意味着发展学前教育不只是父母、家庭和民间的责任，公共部门应为学前教育所带来的社会效益买单，承担发展学前教育的责任。

二、学前教育的特点

学前教育是整个教育体系的有机组成部分，是人生教育的起始阶段。与教育体系中其他阶段的教育相比，其教育工作有如下特点：

（一）学前教育的非义务性

学前儿童接受教育是自愿的而非强迫接受的，家长完全可以根据孩子和自己各方面的情况，综合考虑是否送孩子进幼儿园或托儿所，以及送孩子进哪所幼儿园或托儿所。学前儿童在学前教育机构的学习可以自主和自由，如有因故未到学前教育机构学习的，事后家长和教师不得强迫学前儿童进行课程补习。目前，世界上一些国家实施了免费的学前教育，拥有了与义务教育相媲美的"入园率"，但免费的学前教育不能等同于义务教育。

（二）学前教育的保教结合性

学前期是儿童生长发育十分迅速而旺盛的阶段，也是身体各种器官、各个系统的功能还没有发育成熟和完善的时期。在生理上，他们的骨化没有完成，骨骼坚固性差，容易受损变形，且肌肉柔嫩，力量弱，耐力性差，容易疲劳；在心理上，由于他们的年龄小，生活经验少，活动能力、自我控制能力、生活自理能力都比较差，对成人的依赖性很强，需要和别人交往、建立起关系，需要成人或年长的儿童带领他们进入社会，获取经验；在法律上，他们虽然具有同成人一样的权利，但他们无相应行为能力和责任能力。按《中华人民共和国民法通则》规定，10岁以下儿童属完全无民事行为能力的公民，当然他们亦不对自己的行为承担相应的责任。因此，对学前儿童的教育要特别强调保育与教育相结合，一切教育活动都是在保育的前提下进行的。

另外，学前教育是基础教育的重要组成部分，与其他各级教育一样，应该使受教育者在体、智、德、美诸方面都得到发展，为社会主义事业培养建设者和接班人。因此，在保育的同时，要重视教育，使学前儿童的体力、智力、品德都得到发展，为他们升入小学后较快地适应正式的小学生活及未来的发展打下基础。

（三）学前教育的启蒙性

学前儿童对客观世界的认识尚处于朦朦胧胧的阶段，还不能分门别类地接受系统科学的知识。因此，学前教育的启蒙性是指对学前儿童的教育要与他们现实发展的需要联系起来，要启于未发、适时而教、循序渐进，不损伤"幼嫩的芽"，并且要促使其茁壮成长。

学前时期，是人生发展的早期。这个时候，是人的生理发育、心智发展、个性萌芽的初级阶段，学前儿童开始了初步的社会化历程，面对世界，他们好奇、迷惑，并主动探索，展现自己内在的生命本质。这一时期的教育，要为学前儿童今后的发展打下良好的根基，使学前儿童的体力、智力、品德和情感都得到发展，为他们升入小学后较快地适应正式的学习生活打下基础，为他们一生的发展打下基础。因而，在学前教育阶段不以传授系统知识为主要目标。对学前儿童来说，专门组织的教学活动为他们提供的教学内容是最基本的，具有启蒙性；学前儿童可以自由地游戏玩耍，甚至进餐、午睡、穿衣等都是结合他们的生活在学前教育机构以一日活动的形式来安排的，具有生活化的特点。

（四）学前教育的直接经验性

在学前教育阶段，由于学前儿童的认知水平较低、知识经验欠缺，加之他们的思维方式主要是具体形象思维，他们认识事物主要是通过感官和动作，与周围生活环境中的事物直接接触，获取直接经验，才能建构自己的知识。只有在获得丰富的感性经验的基础上，他们才能了解事物，对世界形成相对抽象概括的认识。对幼儿来说，只有在活动中的学习，才是有意义的学习；只有以直接经验为基础的学习，才是理解性的学习。因此，学前教育具有直接经验性。在学前教育中，要注意为学前儿童提供丰富的实物材料和真实的生活情景，帮助他们获得直接经验。

第三节 学前教育的主要理论与实践

伴随着人类的学前教育实践，古今中外世界各国产生了丰富的学前教育思想。这些学前教育思想,又指导着学前教育实践,推动学前教育向前发展,并促使了教育科学的产生。

一、人类主要的学前教育思想

(一)学前教育的"人性"依据

人为什么要受教育?受教育的作用是什么?许多教育家都是从对人性的假想中寻找教育的依据。孔子认为"性相近也,习相远也",认为儿童的本性是差不多的,后天的千差万别是环境的影响和教育的不同所造成的,因此,孔子在40多岁以后,专心教育、培养能恢复"周礼"的政治人才。孟子持"性善"说,认为一个人出生时本性是善良的,皆有"恻隐之心""羞恶之心""恭敬之心"和"是非之心",教育的作用就是发扬这四种美德。荀子的人性观和孟子针锋相对,持"性恶"说,认为人皆有趋利避害、尔虞我诈之性,对这种恶的本性如果任其发展,就会祸害社会。因此,教育的作用就是像枷锁一样,把人本性中的恶锁住,使之不对社会产生坏的影响。

英国哲学家、教育家洛克认为,儿童的人性犹如一块"白板",上面没有任何记号,没有任何观念。教育的作用,就是在这块"白板"上留下美好的图画。卢梭认为儿童的天性是善良的,人生秉有自由、理性和良心,因此,在教育中要尊重儿童,把孩子当成孩子,给他们以欢乐的童年。

(二)社会本位和儿童本位的教育目的观

在教育目的上,学前教育领域有两种针锋相对的教育思想,即"儿童本位论"和"社会本位论"。儿童本位论认为教育的目的是顺应儿童的天性,促进儿童的和谐发展,充分发展儿童的个性。社会本位论则认为教育的目的是满足社会的需要,为统治阶级培养人才。因此,它重视儿童的社会化,忽视儿童的个性化。

(三)道德教育和习惯养成是最重要的教育内容

在学前教育阶段,许多教育家认为要对儿童进行认字和常识的启蒙教育,但若与行为习惯、伦理规范等教育相比较,则是居于次要的位置的。

裴斯泰洛奇认为,教育的最终目的是提高人的道德性,心灵的培养是取得人世幸福真正的基础。亚里士多德指出,凡是在儿童身上可能培养的习惯,都应该及早开始,然后渐渐加强这些训练。

（四）教育心理化

裴斯泰洛齐在教育史上第一次明确提出了教育心理化的口号，开启了19世纪欧洲教育心理化运动。他认为，只有教学过程本身与儿童心理的自然化发展相一致，才能使儿童的天性及能力得到和谐的发展。他反对机械灌输式的旧式教学，他的这些思想为后世许多教育家所推崇。

（五）"感化濡染"的教育方法

在对学前儿童进行教育的方法上，许多教育家特别重视"感化濡染"的作用，具体表现如下：第一，重视以身示教，成人为儿童做出表率。《论语·子路》记载了孔子的教育主张"其身正，不令而行，其身不正，虽令不从"。第二，重视环境对儿童成长的影响。晋代傅玄《太子少傅箴》中"故近朱者赤，近墨者黑；声和则响清，形正则影直"就是这一思想的最好诠释。第三，重视感情的陶冶作用。古代教育家颜之推认为，慈爱是对幼儿进行教育的基础。《颜氏家训·治家》和《颜氏家训·教子》记载了他的教育名言："父不慈则子不孝"。"骨肉之爱不可以简。"这说明古人已经看到爱的教育在儿童成长中的作用，这种思想和体罚教育相比，应当说是先进的。

（六）游戏与活动是促进学前儿童全面发展的手段

中外许多教育家都认为，爱好活动是儿童的天性，儿童最喜欢的活动是游戏，因此，活动和游戏可以促进儿童身心发展。夸美纽斯认为给儿童以活动的自由有三大好处：一是锻炼身体；二是可以运用和磨炼思想；三是可以练习四肢五官，使之趋于灵活。至于游戏的重要性，则为许多教育家所论述，成为他们学前教育思想的重要组成部分。

（七）早期教育的思想

柏拉图是最早提出学前教育思想的人。他认为教育应该从幼年开始，人在幼年时最容易接受影响，幼年所接受的影响决定他们以后行为的性质。蒙台梭利认为，婴幼儿时期是儿童教育的敏感期，及早、及时地进行教育，可以取得巨大的教育成果。

（八）优生优育的思想

柏拉图是西方教育史上最早论述优生优育问题的人。他认为婚姻的目的是生育优秀的后代，国家应只允许健康的男女结婚，男女须达到一定的婚龄才能结婚；为保证儿童的健康成长，应由国家设立专门的教育机构，派专人进行照管。亚里士多德也很重视优生问题，他反对早婚，提出已婚夫妇要学习生育的知识，孕妇要养成经常运动的习惯，摄取富于营养的饮食。

二、中外著名教育家学前教育思想

（一）蔡元培（1868—1940）

蔡元培，浙江绍兴人，先后两次赴德留学，曾任北京大学校长、中央研究院院长等职。他在学前教育思想方面的贡献主要体现在以下几个方面：

1. 教育的本质就是培养现世幸福的人群和具有独立人格、思想自由的个人

《蔡元培教育论集》记录了他关于教育本质的名言："教育是帮助被教育的人，给他能发展自己的能力，完成他的人格，于人类文化上能尽一分子的责任；不是把被教育的人造成一种特别的器具，给抱有他种目的的人去应用的。"这一本质体现，也是他办理幼儿教育的思想指针。

2. 五育主义的和谐发展观

1912年，蔡元培发表了《关于教育方针之意见》，明确提出了五育主义。五育是指各级各类学校要对学生进行"军国民教育""实利主义教育""公民道德教育""世界观教育"和"美感教育"。五育并重，才能使学生和谐发展。

3. 重视学前儿童的美育

在五育中，蔡元培非常重视美育，各级各类教育在实施的过程中都要渗透美育精神。他认为在学前教育中，美育不仅可以带给儿童美的享受，更是培养儿童健全人格的有效途径。因此，他主张在公立胎教院中施行胎儿美育，在公共育婴院中施行婴儿美育，在幼稚园中进行幼儿美育。

4. 崇尚自然、展现个性的幼教原则

在教育对象和教育者的关系上，蔡元培持"儿童本位"的主张。他反对对儿童进行成人化的教育，反对把成人的意图、目的强加给受教育者，主张按照儿童身心发展的特点，循序渐进地进行教育，充分照顾儿童的兴趣爱好，使儿童的身心得到和谐的发展。

（二）陶行知（1891—1946）

陶行知，安徽歙县人。早年赴美留学，师从杜威、孟禄、克伯屈等知名教育家。归国后，致力于教育事业，创办了晓庄师范。1927年在南京远郊燕子矶创办了中国第一所乡村幼稚园。参与发动了平民教育运动、乡村教育运动等，构建了"生

活教育"理论体系,被公认为"人民教育家"。他的学前教育思想的基本观点如下:

1. 生活教育的理论

生活教育的理论是陶行知教育思想的主线,由三个部分构成:生活即教育;社会即学校;教学做合一。生活教育的理论主张教育同实际生活相联系,反对死读书,反对教育脱离生活的弊病。在学前教育方面,注重培养儿童的创造性和独立性,注重儿童参与社会活动,促进儿童的社会化。

2. 普及幼儿教育的主张

陶行知认为幼儿生活教育是相当重要的,因此要普及幼儿教育。一是要重视学龄前儿童的教育,因为人生所需要的重要习惯、倾向、态度多数可以在6岁以前培养成功,6岁以前是人格陶冶最重要的时期。二是要大力兴办中国式、省钱、平民的幼儿园。陶行知批评了当时中国的幼稚园患了外国病、花钱病和富贵病。幼稚园和中国的国情相脱离,为统治者和有钱人的子弟所垄断。认为工厂统一农村是幼稚园的新大陆,同时他身体力行,率先创建了乡村幼儿园,还创建了乡村幼稚师范教育统一农村幼儿教育研究会等,开拓了农村幼儿教育事业。

3. "艺友制"的幼儿师资培训理论

幼儿师资培训是幼儿园普及的关键,陶行知提出的"艺友制"就是不通过师范学校而大量造就师资的办法。所谓艺友制,就是用朋友之道教人学做艺术或手艺。艺友制用在师资培训方面,就是指用朋友之道教人学做教师。具体说来,每一个幼稚园均须每年训练两三位徒弟,师徒之间相互尊重、互教共学,使徒弟在实践中尽快成长为一名合格的幼师,这一理论对当时幼儿师资培训实践起到了积极作用。

4. 解放儿童,培养真善美的人

陶行知认为,教育的最高境界就是要培养出具有创造性和真善美的人才。为达到这一理想的境界,他认为首要的是解放儿童的创造力,使儿童真正接受生活、民主的教育。为此,他提出对儿童要进行六大解放:一是要解放儿童的眼睛,还其童真的辨别力,使他们接触到真实的世界;二是解放儿童的头脑,不要让迷信、成见、曲解、幻想等束缚儿童的思想,使儿童永远保持清醒的头脑,永远具有创造性;三是解放儿童的双手,让儿童积极参加各种活动,培养儿童的动手能力;四是解放儿童的嘴巴,让儿童享有真正的言论自由;五是解放儿童的空间，让儿童广泛地接触自然与社会；六是解放儿童的时间，让儿童从繁重的学校活动中解放出来，使他们有体味人生、学习人生的机会。陶行知论儿童六大解放的主张对我们今天的学前教育仍然具有现实意义。

（三）陈鹤琴（1892—1982）

陈鹤琴，浙江人，中国著名儿童教育家、儿童心理学家，教授，曾任南京师范学院院长。早年毕业于清华大学，留学美国五年。回国后，毕生从事儿童心理与教育的教学和研究，为中国幼儿教育事业做出了卓越贡献。他的幼教思想主要有：

1. 大力发展适合中国国情的幼儿教育

他对当时中国幼儿教育模仿欧美、日本等生搬硬套的做法进行了批判，认为外国幼儿教育中好的东西我们要吸收，但更重要的是要适合中国国情。因此，他提出了普及工农幼稚园，大力推进为中国平民服务、培养民族的新生一代的幼儿教育的主张。

2. 提倡对儿童进行活的教育

"活教育"是陈鹤琴教育思想的核心，是在批判传统教育中埋没人性、读死书的死教育的基础上提出来的。对儿童进行活的教育，具体表现为：①在教育目标上，要培养儿童做现代中国人。这种人必须具备五个条件，即一要有健全的身体；二要有建设能力；三要有创造能力；四要能够合作；五要乐于为社会服务。一句话，就是要使儿童德智体全面发展。②在教育的课程上，主张儿童学习大自然、大社会的活教材。儿童不仅要学习书本知识，更重要的是，儿童要在与自然、社会的接触中，通过亲身观察和活动获得经验和知识，在活动中激发儿童的学习兴趣和研究精神。③在课程的组织形式上，打破了以学科组织的传统模式，而改成活动中心和活动单元的形式。他把课程的内容划分为健康活动、社会活动、科学活动、艺术活动、文学活动等五项。认为这五项活动犹如人手的五根指头，是相连的整体，所以又称为"五指活动"。④在教学方法上，他提出了做中教、做中学、做中求进步的教学主张，强调教师和儿童在教与学过程中的亲身实践。

3. 重视幼儿园与家庭教育的一致性，形成教育的合力

幼儿园教育与家庭教育是一个整体，幼儿园教育是家庭教育的继续，因此要加强这两种教育之间的沟通，在教育思想上保持一致，形成教育的合力，这样，幼儿园教育才会有大的效果。

（四）福禄倍尔（1782—1852）

福禄倍尔，德国近代著名教育家，近代学前教育理论奠基人。他的实践和建树，使学前教育理论系统化和科学化。他的学前教育思想对后世学前教育产生了广泛而深远的影响。

1. 顺应自然进行教育的主张

福禄倍尔认为人性是善良的，人的天性具有完美性和健全性，教育的目的就是顺应和保护这种善性，使之发扬光大，而不是通过干预、专断的教育方式毁灭存在于儿童身上自由自决的精神。儿童生活中的种种不良现象都是由早期教育中违背自然而造成的，儿童善良的品性和良好的追求遭到压抑或扭曲，良好的愿望被误解，他们被引向错误的方向。因此，在学前儿童教育中，应尊重幼儿的自主性，重视幼儿的自我活动。

2. 社会参与的教育原理

福禄倍尔认为儿童个体是社会这个大整体的有机组成部分，儿童只有融入到整个社会之中，通过与他人交往，才能认识社会、认识人性、认识个人与他人的关系。因此，他主张让儿童在团体活动中接受教育，幼儿在幼儿园中要充分适应小组生活、互相帮助，培养社会合作的优良个性品质。

3. 游戏与活动理论

福禄倍尔高度评价游戏的教育价值，认为游戏是儿童自我活动的集中体现，游戏是幼儿期人的发展的最高阶段，是一切善的根源和整个未来生活的胚芽。游戏带给儿童欢乐、自由和满足，培养儿童的意志力和自我牺牲精神，是儿童内在本质的自我表现。因此，游戏应该成为幼儿园的教育方式，并在公共场合广设游戏场所。但是，福禄倍尔认为，不是所有的活动和游戏对幼儿都具有教育价值，因此对幼儿的活动与游戏的内容必须加以精心选择和指导，这样才能发挥它们在教育中的作用。

（五）杜威（1985—1952）

杜威是美国著名的哲学家和教育家，实用主义教育理论的创始人。杜威的学前教育思想是其整个教育思想的有机组成部分，其主要方面有：

1. "儿童中心"的儿童观

杜威主张教育要适应儿童的天性，以儿童为中心，学校的一切活动组织应该以儿童为起点、为目的。教育的一切措施应该围绕儿童而组织起来，要按照儿童的意愿和兴趣来组织课程、开展活动。在幼儿教育中，教育者不能把成人的意图强加给学生，迫使儿童去做他们不喜欢做的事情。当然，杜威的儿童中心思想并不排斥教师的指导作用。他反对教师对儿童不负责任的放任态度，主张教师与儿童共同参与教育教学活动，并在活动中承担指导的责任。

2. "从做中学"的教学观

在怎样对儿童进行教育的问题上，他批判了传统教育的做法，提出了"从做中学"的基本原则。"从做中学"也就是"从活动中学"，让儿童从那些真正有教育意义和有兴趣的活动中学习，用他所获得的直接经验去理解书本上的间接经验，并使二者有机地联系起来。因此，在幼儿园的教育中，他反对给儿童买玩具，主张儿童自己动手做玩具，儿童利用成人提供的材料给布娃娃做衣服、盖房子、制作家具和碗碟。这些活动不仅可以训练儿童的主动性和自助能力，还可以使儿童通过思考问题养成思维的条理性。

3. 调动思维的积极性

杜威不完全反对幼儿进行文化学习，但主张应遵循儿童的身心特点施教，要唤起儿童的思维。他认为思维的过程分为五个步骤：一、疑难的境地；二、确定疑难的所在；三、提出解决疑难的各种假设；四、对这些假设进行推断；五、在行动中检验假设。根据这个"思维五步"，杜威提出了教学的五个步骤：一、教师给儿童提供一个与现实社会生活经验相联系的情境；二、在这个情境内部产生一个真实问题；三、占有知识资料，从事必要的观察，思考对付这个问题；四、儿童提出解决问题的假想；五、儿童通过应用来检验这些假想。一句话，就是要儿童在学习中思考，在思考中获取真知灼见。

4. 重视幼年期儿童的教育

杜威认为幼年期是人生打基础的时期，不仅为他们以后接受中高等教育奠定基础，而且影响到他们一生的发展。对于幼年期的儿童，学习是十分重要的，是儿童自我生长过程的一部分，是对付种种现实情况的一件不可缺少的事情。儿童不是天然地厌恶学习，这种结果是由不良的教育方法所造成的。因此，学校教育要照顾儿童的兴趣，要把游戏作为幼儿的主要作业，通过游戏使校内生活和校外生活有机地融为一体，从而促进儿童道德和智力的成长。

（六）蒙台梭利（1870—1952）

蒙台梭利，是继福禄倍尔之后又一位杰出的幼儿教育家。1907年，她在意大利罗马圣罗伦佐贫民区创办了"儿童之家",创立了独特的幼儿教育方法,这使她享誉世界。她的幼儿教育理论和方法,促进了现代幼儿教育的改革与发展。其学前教育思想主要有:

1. 净化育人环境,为儿童的心理发展提供条件

蒙台梭利认为,人有两个胚胎期:一个是生理胚胎期,是在人出生之前;另一个是心理胚胎期,在人出生以后至3岁。在心理胚胎期,婴儿通过吸取外界刺激和信息,形成许多感受点,发展心理所需要的器官,然后产生心理。因此,教师的任务不是讲解,而是为儿童设置一个净化的特殊环境,为其内在潜力的发展创造条件。儿童的发展是个体与环境交互作用的结果。

2. 抓住敏感期进行教育

蒙台梭利认为,儿童心理发展和学习过程存在"敏感期"。其含义是:在某一发展阶段,儿童表现出对某种事物或活动特别敏感或产生一种特殊兴趣和爱好,学习特别容易和迅速,这是教育的最佳时机。通过研究,她认为出生后两个月到8岁是语言的敏感期;出生到5岁是感觉的敏感期;1～4岁是秩序的敏感期;出生到5岁是动作的敏感期。

3. 协调自由与纪律的关系

蒙台梭利认为,自由就是活动,喜爱活动是儿童的天性,但是不能因为儿童喜爱自由,就放任儿童为所欲为,儿童的发展需要纪律。但这种纪律不是成人强加给儿童、通过惩戒迫使儿童遵守的纪律,而是要以活动为媒介,即开展儿童所喜闻乐见的活动,使儿童产生自觉的纪律。她认为自由与纪律不应该是对立的,而应该是统一的,是自发产生的而不是人为规定的。

4. 重视感觉教育

感觉教育是蒙台梭利教育体系中的重要内容,并成为她教育实验的主要部分。她的感觉教育包括触觉、视觉、听觉、嗅觉和味觉等感官的训练。她用木板、瓶子等各种不同的材料设计了一套感觉训练教具,旨在通过训练提高儿童的感受力和观察力,为高级的智力活动奠定基础。同时她认为,感觉教育的实施应当遵循循序渐进的原则,要因材施教,要同读、写、算等活动结合起来,使之达到由简到繁的过渡。

5. 划分儿童心理发展的阶段

蒙台梭利认为,儿童心理的发展是一个连续不断的过程,而在这一过程中,

在不同的年龄阶段，又表现出各自本质的特点。根据这些特点，她把儿童心理发展划分为三个阶段：幼儿阶段（0～6岁），是儿童适应环境、接受环境影响与各种心理能力发展的奠基时期；儿童阶段（6～12岁），是儿童开始有意识的学习，增长学识和艺术才能的阶段；青春期阶段（12～18岁），是儿童融入社会，成为社会合格一员的关键时期，学会交往、学会适应社会是这一阶段儿童的主要任务。

总之，学前教育是随着人类社会的产生而产生，随着人类社会的发展而发展的。在科学技术和生产水平高速发展的今天，学前教育必将迎来更加广阔的发展前景，迈向人类学前教育发展水平更高的台阶。

三、人类学前教育的实践

人类的学前教育是随着人类社会的产生而产生的，并随着人类社会的发展而发展。人类社会的发展是一个由低级到高级、由落后到进步、由野蛮到文明的过程，根据生产力发展的水平和生产关系的特点，人类社会发展到今天可以分为原始社会、古代社会和现代社会三个历史阶段。

（一）原始社会的学前教育实践

原始社会是人类社会发展的第一阶段，也是学前教育开始产生的阶段，世界各民族都经历了这一阶段。原始社会，人类刚刚从动物界分离出来，生产力水平极其低下，人们过着"穴居野处，茹毛饮血"的生活。与这种落后的生产力水平相适应，生产关系也极为简单，没有私有财产，没有阶级，没有国家，人们共同劳动获取生存的物质资料，共同拥有劳动成果。与之相适应的学前教育则呈现出以下一些特点：

1. 学前教育还没有成为独立的社会实践活动，教育水平极其低下

在原始社会，人们过的是群居生活，婚姻制度还没有产生，氏族是社会的细胞，儿童出生就是整个氏族社会的财富，为整个氏族社会所共有。因此，教育学前儿童是整个氏族社会共同的责任。由于生产力水平低下，整个社会各种实践活动融为一体，因此，不可能有独立的教育实践活动。没有学校，没有教材，没有文字，教育学前儿童的任务为氏族中年长者和妇女所承担，学习的内容是当时的主要实践活动，如采集、打猎和捕鱼的经验，这一阶段是人类学前教育的萌芽阶段。

2. 学前教育的目的十分明确，就是培养社会新的生活成员，维持社会的延续

原始社会，学前教育的目的十分明确：一、维护孩子的生命和健康，使孩子在恶劣的生存环境下能长大成人；二、教给孩子生产的经验和生活的经验，使孩子学到同自然做斗争的本领，培养集体观念；三、教给孩子原始的道德、礼仪，使社会得以延续发展，使之成为未来社会合格的生产劳动者和新的生活成员。

3. 学前教育没有阶级性，没有性别歧视，人人享有平等的受教育的权利

原始社会因为没有私有财产，所以也没有阶级的分化，人们只有共同劳动才能维持生存，在自然面前，在整个社会生活中，人人都是平等的，没有贵贱之分，没有性别歧视。这种社会关系，反映到学前教育领域，也就表现为人人享有平等的受教育的权利。

4. 言传身教和模仿是当时学前教育的主要形式

原始社会学前教育的原始性还表现在教育方式上。儿童主要是通过跟长辈一起从事打猎、采集实践活动学习生产的经验；通过模仿，学习长辈的生活方式和行为习惯；通过参加集体活动，习得生活的规则和原始的道德。

（二）古代社会的学前教育实践

古代社会包括奴隶社会和封建社会，这一时期，教育已经成为独立的社会实践活动，人们在学前教育领域进行了广泛的实践。

1. 家庭教育中的学前教育实践

古代社会，无论东方还是西方，作为社会细胞的家庭承担了教育培养学前儿童的职能。公元前11世纪，即我国奴隶社会鼎盛期——西周时期，人们就已经能够按照婴幼儿年龄大小制订出循序渐进、有条不紊的学前教育计划。《礼记·内则》一文中是这样安排的：

"子能食食，教以右手，能言，男唯女俞，男鞶革，女鞶丝。六年，教之数与方名。七年，男女不同席，不共食。八年，出入门户及即席饮食，必后长者，始教之让。九年，教之数日。十年，出就外傅，居宿于外。学书计。"

在这个计划中，"子能食食，教以右手，能言，男唯女俞，男鞶革，女鞶丝。六年，教之数与方名"都属于幼儿教育的范畴。

古代社会，家庭教育的目的是社会本位，就是为统治者培养统治人才和安分守己的良民。中国封建社会，在家庭教育中，向幼童灌输"学而优则仕"和"光宗耀祖"的思想，学习儒家经典，为参加科举考试做准备。西欧封建社会，

儿童 7 岁之前都是在家庭中接受教育，主要为培养"僧侣"和"骑士"打基础。

这一时期，在家庭教育方面也取得了许多进步，主要表现为：

第一，幼儿教育开始注意儿童个性的自然发展问题，要求教育不违天性、顺应性情的呼声日渐增多。李贽竭力倡行"童心说"，主张教养"不必矫情，不必逆性，不必昧心，不必抑志"，要求"直心而动"。李惺在《冰言》中更是主张"教子忌姑息，亦不宜倍责苛求。倘拘束过急，仅令聪明痼弊，胸次不开。惟严而不过于严，使之从容于法度中，而不夭淤其天机，方是善教"。

第二，学前教育打破了循规蹈矩、主静不主动的教育模式，强调动静交替、动静结合，通过活动磨炼儿童，将牧牛、洗衣、游戏、歌舞视为启迪儿童"天机"的有效方法，更加注重儿童的兴趣。陆世仪在《思辨录辑要》中说："人少小时未有不好歌舞者，盖天籁之发、天机之动，歌舞即礼乐之渐也，圣人因其歌舞而教之以礼乐，所谓因其势而利导之。"

在这些思想的影响下，这一时期幼儿的生活游戏日渐丰富，如骑竹马、办家家、捉迷藏、斗虫等，极大地推动了幼儿身心的发展。

第三，教育开始注意贯彻因材施教和循序渐进的原则。封建社会在一段较长的时间内，比较重视"神童"的教育。在科举考试中，设立了童子科和童试。在幼儿教育的实践中，人们感到神童教育容易产生揠苗助长之弊。于是，神童观念日渐淡薄，开始注意根据幼儿身心发展的特点，循序渐进，因材施教，注意家庭幼教和童蒙教育的合理衔接。

2. 进行了胎教的实践活动

胎教是指胎儿在母腹中还未出生时，成人采取一系列的教育措施，对胎儿施加影响，期望胎儿正常优质发展。它是学前教育的组成部分。

我国胎教的历史，可以上溯到距今 1000 多年前的西周时期。西周文王的母亲太任，最早实施了胎教。据《列女传》记载，太任妊娠后，"目不视恶色，耳不听淫声，口不出敖言，能以胎教"。贾谊《新书·胎教》中也记载："周妃后妊文王于身，立而不跛，坐而不善，笑而不喧，独处不倨，虽怒不骂，胎教之谓也。"《韩诗外传》记载，孟子母亲怀孕时，"席不正不坐，割不正不食，胎教之谓也"。以上都是人们在古代社会所进行的胎教实践的记载。

3. 宫廷幼教臻于完备

古代封建社会由于中央集权，皇权世袭，因此对皇子的教育，统治者十分重视，宫廷幼教在古代社会教育中占有十分重要的地位。

汉代自吕后掌权后，皇子的早期教育实施"三公三少制度"。三公即太师、太傅、太保，三少即少师、少傅、少保。应劭《汉官制》记载：太师须承担责任者——"天子不喻于先圣之德，不知君民之道，不见礼仪之正，诗书无宗，学业不法"；太傅须承担责任者——"天子不惠于庶民，不礼于大臣，不中于折狱，列经于百官，不哀于丧，不敬于祭，不戒于斋，不信于事"；太保须承担责任者——"天子处往不端，受业不敬，言语不叙，音声不中，进退升隆不以礼，俯仰周旋无节"。三公三少既是官位，又是教职，他们共同承担教育皇子的责任。

魏晋南北朝时期的三公三少制也代承不辍。隋代设立"三师"，唐代设立内宫制度，元明清使宫廷幼教制度化，都体现了封建时代宫廷幼教事业的发展。

4. 学前教育教材的编著

古代社会，学前教育的一个重要实践活动，就是进行学前教育教材的编著。中国封建社会，在童蒙教育与幼儿教育教材的编撰方面取得了较大的成绩。从秦代开始，童蒙和幼儿教材已趋于定型，秦代的童幼教材有《仓颉篇》《爰历篇》《博学篇》《为吏篇》。两汉有影响的教材有《凡将篇》《急就篇》《训纂篇》《女史篇》。魏晋南北朝，是各种学派兴盛的时期，因此，出现了各家各派私学并存争胜的局面，童幼读物也百花齐放，有影响的教材有《千字文》和《杂字书》。《千字文》是梁武帝为了有效地教自己的幼子命属下周兴嗣而作，该书每句四言，共250句，内容包括天文、历史、人伦，很适合儿童诵读。隋唐时期知名的蒙幼教材有《开蒙要训》《太公家教》《兔园册府》《蒙求》。宋代是科举制度实施的鼎盛时期，蒙幼教材也很有影响力，其代表作有《百家姓》《三字经》《小学》《名物蒙求》。这些教材的一个突出特征就是服务于科举考试。元、明、清时期的蒙幼教材基本沿用前代，只是家训方面的著作增多了，也是这一时期的一个特色。家训名篇有《颜氏家训》《郑氏规范》《幼仪杂箴》《药言》《孝友堂家训》《朱子治家格》等。

5. 慈幼机构的设置

慈幼机构，是古代社会为救助、教养幼童而设立的慈善机构。中国真正意义的慈幼机构诞生于宋代。宋代由于百姓生活困顿，加之重男轻女的习俗，民间溺杀婴儿，尤其是女婴的事情非常普遍。苏轼《东坡志林》记载：

"近闻黄州小民，贫者生子多不举，初生便于水盆中浸杀之，江南尤盛，闻之不忍。"

另据李元纲《厚德录》记载：

"闽人生子，多者至第四子，则率皆不举，为其资产不足以赡也，若女则不侍三，往往临蓐以器贮水，才产即溺之，谓之洗儿。建剑尤甚。"

两宋时期，战事频繁，民不聊生，弃婴之风日盛。为安抚民心，杜绝溺婴弃婴现象，统治者于是专设慈幼机构收养孤儿难童。据史料记载，宋代的慈幼机构有慈幼局、举子仓、广惠仓数种。元明两代，也设有慈幼机构，但呈颓势。到了清代，慈幼机构的办理呈复兴之态。清代的慈幼机构，最多的是弃婴堂。在西方慈幼机构主要有育婴社、幼婴堂及教会兴办的孤儿院、圣婴院、救婴院等。

（三）现代社会学前教育的实践

现代社会，包括资本主义社会和社会主义社会两个阶段，是学前教育飞跃发展的时期，也是学前教育的实践从非形式化到形式化、从非正规化到正规化的一个阶段。人们学前教育实践的水平上了一个新的台阶。

1. 学前教育机构的创设

现代社会之前，学前儿童的教育主要是在家庭中进行的。尽管创办了宫廷学校等机构进行幼教，但接受教育的儿童只限于皇家子弟，无论是学前教育机构还是受教育的人数都是十分有限的。而到了资本主义社会，幼儿学校和幼儿园的普遍设立，成为这一时代的突出特征。发端于17世纪后半期的英国贫民婴幼儿保护和养育设施是近代欧洲学前教育设施的胚胎。18世纪末，在法、德、俄等国都出现过类似的设施，这些设施以挽救贫民婴幼儿生命，对其实施简单的教育为目标，受到当时贫民的欢迎。

产业革命的发展，需要大批的劳动力，女工和童工增加，父母进入工厂做工，婴幼儿童的保护和教育成为亟待解决的社会问题。同时，贫穷家庭的儿童迫于谋生的压力，七八岁就开始做工，他们的父母都希望自己的孩子在入工厂做工以前学到读、写、算等方面的起码知识，为他们今后的生活和工作打下良好的基础。在这样一种历史背景下，欧文、华尔德斯等一批慈善家和教育家掀起了一场创办幼儿学校的运动。

（1）欧文创办"新性格形成所"的实践活动

罗伯特·欧文（1771—1858）出生于北威尔士一个小手工业者家庭，自幼家境贫穷，只有初级小学的学历。10岁开始学徒，自谋生计，一边劳动，一边刻苦学习、勤于思考，尽管学历不高，但由于勤奋刻苦，终于成为一个学识渊博且富有思想的人。1791年，他成为曼彻斯特一家纺织厂的经理。他积极改善工人的工作条件和生活条件，提高工人工资，缩短劳动时间，禁用10岁以下童工。他以巨大的精力和极大的热情办教育。他认为人的个性是由天性、环境和教育决定的，要从根本上改变人的性格，必须从幼儿教育开始。

1802年他创办了世界上第一所儿童学校，包括托儿所和幼儿园。此后，他在新拉克当厂长期间实行了旨在改变人的性格的一系列实验。他创办了各种教育机关，这些机关被称为"新性格形成所"。其中有幼儿学校，包括托儿所（1~3岁）和幼儿园（4~6岁）。同时欧文非常重视对儿童进行劳动教育，认为儿童在学校学习期间，应该学会一些简单的劳动技能，养成劳动的习惯。欧文创办学前教育机关，是世界教育史上开先河的工作，推动了幼儿学校的兴办，功在当代，利在千秋。

（2）福禄倍尔和世界上第一所幼儿园

德国教育家福禄倍尔在教育史上被誉为"幼儿教育之父"和"幼儿园之父"，是当之无愧的。

1837年，福禄倍尔开始专门研究幼儿教育问题。在德国风景优美的勃兰根堡创立了一所实验学校，招收3~7岁的幼儿。这所学校设在山林之中，风景如画，他把它称为"儿童的花园"，而老师被誉为施肥的园丁。在这所学校，他进行了广泛的教育实验。1846年，他正式将这个学校命名为"幼儿园"，这是世界上第一个真正意义上的幼儿园。从此之后，福禄倍尔式的幼儿园很快在世界各地建立起来。

福禄倍尔对学前教育做出了杰出的贡献。他创立了完整的学前教育理论体系，明确提出了幼儿园的教学任务和教学方法，为幼儿制造了系列玩具，培养了不少幼儿园教师，对后世幼教实践产生了广泛而深远的影响。

（3）苏联的学前教育机构和"捷尔任斯基公社"

苏联的学前教育机构有托儿所（收2个月至3岁儿童）、幼儿园（收3~7岁儿童）以及托儿所—幼儿园（收2个月至7岁儿童），由区、市、村、镇人民代表苏维埃执行委员会负责开办，也可经执委会批准，由当时的国营企业和国家机关、集体农社、合作社及其他社会团体开办。学前教育机构的任务是帮助家庭教育儿童，并为有子女的妇女积极参加生产和社会生活创造条件，使儿童受到全面的和谐发展的教育。1982年，全国常设学前保育机构中有150多万名儿童，季节性保育机构中有500万名儿童。

之后苏联由于战争的原因，出现了许多流浪儿童和少年犯。为了收容和改造这些儿童，苏联政府在多地设立了工学团，著名的有高尔基工学团和捷尔任斯基公社。马卡连柯等教育专家通过集体教育、劳动教育等方法，把他们培养成为工程师、医生、劳动模范，这是对特殊儿童进行教育方面所做出的有益的探索和实践，在世界教育史上写下了光辉的一页。

（4）中国近代第一所学前教育机构和幼教机构创设实践活动

中国虽然没有经历资本主义社会，但公共学前教育机构也与世界各国一样，在近代应运而生。鸦片战争以后，一批传教士来到中国，在中国设教堂、开学校、办医院，创设孤儿院进行慈幼教育。1874年神父台司则客在上海创办了圣方济学堂，招收学前儿童进行教育。19世纪80年代，传教士在沿海口岸福州、宁波、上海等处设立了许多小孩察物学堂，即幼儿园。

中国近代第一所公立幼教机构，是1903年春夏由张之洞倡导、端方主持督办的湖北幼稚园。该幼儿园由日本人户野美知惠担任园长，园内设有专门的教室"开诱室""训话室""游戏室""图书玩具室"等，室外有游戏场、游戏山、游戏亭。花草茂盛，环境幽雅，设备齐全，师资力量雄厚，在当时的中国首屈一指。

中国共产党在新民主主义革命和社会主义革命阶段，都十分重视学前教育。在新民主主义革命时期，就非常重视儿童公育和公共幼教设施的创立。在当时的苏区，普遍设立了托儿所。

1938年9月24日，中国共产党在延安设立了陕甘宁边区第一保育院。分设三个班：①婴孩班——收容6个月~4岁的婴幼儿；②幼稚班——收容4~6岁的儿童；③儿童班——收容6~15岁的儿童少年。该院的教育目标是增进孩子的身心健康和快乐，培养其优良的习惯和行为。教学的内容是儿童日常生活所接触到的或体验到的问题。在教学方法上要求多用直观教学法、比较教学法和进行故事化、游戏化、歌曲化教学。

新中国成立以后，党和政府十分重视学前教育事业的发展。1952年3月18日，教育部正式颁发了《幼儿园暂行规程（草案）》，1952年7月教育部又拟订颁布了《幼儿园暂行教学纲要（草案）》，这两个文件成为规范幼儿园教育办理的重要法规。

新中国成立初期，国家采取了一系列行之有效的措施，为幼教事业的发展清障拓疆。这些措施有：①保护、接管公立幼教机构。公立幼稚园的接管工作均由中国共产党建立的各地方政权负责完成。②收回教会幼稚园的办学权。到1951年底，共收回接受外国津贴的幼稚园、孤儿院、育婴堂、慈幼院等机构200余所。③私立幼稚园收归公办。到1954年底，全国所有的私立幼儿园均收归国有，中国内地除少数季节性、临时性的托幼机构仍属私立性质外，全日制、寄宿制的托幼机构均改为公办。④兴办了一批学习苏联的实验性幼儿园。

新中国成立后70多年，我国的学前教育机构主要为托儿所和幼儿园。有单设也有附设，附设于企事业单位和农村社队的学前教育机构，在解除职业妇女的后顾之忧方面起了重要作用。1986年前，我国幼儿园招收3～7足岁的男女幼儿，1986年后招收3～6足岁的幼儿。教养活动的内容初定为体育、语言、认识环境、国画与手工、音乐、计算共六项，1981年扩充为生活卫生习惯、思想品德、基本动作发展、常识、语言、计算、手工、音乐共八项，20世纪80年代以后，我国的学前教育机构开始与国际接轨。

2. 学前教育制度的确立

随着近代初等义务教育的普及，各国政府在学前教育事业中的作用日益加强。19世纪30年代，法国率先开始了将学前教育纳入国民教育制度的历史进程。19世纪40年代，英国也通过政府拨款形式，加强了政府对幼儿学校的控制。19世纪后半期，法、美、日等国的公立学前教育机构得到了极大的发展，成为整个公立学校系统的有机组成部分。

法国学前教育的性质发生转变是中央集权的教育管理体制不断加强这一趋势的反映，也是法国政府自上而下地建立国民教育体系的自然结果。1835年，法国政府颁布了《关于在各县设立初等教育的特别视学官的规定》，提出视学官具有视察和监督托儿所的权力，这是法国政府正式管理托儿所的开端。

1836年，教育大臣布雷发出传阅文件，明确指出托儿所是公共教育部领导下的学校，接受市镇村教育委员会和郡教育委员会的领导。这标志着法国托儿所性质的重大转变，即由面向贫民的慈善救济事业转向为面向全体国民的国民教育事业。

1837年，法国政府发布了最早的有关托儿所管理的监督体系的规定，把法国的托儿所纳入中央集权教育行政管理体制的轨道。1881年8月2日，法国政府发布政令，统一各种学前教育机构的名称为"母育学校"，这一名称沿用至今。同时政令明确规定母育学校是初等教育设施，以"母性养护及早期教育为宗旨，共同接受体、德、智全面发展的教育"。母育学校按年龄发展阶段编班，招收2~6岁儿童，道德教育取代以往的宗教教育。该政令的颁布意味着基本确定了法国近代学前教育制度，对世界各地产生了深远的影响。

在中国，学前教育正式纳入到学制系统是在清末颁布的《癸卯学制》。它是由张之洞主持制定的，于1904年1月13日颁布，是对日本学制模仿的产物。该学制规定普通教育的升学序列和学习年限为蒙养院（4年）→初等小学堂（5年）→高等小学堂（4年）→中学堂（5年）→高等学堂及大学预科（3年）→大学堂（3或4年）→通儒院（5年）。

《癸卯学制》首次确立了学前教育的地位，将蒙养院正式纳入到国民普通教育体系。尽管在当时学前教育的具体实践中，蒙养院未能摆正与家庭教育的关系，未能开放女禁，模仿日本的色彩浓重，但确立了蒙养家教合一的宗旨，招收了3~7岁的男性儿童入院受教，规定保育科目为游戏、歌谣、谈话、手技四项。这在中国幼儿教育发展史上是一件大事，标志着中国正规学前教育的起步。

3. 注重学前教育教师的培养和选拔

现代社会随着学前教育的发展，学前教育教师的培养和选拔越来越引起教育家和政府的关注。19世纪英国的学前教育专家怀尔斯德平对幼儿学校的教师就提出了很高的要求，要求教师首先要具有"受人欢迎的风采""生气勃勃的气质""很大的忍耐性、温顺、坚韧、冷静、精力旺盛"，具有关心人性的知识，"尤其是虔诚——朴素的、诚实的而且实际的虔诚"。要求幼儿学校的教师具有音乐知识，不断研究幼儿的心理。1837年，法国政府颁布的一项政策规定，担任托儿所所长须持有3种证书：考试委员会发给的"能力证书"、地方自治体发给的"道德证书"、大学总长授予的"住地证书"。

1848年法国政府把一个私人慈善团体在巴黎设立的托儿所师资培训机构"学习之家"改为国立"幼儿师范学校"，专门培养幼儿教师。现当代世界各国普遍设有幼师培训学校，学历层次有中专、大专、本科。学位层次有学士、硕士、博士。20世纪80年代，在美国进行了一次调查，在28个被调查的州中，有 27 个州限定了幼儿园教师起码要有学士学位，只有印第安纳州许可大专学历的人充当幼儿园教师。各州幼儿园教师中有不少持有硕士学位。世界各国对幼师的学历要求越来越高。

4. 学前教育方法的探索和幼儿教具的研制

现代社会，许多教育家越来越重视幼儿教学方法的探索和幼儿教具的研制。在幼儿教学方法方面，"蒙台梭利教学法"影响非常广泛和持久，几乎遍及世界上每一个国家，从 20 世纪 20 年代一直持续到现在。

蒙台梭利在幼儿教育的实践中推行的教育内容包括实际生活练习、肌肉练习、自然教育和体力劳动、感觉训练，以及读写算练习等。而在这一体系中，尤其重视感觉训练，她用自己所设计的一套教具分别对幼儿的视觉、听觉、嗅觉、味觉、触觉等感官进行训练，以期达到发展儿童智力、养成儿童观察习惯和能力，为适应现代文明时代的工作和实际生活做准备的目标。

现代社会，幼儿教学非常注重游戏与活动，注重根据幼儿的特点和兴趣进行教学活动，注重实物与直观教学。因此，许多教育家致力于教具的研制。在教具研制方面，福禄倍尔做出了突出的贡献。他研制了一套教具"恩物"，在世界范围内产生了广泛的影响，开创了后世幼儿教具和玩具制作的先河。

第二章　学前教育与社会发展的关系

第一节　学前教育对社会发展的积极意义

《国家中长期教育改革和发展规划纲要（2010—2020年）》的颁布，说明我国政府对学前教育的重视程度有了大幅度的提高。随后国务院发布《国务院关于当前发展学前教育的若干意见》及国务院召开的全国学前教育工作电视电话会议等措施都表现出了我国政府对学前教育的绝对关注。可见，发展学前教育有重要的作用和意义。

一、学前教育对社会发展的直接作用

学前教育是教育的组成部分，也是社会的组成部分，作为社会生活中的一种现象，它与整个社会生产力、政治、经济等有着密切的联系。同时，学前教育服务于社会，对整个社会的发展起着至关重要的作用。

（一）有利于提高人口就业率

自古以来，妇女一直承担着抚养子女、教育婴幼儿的主要任务，这就使得妇女因为家庭而难以参加生产劳动和其他的社会工作。第一次工业革命以后，大部分妇女被迫离开家庭进入工厂劳动，使得孩子们无人照看，从而出现了世界上最早的托幼机构。托幼机构的出现和学前教育的发展，在一定程度上缓解了大部分妇女的家庭负担，提高了人口就业率，促进了社会发展。我国《幼儿园工作规程》（1996）第三条明确指出，我国幼儿园的任务之一便是"为家长参加工作、学习提供便利条件"，因此，学前教育在缓解家长压力、提高人口就业率方面发挥着独特的作用。

（二）有利于社会的稳定

学前期是儿童心理发展的关键时期，规范、适宜的学前教育能够促进儿童爱心、自信心、责任感、交往能力、互助能力、合作能力等社会性的有效发展，从而有助于社会的和谐稳定；反之，很多在发展早期缺乏关心和教育、缺少情感支持和交流的儿童更容易出现冷漠、胆小、自卑，甚至是攻击性行为和破坏性行为倾向，更有甚者容易出现反社会型人格，严重威胁着社会稳定。最新的神经科学研究和社会科学研究以强有力的证据证明，反社会、犯罪和暴力倾向与出生最初几年的大脑神经发育密切相关。因此，科学适宜的学前教育能够降低犯罪率，促进社会的和谐、稳定。

（三）有利于社会文化的繁荣

文化是民族的血脉，是人民的精神家园。中华文明源远流长、博大精深，是中华民族生生不息、发展壮大的强大精神力量。《辞源》解释文化为"文治"和"教化"之意，《易经》则说"观乎人文，以化为天下"，这些经典释义，将"人""文"与"教"内在地联系起来，它不仅表明教育本身是一种文化符号，而且清楚地说明教育是文化生成的肥沃土壤、文化传播的主要途径和人发展的重要推动力。

学前教育具有重要的文化传递功能，学前教育的基本任务就是引导、帮助学前儿童学习和掌握人类社会文化历史经验。将民间游戏、国学精粹、传统节日、多元文化等纳入学前教育内容之中，是传承优秀传统文化、繁荣发展当今社会文化的有力举措。此外，学前教育实践的发展，不断地促进为幼儿开发的课程、教材、玩具、图书等用品的更新、变化，本身也能促进文化的创造和更新。

二、学前教育对社会发展的间接作用

学前儿童是社会群体的重要组成部分，学前儿童的发展为整个社会群体的发展奠定了重要的基础。学前儿童是学前教育的对象，学前教育除了对社会发展起直接作用外，还通过学前儿童促进社会的发展。换言之，学前教育通过作用于儿童，对整个社会的发展起着重要的间接作用。

（一）有利于促进社会公平

教育公平是促进社会公平、建设和谐社会的"平衡器"。当今，由于受到政治、经济等方面因素的影响，各个国家和地区几乎都存在着一定的贫富差距，受教育机会、就业机会和发展机会等方面也存在着一定的差异。处境不利的家庭在儿童早期教育上的努力可以成功地打破贫穷在代际间的恶性循环怪圈，增加其日后取得成功的机会，在一定程度上实现社会公平。

美国著名的学前教育方案"开端计划"和"帕里学前教育方案"的研究均表明，早期适宜的学前教育能使接受学前教育计划的处境不利儿童比没有接受该教育的处境不利儿童在认知、语言和思维操作等方面均发展得更好，且对这些儿童的认知、学习发展产生的长期、积极的影响将一直持续到其成年期。这些研究结果，对于我国在广大中西部贫困地区发展学前教育，改善其教育、社会经济状况具有重要的启示意义。

（二）有利于培养社会需要的各类人才

许嘉璐先生在百年中国幼教纪念大会上曾说过："人才培养的制高点不在最后阶段，而在最初阶段。"学校教育作为专门培养人的教育活动，其价值就体现在促进受教育者的成长与发展上，即培养社会所需要的各类优秀人才。作为整个国民教育体系的重要组成部分，学前教育为学前儿童进入小学阶段的学习做好充分的准备，为学前儿童的终身学习和发展奠定良好的基础。科学适宜的学前教育能促进儿童体智德美全面发展，为培养社会所需的各类人才奠定坚实的基础。

（三）有利于促进家庭和社会和谐

众多事实表明，孩子能否健康地成长和发展已成为决定家庭生活是否和谐幸福、影响家庭生活质量的一个关键性的因素。家庭是社会最基本的单位，而每一个幼儿都连接着一个或几个家庭，因此学前教育成为了全社会关注的民生问题。当前，幼儿入园率在逐步提升，家长越来越重视孩子的发展和早期教育问题，学前教育机构承担着为家长参加工作和学习提供便利的任务，同时，学前教育的质量更成为家长关注的核心，直接关系着家长能否安心地工作。因此，学前教育及其质量对家庭生活、国民经济发展、社会秩序的稳定等诸多方面具有重要作用。

（四）有利于提高整体国民素质

对于整个社会和国家来说，学前教育影响着每一名儿童健康成长、和谐发展，为提高整体国民素质，实现"科教兴国"战略，培养合格的社会主义事业建设者和接班人奠定重要的基础。学前期是儿童行为习惯、个性品质形成的关键时期,也是培养公民素养的重要时期,学前期所受的熏陶与教育将为其终身优良素质的形成奠定良好的基础。此外,优质的学前教育具有更重要的社会经济价值,在一定程度上有助于改善公民的健康状况和生活质量,从而节约医疗、司法、行政等相关开支,是一项高回报的人力资源投入。科学适宜的学前教育能提高幼儿的想象力和创造力,对于培养创新型人才、增强国家的凝聚力和核心竞争力也有着重要的意义。《中国儿童发展纲要(2011—2020年)》也明确指出,儿童是人类的未来,是社会可持续发展的重要资源。因此,发展优质的学前教育,为儿童健康自由成长提供适宜的平台,能够提高整体国民素质,促进社会的和谐发展。

第二节 社会因素对学前教育的影响

作为一种社会活动和社会现象,学前教育与社会众多因素有着直接或间接的相互作用。学前教育在对社会产生影响的同时,也受到社会相关因素如生存环境、政治、经济、文化、人口等的影响。这些因素对学前教育的发展在一定程度上起着制约作用,同时也会为其发展提供良好的保障。学前教育与社会因素的良性适应,可形成良好的发展态势。

一、社会对学前教育的制约

学前教育作为一种社会现象,它是随着人类社会的产生而产生、随着人类社会的发展而发展的,它与社会的诸多因素有着错综复杂的联系。社会发展一般表现为社会的政治、经济、文化等各项事业的发展,社会发展制约着教育的发展。要了解社会大环境对学前教育的影响,就需要从政治、经济、文化等诸多方面进行分析。

(一)社会政治对学前教育的制约

政治主要是指国家性质、各阶级和阶层在政治生活中的地位、国家管理的原则和组织形式等。它主要通过各种法令制度与政策法规体现出来,其对学前教育的影响主要表现在政治的性质决定着学前教育的性质。

学前教育作为专门培养人的社会活动,对哪个阶级和阶层的子女进行教育,进行什么性质的教育,要把他们培养成什么样的人才,这些都是由社会的政治属性决定的。在人类历史的演进过程中,哪个阶级掌握领导权,哪个阶级就统治着教育,包括学前教育,他们需要教育为自己服务,需要教育培养出本阶级的接班人。因此,儿童的发展在很大程度上受到整个社会环境和政治阶级期望的影响。历史上不同的社会时期,学前教育的性质也在不断地发生着变化。

社会政治对学前教育的制约作用,具体表现在:①统治阶级利用其拥有的立法权,颁布一系列的教育政策法规和规章制度,以保证学前教育目的的合法实现。②统治阶级利用其拥有的组织、人事权力控制教育者的行为导向,使之符合教育目的。③统治阶级通过行政部门控制公职人员的选拔与录用。如许多公办幼儿园的人事管理、教师的选拔和录用等都是由教育行政管理部门来规划和决定的。④统治阶级还通过经济杠杆控制教育方向,并对办学权进行严格控制。⑤社会政治制约学前教育目标的制定。

教育目标一般都体现社会的政治方向,而学前教育的政治方向是受特定的社会政治体系制约的。在原始社会,生产资料共有,人们共同劳动,没有阶级的划分,儿童出生后在氏族社会中接受教育,教育是没有阶级性的。从奴隶社会开始,进入了阶级社会,教育就有了阶级性,奴隶主家庭就十分重视对子女的教育,有专人负责从小就教导他们学习奴隶社会的生活方式和社会秩序,区别贵贱尊卑,使他们将来成为镇压奴隶的统治者。封建专制社会中,地主阶级的子女从小在家庭中接受着封建伦常礼教的教育,灌输读书做官光耀门楣的思想,以巩固宗族、维护君权。而奴隶和农民的子女则不可能受到应有的教育,只是在生活和劳动中获得劳动技能的训练。

总之,在不同形态的社会,由于社会的政治不同,学前教育的性质也就不同。社会的政治制度发生变革,学前教育的性质也必然发生相应的变革。

(二)社会经济对学前教育的制约

学前教育的产生、发展与完善都与经济的发展密切相关,并为社会经济发展所制约。

1. 社会经济制约学前教育及学前教育机构的产生和发展

社会经济的发展促进学前教育的发展和学前教育机构的产生。在原始社会,生产力落后,儿童在生活和劳动中接受的教育是非常原始的。在奴隶社会和封建社会的漫长历史时期,生产力发展缓慢,学前教育也长期处于缓慢的发展状态。资本主义大工业的兴起促进了经济的发展，提高了生产力，为建立学前教育机构提供了物质基础。同时，由于工厂的发展，需要大批女工，使得儿童无人看管，产生了相应的社会问题，客观上产生了建立学前教育机构的需要。因此，当时工业发达的国家，如英、法、德、美等国首先建立起各种学前教育机构以解决小孩无人照管的社会问题，而在一些社会经济水平较低的国家，系统批量地建立学前教育机构则相对来说较为缓慢。

就我国学前教育的发展来说，在 20 世纪初，社会经济发展极为缓慢，幼儿园的建立也比较晚。随着新中国的成立，社会经济不断发展，学前教育机构的兴起与发展也有了较好的保障。在 1958 年，全国幼儿园由 1957 年的 16 400 余所剧增至 695 000 所，增长了 42 倍，而农业生长总值，1958 年比 1957 年只增长 18.2%。这一客观情况使得幼儿园的发展缺乏相应的经济基础，于是在 1961 年后又纷纷停办，逐渐回复到 1957 年的水平。因此，学前教育机构的设置与发展必须要与社会经济发展水平相适应，否则就会遇挫。

2. 社会经济影响学前教育的任务、内容与手段

教育的最终目的是为社会培养高素质高水平的劳动者。由于社会经济发展的水平不同，对人提出的要求也不一样，因此教育的任务也有了区别。在历史发展的总体趋势中，学前教育的任务一直在不断地发生变化。从开始的具有慈善性质、减轻家长工作压力，到注意孩子的身体健康，再到对孩子行为习惯的培养和智力的发展，直到现在强调对学前儿童的体智德美全面发展和身心和谐发展。这个变化是与社会经济发展水平相呼应的，而且是在社会经济发展推动下，伴随着家长对教育的需求的不断变化而发生的。

学前教育的内容和手段与社会经济的发展也密切相关。经济的发展能创造更多的社会物质财富，为发展和更新学前教育的内容和手段奠定了坚实的经济基础。在教育内容方面，扩大了认识社会环境、自然环境的内容和要求，注重培养幼儿兴趣、好奇心、想象力和创造性思维的发展，养成幼儿良好的学习品质和社会性品质，为其将来的个人发展、人际交往和社会适应做好充分的准备。在教学手段方面，在以游戏为主要活动性质的同时，游戏的内容和操作的性质都变得更加丰富多彩。寓教育于幼儿一日生活当中，结合儿童日常生活的各个环节进行教育，开展多种实践活动，并运用录音、电视、多媒体、电子白板等现代化教学手段，丰富了学前教育的内容和手段，提高了学前教育的质量。

3. 社会经济的飞速发展影响学前儿童的健康发展

随着社会的不断发展，科学技术在不断更新的同时，也加剧了城市的工业化进程，大工业时代的到来，一方面能够促进社会经济发展，带来巨大的经济效益，但从另外一个方面来说，尤其是"先污染，后治理"的落后观念，使得许多地区在经济飞速发展的同时，付出了自然资源消耗、环境污染严重的惨痛代价。生活在高度工业化时代的学前儿童，正处在一个严重污染的时代。大气污染、水质污染、噪声污染、电磁污染等，这些工业化带来的环境污染问题，让学前儿童深受其害，如许多工业地区，由于汽车尾气、工业生产和劣质油漆家具等，许多学前儿童血铅含量严重超标，造成铅中毒，在生理和心理方面都造成了严重的影响。

社会经济的飞速发展，除了造成严重的环境污染外，不断缺失的空间环境也严重地影响了学前儿童的身心健康发展。大自然是学前儿童最好的老师，学前儿童通过与真实自然环境的接触和沟通，不断发展自己的天性，增长自然知识，促进身心和谐发展。大都市的兴起，使得当代儿童与真实大自然间的距离越来越远，他们的成长缺乏大自然的赋予，从而缺少了对大自然的好奇与探索的兴趣。而密集的城市建筑、拥挤不堪的马路、封闭的生活空间，使得学前儿童尤其是城市儿童失去了自由嬉戏的空间。

此外，住宅高层化、独户化也是现代社会发展的一个显著特征。在其大大改善人们居住条件的同时，对学前儿童的不利影响也随之而来。日本的研究发现，住在高楼的儿童，由于室外活动少，与自然环境的接触少，抵抗力会较低，患传染病和受感染的机会增多；同时，因为高层儿童较少出来活动，与其他同龄儿童的接触机会较少，也会造成他们的社会交往水平和社会适应能力降低。而且社会的发展，使得儿童出行更加依赖现代交通手段，如电梯、汽车等，这些对正处于生长发育期的学前儿童来说，对于其能力的正常发展是有着一定的阻碍作用的。

由此可见，在经济飞速发展、人们生活水平不断改善的同时，它也给学前儿童的发展带来了严重的影响和不小的挑战，面对学前儿童的能力发展问题和健康问题，我们应该对此做出积极的思考，在教育的内容和方式选择上面更应该结合当前的社会现实。

（三）社会文化对学前教育的制约

教育是社会文化大系统的重要组成部分，社会文化对教育的目标、内容、形式等起着重要的影响作用。

1. 社会文化制约着学前教育的目标

作为一种价值引导工作，学前教育有着鲜明的目标指向，即通过教育培养什么样的儿童。而文化中的核心价值取向和道德判断，对于整个文化的构建和发展起着重要的作用，因此也极大地制约着学前教育的目标。如我国的传统文化强调群体发展，忽视个体需要。"个体服从集体""舍小家为大家"的思想使得我国的学前教育一直以来都将培养整齐划一的集体作为重要教学目标。直到近几年以来，社会发展对人才的独立思考和创新精神有了更大的需要之后，我国才将"注重培养幼儿良好的个性心理品质"作为重要的目标。而在美国，由于他们需要"民主社会"的理想公民，反映在学前教育目标上便是强调"鼓励幼儿独立思考和行动""培养良好的社会态度"。法国注重公民的普遍教养及理智训练，法令中明确规定"注重幼儿诚实、礼貌、守纪律等良好习惯，培养完整的人格"。第二次世界大战以前，日本和文化占主流，重视培养儿童的整体精神和忠孝、集团意识，随着文化的变迁，汲取了西方文化中的有益成分，学前教育则转变为"以人格之完成为目标"。

以上都说明文化深刻地影响、制约着学前教育的目标。

2. 社会文化影响着学前教育的内容

学前教育中，对幼儿传授的内容都是文化积累的精神财富，其中的语言、艺术、科学等都是人类几千年来积累的优秀文化遗产。不同的文化使得不同地区学前教育的内容有着明显差异，而多元文化也是当前学前教育的重要内容之一。

在具体教育内容的选择上，文化传统是一个重要的制约因素。不同民族和地区有着自己的文化传统和风俗习惯，为了保存和发展民族文化传统，让本民族人民具有认同感和归属感，许多文化传统中的特定内容都需要通过教育这一重要途径传递到下一代。中国幅员辽阔，人口众多，有许多少数民族都有自己的语言和风俗习惯，《幼儿园教育指导纲要（试行）》中关于语言领域也提出了"少数民族地区还应帮助幼儿学习本民族语言"的教育要求。因此，双语教育在我国蒙藏等地区便是学前教育的重要内容。此外，许多国家都具有宗教传统，其学前教育内容中就有宗教课程和活动。如日本受佛教影响较大，许多幼儿园都设在寺院旁边，许多幼儿园每个月都要组织幼儿到寺庙受一次教诲。园里最重要的节日一定要拜佛，在佛诞日、涅槃日等传统佛教节日，幼儿园也会组织相应的活动。而英国古典主义文化传统在文化中占据优势地位,因此其学前教育中的内容选择至今较重视人文课程。

3. 当前电子信息时代的文化对学前儿童的影响

电子信息时代的到来,使得当前的文化更新更快、传播更广,学前儿童通过接触电子媒介所接触到的文化信息更加丰富。随着科学的发展,儿童的生理、心理和智力也发生了变化,他们的需求在变化,他们身上会产生带有时代文化特征的新的性质。儿童作为"有吸收力的心智"的个体,面对电子媒体的时候,可能比成人适应得更快、更从容,他们不是一块洛克式的"白板",在以信息技术为基础的电子媒体社会文化环境里,若儿童在学习、娱乐等方面能正确地使用电子媒体,会对儿童产生不可替代的积极影响。

但是,我们也应该看到电子媒体对儿童造成的不良影响。当下的电子媒体正在以它们自己理所当然的想法确定儿童节目的主题,塑造"小大人"的儿童形象,复制着一批"标准化"的成人。市场化的巨大经济利益,使现在的电子媒体充斥着各种黄色和暴力信息,这对心智发育不成熟的儿童的身心健康影响巨大。

上述的种种现象和事实,以及电子媒体本身引起的一些社会心理矛盾,包括儿童在电脑、电视机前度过的时间,以及其他间接交往形式时间的增多,将削弱家庭生活中的亲子联系、同伴之间的交往,以及儿童的自发性活动。大量的媒体信息的出现、快速的文化刺激会引起儿童心理紧张,从而使儿童的心理积极性下降,产生对外界的疏离感、冷漠的反常心态等。这些都决定了教育在儿童与电子媒体中的特殊地位,那就是要对儿童进行媒体教育,培养儿童的媒体素养。就像大卫·帕金翰在《童年之死》一书所说"我们再也不能让儿童回到童年的秘密花园里了""儿童溜入了广阔的成人世界——一个充满了危险与机会的世界,在这个世界中电子媒介正在扮演着日益重要的角色。我们希望能够保护儿童,使其免于接触这样世界的年代一去不复返了。我们必须有勇气准备让他们来对付这个世界,来理解这个世界,并且按照自身的特点积极地参与这个世界"。电子媒体的发展已经成为事实,最根本的还是应该让儿童能够自己拥有应对电子媒体的能力。这是当今文化中电子媒体时代下的儿童教育的一个重大课题。

二、社会对学前教育的保障

学前教育对社会发展有着重要的意义,要想学前教育真正地发挥对社会的直接和间接作用,社会就必须为学前教育的健全发展提供必要的保障和条件。政策财政方面的保障、多方位立体化的管理和监督,以及师资培训、教师福利待遇的提高等,都是促进学前教育发展的有效措施。

(一)政策的保障

国家对学前教育的重视是促进其发展的重要动力之一,这一重视就体现在学前教育的相关政策法规的制定和执行。当前国际上学前教育发展较为突出的国家,均在政策方面有着强有力的保障。日本早在 1899 年就有了《幼儿园保育及设备规程》,这一政策性文件对幼儿的保育工作和设备做了规定;1926 年 4 月 22 日,文部省制定了《幼稚园令》,这是日本第一部关于幼儿教育的单独法令。美国在 1979 年和 1990 年便分别通过了《儿童保育法案》和《儿童教育法案》,对儿童的保育和早期教育作了较为全面的规定;1994 年颁布的《目标 2000 年:美国教育法》第一编明确规定到 2000 年所有美国儿童都能够做好入学学习的准备,把发展学前教育放在八大目标之首。

在新中国成立之初,幼儿园和托儿所大多是为了帮助母亲们解决照顾和教育自己孩子的问题,幼儿教育也更多是妇女解放的附属物,此时的国家和社会还没有意识到幼儿教育对于幼儿自身发展的重要意义。自从 1996 年国家教育委员会颁布了《幼儿园工作规程》,我国学前教育正式从社会主义教育事业的笼统队伍中提高到了基础教育的行列。在 2013 年 1 月 27 日《国务院办公厅转发教育部等部门(单位)关于幼儿教育改革与发展指导意见的通知》。此后,国家相继颁布了相关政策文件如《幼儿园教育指导纲要(试行)》(2001)、《国家中长期教育改革和发展规划纲要(2010—2020 年)》(2010)、《国务院关于发展当前学前教育的若干意见》(2010)、《幼儿园教师专业标准》(2012)、《3~6 岁儿童学习与发展指南》(2012)等,从学前教育的事业发展、管理体制、办学体制、师资标准等方面均有了明确的规定。国家的政策保障使得我国当前的学前教育事业有了较快的发展,并向着更好的方向不断前进。

(二)财政投入

19 世纪中叶以前,学前教育一直是私人行为,但在 20 世纪逐渐发展成为公众的责任，国家介入幼儿教育成为一个世界性的发展趋势。除了制定相关的政策法规以外，公共的财政投入也是国家介入的重要方式。学前教育的发展离不开财政，机构的创办、环境的创设、师资的保证等，这些都需要国家公共财政的充分保障。

欧洲经济合作组织国家（OECD）主要通过公共财政来支持学前教育。在一些国家，不论家庭中父母双方的就业状况和收入如何，学前教育都是免费的；另外一些国家则是采取国家财政支持和根据父母收入交费并行的方式，父母所支付的部分一般不多于费用的30%。其他一些发达国家也通过各种方式来承担政府对学前教育的责任。这些方式包括：①国民教育向下延伸，这是包括美国在内的许多国家的做法。我国澳门特区也从2006年开始将免费教育下延至学前教育1~2年。②国家专项拨款资助面向社会处境不利幼儿的早期补偿教育。如美国的"提前开端计划"和英国的"确保开端计划"等。③政府举办一定数量的公办园；对政府认可的非盈利性私立幼教机构提供财政补助。④通过各种方式（如返还个税、发放补助等）为幼儿家庭提供保育和教育资助。

近年来，随着百姓对学前教育需求的日益强烈，党中央、国务院高度重视发展学前教育，十八大更是明确要求"办好学前教育"。自2010年以来，国家不断加大对学前教育的财政投入力度，"十二五"期间，中央财政安排了500亿元重点支持中西部地区和东部困难地区发展学前教育。然而，由于学前教育长期被边缘化，我国学前教育财政投入长期严重不足，历史欠账严重，短期的巨大投入难以满足事业发展的需求。

随着一系列学前教育政策的出台和各级政府加大财政投入，学前教育事业自2010年以来发生了显著的变化，包括：第一，学前教育三年毛入园率持续增加。据教育部公布数据，2013年全国三年毛入园率达到67.5%，2012年为64.5%，2011年为62.3%，已提前4年达到《纲要》2015年目标（62%）。第二，学前教育规模（机构数和在园儿童规模）大幅增长。从机构数来看，2001—2009年的8年间，全国幼儿园总数仅增长2.6万所，平均每年增加3250所；2009—2013年4年间增加幼儿园6万余所，平均每年增加15 000余所，2013年接近20万所（19.9万所）。从在园儿童规模来看，2012年达到3686万，2013年达到3895万，已提前3年超过《纲要》提出的2015年入园规模目标。第三，公办幼儿园机构数和在园儿童规模占比结构发生变化。2010年开始，公办幼儿园数量明显上升的同时（2012年为56 568所），民办幼儿园数量也出现持续增长，2012年达到12万多所，占比68.8%。从在园儿童规模来看，民办园2012年时开始超过公办园在园儿童规模，占比50.3%。第四，幼儿园结构性质量指标（专任教师学历结构、班级规模、生师比等）有明显改善，但与国家标准和国际上可比较的质量指标相比，还有较大差距。

但当前学前教育发展还面临诸多问题，公平性挑战便首当其冲。《教育蓝皮书》中指出，学前教育公平性挑战主要表现在四个方面：第一，公共财政倾向于投入公办园，而公办园资源往往被优势群体家庭儿童所享有；第二，普惠性民办园建设并没有根本解决中低收入家庭子女"入园贵"问题；第三，农村、县镇幼儿园与城市幼儿园相比保教质量还存在巨大的鸿沟；第四，大多数进城务工农民工子女在城市还不能享受有质量保证的学前教育。为此，政府对公办园的财政投入应该以服务弱势群体家庭儿童为条件；在幼儿园价格管制方面，可以考虑公办园和普惠性民办园实施梯度收费政策；加大对农村和县镇地区幼儿园教师队伍发展的财政投入；中央政府应将进城务工农民工子女学前教育入园率、入园率规模、质量指标作为城市发展和建设的考核指标，改变"四大类七大项"中的"综合奖补类"项目，以促进民办幼儿园机构、非政府组织、民办团体通过多种形式举办有质量、收费合理、为农民工子弟服务的合格民办幼儿园。

（三）多方位立体化的监管

随着物质生活水平的提高，人们对教育的投资越来越大，学前教育也越来越受重视。市场催生之下，民办幼儿园在悄然成长，特别是在广大农村，它解决了农村孩子入园难的问题，缩小了城乡幼儿在启蒙教育上的差距。但农村民办幼儿园还存在着不少问题亟待解决：①硬件设施不齐全，不符合办园条件。农村民办幼儿园经费以自筹为主，由于办园规模小，加之财力有限，这种"家庭式幼儿园"多半是租用民房或改造自家住宅用房，室内活动面积小，消防设备少甚至没有，玩具器材少，不符合办园标准。②管理制度不健全，存在安全隐患。有些幼儿园冬季提供火炉取暖，而炉子周围没有防护措施，存在较明显的安全隐患。很多幼儿园还存在饮食卫生问题以及校车安全问题。③师资队伍专业化程度低。农村幼儿教师以初高中学历为主，没经过专业幼儿教育的培训，虽然一些教师毕业于师范学校，但没有继续教育的机会和途径，观念得不到更新，方法得不到改进，长此以往，难以适应现代幼儿教育的需要。

只有政府政策的支持和监管形成常态，才能根本改变民办幼儿园管理无序、混乱的现状。政府职能部门应加大管理力度，严格依照法律法规进行办园审批和监管，教育行政部门要建立健全民办幼儿园评估管理机制，严格加强对园长、教师的资格审查和考核，以加强民办幼儿园的规范化管理。当前最迫切的应是加强幼儿教育监管力度，建立多层次、立体化的幼儿教育监督管理体系。另外，要重视幼儿园园长、班主任的作用，发挥他们的直接监督职能，建立问责制度。幼儿园教师的上岗资格要有一定标准，不能随便聘用。要努力提高高校学前教育的质量，普及学前教育教师资格考核，完善在岗业务培训制度。

（四）优质师资队伍的保证

如果说教育是社会发展的基础，那么，学前教育则是基础的基础。随着当前的社会转型对人才和知识的大量需求，幼儿教师对于学前教育的发展、对于幼儿的发展来说，都起着不可替代的作用。一所幼儿园能否给幼儿带来有益身心发展的影响，关键在于幼儿教师。因此，保证师资队伍，优化幼儿教师资源，给幼儿家长提供更优质的教育资源，给幼儿发展创设更大的空间，可为学前教育事业的发展提供更有力的保障。

1. 提高幼儿教师准入标准

师资队伍的质量严重影响着学前教育的质量。当前很多发达国家都有自己的教师准入标准。美国要求教师职业申请者先接受4年的大学教育，在获得学士学位以后再接受1~2年的教育专业训练，包括教育实习，再参加统一的教师资格考试。法国幼儿教师要在教师培训学院（IUFM）接受两年的培训。申请者须具有学士学位或相当学历，身体健康，无前科。培训中突出的是"多能性"，包括教育理论、实践培训、学科培训，以及选修课。有志于从事学前教育者可在完成必修学业的情况下多选修与幼儿教育有关的课程。

为了促进教师专业化发展、建设高素质教师队伍，我国启动了教师资格认证与管理制度改革，2011年起已开始在部分省市试点。制定新的教师资格准入标准是改革的重要内容之一。幼儿教育与中小学教育相比具有很强的特殊性，幼儿园教师资格标准的建立是幼儿园教师资格制度的核心内容。

2. 解决教师编制问题

编制的不公平在很大程度上属于工资待遇的不公平。为了改变当前在编教师和非在编教师工资待遇差距较大的现状，在增加编制难以实现的情况下，可以考虑打破体制和编制的藩篱，实行以职称为基础的职级工资，单独为幼儿教师制定职称系列，然后按照职称去制定相应的工资标准，并把教师的职级工资纳入幼儿园的办园成本核算。除了工资外，其他基本福利待遇应该采取无差别的方式，使得园里每一位教师都能够享受基本权利。此外，对于非在编教师的工资发放，陕西省无棣县对于公办园的非在编教师工资来源采取新措施，由以前的"从乡镇中心园保教费中列支"改为现在的"乡镇政府统筹工资"，这样，非在编教师的工资待遇有了明显提高。对于非在编幼儿教师待遇，政府可以发放相应的专项补助资金，进一步缩小他们与在编教师的工资待遇差异。

当前许多对幼儿教师的保障政策都是泛泛而谈或者只针对在编教师，很少有专门关于非在编教师的相关政策。非在编教师履行着与在编教师一样的义务，却不能享受相应的权利，他们的合法权益得不到有效的保障。为了能够进一步加强幼儿教师的管理工作，保障非在编教师的合法权益，建立专门针对非在编教师的保障制度是有着重要意义的。福建省泉州市洛江区教育局于2009年便发布了《关于建立非在编教师保障制度的通知》。该通知提出建立保障制度的程序和要求，包括：签订劳动合同、购买社会保险，并提出了具体可行的非在编幼儿教师社会保险方案，同时确保工资待遇，与工作年限及考核情况挂钩，不足部分由政府给予补足。还建立非在编幼儿教师学年度绩效考核评价制度，作为发放绩效工资的标准。杭州市政府于2010年发布了《关于杭州市幼儿园非事业编制教师管理办法的通知》，该通知对编制人员管理、工资福利待遇和权益保障，以及监督实施都做出了明确说明。规定在岗非事业编制教师达到一定年限后可优先通过考核入编，幼儿园应根据教师的学历、专业技术职务、从事幼教工作年限、承担的工作职责及考核业绩，确定教师工资福利待遇，同时，还强调"建立由市教育、人事（编制）财政、劳动保障等部门参加的非事业编制教师管理工作协调机制，每年对全市非事业编制教师管理情况进行监督和检查"。这样的有据可参、具体翔实的保障制度和管理办法能够让更多非在编教师的利益得到保障，也能够提高他们的工作积极性。

3. 加强培训，促进教师终身学习

近年来，随着我国幼儿教育事业的发展，幼儿园教师的职后培训越来越受到重视。当前，摒弃职前一次性终结型教师教育观念，重视教师职后的再学习、再培训，促进教师终身学习发展，已成为全世界对教师教育的共识。

但是，当前幼儿园教师培训中存在培训内容的针对性和实用性不强、培训方式单一、教师培训参与度较低等问题，影响了培训效果，因此，国家需要建立长效的培训制度，满足幼儿园教师专业发展的需求。"国培计划"作为落实《纲要》的重大项目，可以调动优质幼儿园及专家型教师的成功经验，以促进教师的专业成长，并且注意提高对教师培训需求的适应性和引导性，促进和引导教师理解儿童发展和保育知识，关注自身人文素养的提升。此外，需要通过多种培训形式，发挥参训教师的主体性，最终把握教师真正的培训需求，为教师专业发展提供更多的支持。

第三节 当今社会学前教育的发展趋势

随着社会的不断发展，学前教育也随之不断发展，并逐渐显示出与现代社会发展相适应的发展趋势。

一、国际化

学前教育，作为一种培养人的社会性活动，具有其独立性。每个国家，每一种社会的学前教育都有其自身的特点。但是，在现代社会，由于科学技术的发展，媒体的介入，交通的发达，使得不同国家、不同社会的学前教育有了更多的交流了解，国际的合作也在不断加强。尤其在进入20世纪90年代后，全世界许多国家都对儿童问题十分关心，社会越进步，对儿童也就越关心。因为儿童是社会的希望，人类的未来，关注儿童就是关注社会的发展，就是关心社会的前途。总之，对儿童问题的关心，是现代社会发展所要求的，因此对学前儿童教育的国际沟通成为现代学前教育的一个明显的特征。

在现代社会的发展进程中，虽然各国发展的速度有快有慢，社会发展进程中给学前儿童带来的问题却是相同的，而对这些问题所采取的教育策略则又需要国际间的合作和共同努力才能得以解决。如高度科技化、高度工业化、高度城市化所带来的负面效应——环境污染、物欲泛滥、教育环境不利、独生子女等问题的认识与解决，都需要国际间的交流与合作。在1990年9月召开了世界儿童问题首脑会议，参加会议的有100多个国家的首脑，研究儿童问题，研究怎样改善儿童的现状，怎样为儿童提供生存发展的条件等。这次首脑会议通过了两项决议：一项是《关于儿童生存、保护和发展世界宣言》，另一项是《执行90年代儿童生存保护和发展世界宣言行动计划》。会议提出了"儿童优先"的原则，即儿童问题应该摆在各个社会优先的地位来考虑，儿童优先原则应该成为新道德观的一项内容。任何一个国家不管是在和平状态还是战争状态都要把儿童问题放在一个优先地位，优先考虑他们的生存保护和发展问题。这种国际行动，不仅显示了现代社会学前教育国际化的发展趋势，而且使学前教育的地位也得到了极大的提高，现代社会的学前教育也只有通过国际间的相互沟通、相互借鉴、相互促进，才能共同提高，共同发展。因此，现代学前教育应该是开放的，应该重视国际间的教育信息的交流与比较研究，不能关门办教育。要了解别的国家的教育经验，既不是简单地照搬，也不是简单地排斥一切，而是要经过比较之后，去选择、去采纳。比较研究可以更快地发展自己。

二、多样化

学前教育基本理论呈现多样化的发展趋势，这是现代学前教育的基本特征。

由于社会的变动性、革命性在加剧。其变革的速度很快，变革的内容在加深变革的领域又很广泛。在急剧变革的现代社会中，学前教育的发展必将受到各种社会因素的控制和影响。社会中的经济活动、文化活动、人口变化、社会生活方式的变化等都对学前教育的理论、观念、内容与方法体系产生猛烈的冲击与深刻的影响。现代社会的学前教育面临着诸多从未碰到过的新问题，有些教育问题还相当复杂，并带有一定的综合性。如果光靠各持一家，不相融合的、单一的理论模式很难解决问题，也很难满足不同经济和不同文化发展地区对学前教育的不同要求。因此，现代学前教育在适应社会变革过程中，其教育理论的发展必然向多样化方向发展。这也是现代社会学前教育实践发展的客观需要。

学前教育基本理论多样化的发展趋势，不仅表现在引进、消化、吸收各种教育理论，并出现各种教育理论的并存，用融合理论的方法解决现代学前教育各类复杂的、综合的问题。因此，学前教育理论多样化的发展趋势极有利于提高现代学前教育对社会变革的适应性。

三、科学化

学前教育科学化是现代学前教育又一个明显的发展趋势。所谓学前教育科学化,是指利用科学技术手段参与学前教育的研究工作,用科学研究成果指导学前教育的实践工作,用科学的方法并按照学前儿童的发展规律进行教育。传统的学前教育,由于受到社会科学技术发展水平的限制,大量采用的是主观的、经济的、机械的方法,致使学前教育经常步入误区,并经常从一个极端走向另一个极端,造成极大的教育浪费。由于现代社会科学技术的发展,尤其是生理学、生化学、脑神经科学及心理学等学科的发展,人们对儿童的特质和能力有了更为深入的认识,对儿童的研究也有了较大的突破,其中包括儿童发展的生理原因和成长发展过程的研究,儿童生理和心理发展相互影响等研究成果都给学前教育提供了科学依据。同时也为学前教育科学化提供了极为有利的条件。

现代社会的学前教育,越来越重视学前教育的科学化,越来越重视用科学技术手段、科学研究成果、科学方法来指导当前教育的改革。这是现代社会学前教育事业发展的客观需要,也是提高学前教育质量,促进学前儿童身心健康发展的实际需要。因此,学前教育科学化的发展趋势,不仅是现代学前教育的基本特征,而且已成为现代学前教育工作者的努力方向。

四、整体化

学前教育的整体化趋势,具体是指学前教育目标的整合性趋势。这既是现代学前教育的一种发展趋势,也是现代社会的发展对学前教育的一种客观要求。

随着人类社会的发展与进步,我们可以看到,儿童及儿童权益将越来越受到人们的重视和尊重。现代社会越来越尊重儿童和注意满足儿童各种发展的需要,并把儿童身心各方面的发展看成一个有机的整体,看成一个全方位不断发展的"整体人"。这就要求现代学前教育将培养"完整儿童"作为主要的目标。而所谓的"完整儿童",是指全面发展、和谐平衡的儿童,其发展应是身体的、认知的、情感的、社会的和人格的整合性发展。在现代学前教育的发展进程中,这种整合性的特征,正在向更深、更广的方向发展。现代社会的学前教育,越来越注重儿童所具有的各种发展需要,并尽可能为儿童创设良好的环境与条件,不仅保证其身体的正常生长发育,还要给他们提供充分参加文化、艺术、娱乐和休息活动的机会，使其获得在该社会条件下最充分和全面的发展。从而避免孤立的、只偏重某一方面的发展，同时要保护儿童，使其免受伤害，及防止任何可能会妨碍儿童教育或有害儿童身心健康和社会性发展的活动。

五、规范化

随着社会经济与教育事业的不断发展，学前教育机构越来越朝着多样化、立体化的方向发展。现代社会的学前教育机构，从其类型看，有个体办、家庭办、集体办、单位办及国家办等各种性质。从其形式看，有托儿所、幼儿园、儿童乐园、儿童玩具图书馆、流动幼儿园游戏小组、家庭托儿中心等各种形式。随着社会的不断发展，学前教育机构在各国、各地区的发展还会更加丰富多彩。因此，在现代学前教育机构的发展进程中越来越重视对各种学前教育机构的规范化管理。而对学前教育机构管理的规范化，主要是通过制定各种法规、制度或标准来实现，以保证学前教育事业的健康发展。虽然不同的国家、不同的地区的托幼机构有很大的不同，但是，对越来越多的、各种不同的托幼机构的管理的规范化，却是各国、各地区现代学前教育共同的发展趋势。

上述现代学前教育的发展趋势，既表现为现代社会学前教育的发展方向，又表现为现代社会学前教育发展的基本特征。对这些特征的认识，有助于深入理解社会变革与学前教育改革之间的相互关系、相互影响，从而进一步从社会变革的视角去认识或分析学前教育的改革现状，寻找改革的最佳策略。

第三章 学前教育与儿童发展的关系

人们对学前儿童的认识是千差万别、多种多样的，对学前儿童的认识与定位将直接决定着我们与学前儿童的相处方式。每个人有自己的世界观、人生观和价值观，作为一名学前教育工作者，我们也必然会形成自己的儿童观。学前儿童是怎样的人？他们是怎样发展的？教育者又如何根据他们的发展特点来进行教育呢？

第一节 儿童发展的影响因素

在生活中，我们经常会谈到"发展"一词。这既包括人的发展，也包括事物的发展和整个社会乃至世界的发展。发展意味着变化、进步和提高。学前儿童的发展是指在学前儿童的成长过程中身体和心理方面有规律地进行的量变和质变的过程。正如格塞尔所说："从广义而言，发展与生命乃一件事，包括整个人生历程中一切身心的变化——如身高体重的增加，动作能力的变化，智力的进步，新情绪的发展等。""儿童发展是一个顺序模式的过程，这个模式是由机体成熟预先决定和表现的。"学前教育以促进学前儿童身心的全面、和谐发展为目的，要充分发挥学前教育的作用，必须了解影响学前儿童发展的因素有哪些，学前儿童身心发展有哪些规律，以及关于学前儿童发展的主要理论有哪些。

一、影响学前儿童发展的因素

从胎儿期开始，学前儿童的发展就受到各种因素的影响。从心理学的观点来看，影响个体发展的因素是错综复杂的，一般将其分为先天与后天因素。先天因素主要包括成熟与遗传，后天因素主要指个体所处的环境与教育。

究竟什么是影响儿童发展的主导因素一直是心理学界争论的焦点。例如，英国的高尔顿曾用家谱法来研究天才遗传的问题，他得出的结论是，名人的亲族易成名人，这便足以证明血统有力地影响着个人的发展，也就是说，天才基本上是遗传的。美国心理学家格塞尔在经过近半个世纪儿童发展的实验研究后，提出成熟势力发展理论。他认为，儿童发展是一个有规律的顺序模式的过程，而这个顺序是由物种和生物进化的顺序决定的，所有儿童都按照这个顺序发展，但发展速度则由每个儿童的遗传类型决定。环境和教育不是发展的主要原因，它虽然可以暂时影响儿童发展的速度，例如营养不良或教育剥夺就可能影响发展的速度，但后者最终还是由生物因素所控制。相反，环境决定论的代表人华生否认遗传在儿童发展中的作用。他认为生理构造上的遗传作用并不导致功能上的遗传作用，由遗传而来的构造，其未来的形式如何，要取决于所处的环境和教育。他有一个著名的论断："如果给我一打健康而没有缺陷的儿童，让我把他们放在特殊的环境中教养，那么我可以保证，在这十几名儿童中，随便选出一个来，我都可以把他训练为任何一个方面的专家——无论其能力、爱好、兴趣、职业及种族如何，我都可以使他成为一名医生、一名律师、一名艺术家，或者是商界首领、乞丐或窃贼。"

我们认为，既要承认遗传在学前儿童发展中的重要作用，又要充分注意环境、教育的重要作用，重视遗传和环境、教育的相互影响作用以及学前儿童的主观能动性，任何一种因素都会对学前儿童的发展产生巨大的影响。研究影响学前儿童身心发展的因素，将直接影响学前教育的任务、内容和方法的制订，以及教育的实施。

（一）遗传

遗传是指父母的生物特性传递给后代的现象。常言道"种瓜得瓜，种豆得豆"，指的就是生物的普遍现象——遗传。

1. 遗传素质是学前儿童身心发展的物质前提

遗传素质决定了学前儿童的体态、生理结构和功能的主要特征。学前儿童具有人所特有的生理结构，才可能具备人所特有的各种活动能力和受教育的可能性。此外，大量研究表明，儿童期发育障碍和精神疾患，包括婴儿孤独症、儿童精神分裂症和儿童多动症等的发生和发展均与遗传有关。德国精神病学家卡尔曼的研究表明：父母均是精神分裂症患者，其子女发病率为68.1%；有一方为精神分裂症患者，其子女发病率为16.4%；家庭中无精神分裂症患者，子女发病率为0.85%。再如，近亲结婚所生子女的遗传性疾病发病率、早期死亡、智力低下的比例远比非近亲结婚的高。

2. 遗传的不同奠定了学前儿童发展个别差异的最初基础

正常的儿童都具有人类的遗传素质，但由于不同的个体在高级神经活动类型、感受器官的结构和功能上的遗传素质存在差异，使有的儿童易于发展为一个安静的人，有的易于发展为一个活泼好动的人，有的易于发展为一个有才能的音乐家，有的则易于发展为一个优秀的体育运动员。

3. 遗传在一定程度上制约学前儿童发展的过程及阶段

从人的一生来看，儿童的身心发展阶段与速度基本一致。每一个年龄阶段的孩子都具有共同的、普遍的年龄特征，如：婴儿动作的发育是一个连续的过程，民间总结为"二抬四翻六会坐，七滚八爬周会走"。两个月会抬头，4个月会翻身，6个月会坐，7个月会滚，8个月会爬，1周岁会走。抬头、翻身、坐、滚、爬、走这些动作是婴儿动作发育连续过程所分的几个阶段，如果没有让婴儿在爬的阶段得到锻炼，婴儿就较难掌握走路的方法，走路时容易摔倒。这些阶段和每一阶段的特征主要由遗传决定，一般具有不可更改性。

（二）环境

环境是指学前儿童接触到的周围人和物的总和。学前儿童所处的环境包括社会环境和人为改造的自然环境。自然环境提供儿童生存所需要的物质条件，如空气、阳光、水分、养料等。社会环境指社会生活条件，如社会的生产发展水平、社会制度、家庭状况、社会气氛、受教育状况等。这里所讲的环境主要指社会生活条件和教育的作用。

1. 环境使遗传所提供的心理发展的可能性变为现实

尽管遗传提供了心理发展的可能性，但如果不生活在社会环境里，则这种可能性也不会变成现实。由野兽抚养大的孩子虽然具有人类的遗传素质，却不具备人类的正常心理。典型的例子如印度狼孩卡玛拉和阿玛拉，他们不会直立行走，不会说话，没有人类的动作和情感。剥夺学前儿童生活的社会环境，其心理便难以正常发展。下面的例子也可说明这一点：

1970年，在美国加利福尼亚发现一个名叫基尼的13岁女孩，她的母亲失明，她自婴儿期起就受到父亲的虐待，被隔离在一个小房间里，没有人和她说话，几乎不能听到什么声音，只是由哥哥匆匆地、默默地供给她食物。当基尼被发现并送到医院时，她严重营养不良，最初几个月的测查得分只相当于1岁正常儿童。调查认为，基尼的缺陷不是天生的。13岁以后，经过7年的精心教育，她虽然学得了一些语言，却没有学会人类语言的语法规则。事实说明，具备正常遗传素质的学前儿童，其心理发展受环境的影响是决定性的。

2. 环境制约学前儿童发展的水平和方向

从宏观上看，社会生产的发展水平影响国民经济生活，影响科学文化和教育水平，从而影响到个体心理的发展水平。现代儿童生活环境的多样化和复杂化是前辈在儿时望尘莫及的。社会生产越发达，需要掌握的知识越多，教育对个体心理发展的促进作用就越明显。

从微观上来看，具体的社会生活条件和教育条件是形成个性差异的最重要因素。加拿大的一位研究者曾对同卵生的五姐妹进行了调查，发现虽然她们的遗传素质基本相同，但在心理特性方面有很大的差别：老大严肃自信，最得姐妹喜爱；老二表现出一定的社交领导才能；老三似乎很自得；老四有点儿反复无常，不可捉摸；老五则需要别人照顾，依赖性极强。造成这些差别的原因主要是环境和教育因素，即父母以及其他成人对处于不同地位的孩子有不同的要求和教育方式。

（三）教育

与遗传、环境比较起来，教育在学前儿童身心发展中具有独特的作用。因为教育根据一定的社会要求，用一定的内容和方法，有目的、有计划、系统地引导学前儿童进行各种活动，施加一定的影响。通过教育可以发扬优良的遗传素质，使遗传所提供的某种可能性变为现实，并影响和改造不良的遗传素质。教育可以对环境加以取舍，发挥和利用环境中的有利因素，减少或消除不利因素，使学前儿童形成社会需要的品质和才能。托儿所、幼儿园向学前儿童进行有目的、系统的教育，并取得家庭的密切配合，积极地影响着学前儿童，在学前儿童的个性发展中起着特殊、重要的作用。对学前儿童来说，教育与环境是不可分的。学前儿童在家庭和周围环境中耳闻目睹，与人们交往、与周围事物互相作用，就是在学习、受教育，只不过带有不同程度的自发性。学前儿童的认知能力、知识和技能、品德和习惯、个性都是通过教育和环境获得的。因此，好的教育可以促进学前儿童发展，相反，不好的教育会对学前儿童的发展产生各种负面作用，例如幼儿园的"小学化"教育和"超前教育"等，会对学前儿童的长远发展产生不利影响。

总的说来，教育是学前儿童发展影响因素中的一把"双刃剑"。适宜的教育能显著促进学前儿童认知及各方面的能力，而长期教养不良则会使学前儿童的认知发展停滞不前，甚至永久性丧失人类某些特有的能力。因此，我们学前教育工作者一定要认真对待并高度重视学前儿童的发展，创造良好的后天教养环境。

（四）学前儿童的主观能动性

主观能动性是学前儿童发展的必要条件。在发展过程中，学前儿童不是消极被动地接受外部环境的影响，而是在主动地发展，在与环境、教育相互作用中发展。学前儿童是独立的生命实体，有自己的兴趣、需要，有自己的认知结构和心理状态，他们总是主动地对外界刺激加以选择，接受自己所需要的东西，拒绝不需要的东西，具有创造力。在客观环境影响学前儿童发展的同时，学前儿童的发展又影响和改变着客观环境，如学前儿童在游戏中总是通过自己的动作改变玩具的状态；学前儿童自身的气质特征和行为方式也在影响着周围成人的心理和态度，如爱笑的婴儿更可能引起父母对他的关注。学前儿童自身的行为特征会引起父母对他们不同的态度，不同的态度又会对学前儿童心理发展产生不同的影响。从教育实践经验来看，任何有效的教育都必须以受教育者的自身精神活动作为内因，教育要通过内因才起作用。

总之，学前儿童的发展是一个统一的、完整的过程，是不断发展变化运动的过程。在教育与学前儿童发展关系中，既承认遗传的作用，又应充分注意环境和教育在学前儿童发展中的重要作用，重视生物因素和社会因素两者的相互作用及学前儿童的主观能动性。

二、学前儿童身心发展的规律

学前儿童的发展主要包括生理和心理的发展。生理的发展主要是指身体各形态、功能和动作在生长发育的过程中所呈现的一个连续而统一的动态过程。学前儿童心理的发展主要是指有规律的心理变化过程，包括认知、情绪情感、社会性和人格等方面的发展。学前儿童的生理发展和心理发展是同时进行的，两者相互联系、相互影响、相互制约、共同发展。生理发展是心理发展的生物基础和前提，而心理发展又会进一步促进生理的发展。因此，任何一方面发展的欠缺都会对另一方面的发展产生影响。学前儿童发展的规律是指群体学前儿童在发展过程中的一般现象。虽然学前儿童的身心发展受到来自遗传、环境等多方面因素的影响，存在明显的个体差异，但一般的规律还是存在的。

（一）学前儿童发展的连续性和阶段性

1. 学前儿童发展的连续性

学前儿童发展是一个连续的过程，是由不明显的细小的量变到突然的质变的复杂过程。例如，学前儿童的生长发育不仅表现为身高体重的增加，还表现为全身各个器官的逐渐分化、功能的逐渐成熟，如新生儿只能接受少量流质食物，但随着消化器官的发育、结构和功能的加强，能逐渐消化固体食物。

2. 学前儿童发展的阶段性

学前儿童身心发展到一定时期或程度，就会发生质变，形成相对稳定的发展阶段，表现出阶段性。阶段与阶段之间不仅是量的差异，也是质的差异。学前儿童每个阶段有其特点，各阶段按顺序衔接着，不能跳跃。前一阶段为后一阶段的发展打下必要的基础，任何一个阶段的发展受到阻碍都会对下一阶段的发育带来不良影响。例如，小儿出生时只会躺卧和啼哭，到 1 岁时便会走路和说单词，这是很明显的变化，但在这之前必须经过一系列的变化，如在说单词之前，必须先学会发音，同时，要学会听懂单词；会走路之前必先经过抬头、转头、翻身、直坐、站立等步骤。其中任何一个环节产生障碍，都会影响整个婴儿期的发育，并使幼儿前期的发育延迟。

（二）学前儿童发展的稳定性和可变性

学前儿童发展的稳定性和可变性是由学前儿童所处的环境和教育决定的。一般说来，在一定社会和教育条件下，学前儿童发展具有一定的稳定性，即阶段的顺序，每阶段的变化过程和速度等，大都是稳定的、共同的。但是，由于每个学前儿童所处的环境和所受的教育不同，或是社会环境与教育在学前儿童身上起作用的情况不尽相同，因而在学前儿童心理发展的过程和速度上，彼此之间可以有一定的差距，这就是所谓的可变性。

学前儿童发展的稳定性与可变性既是相对的，又是相互依赖、相互渗透、相互统一的，是共性与个性的统一。随着各种条件的不同，学前儿童发展的年龄特征在一定范围或程度上可能会发生某些变化，即某些特征可能提前或推后，但这些变化是有限制的。

（三）学前儿童发展的不均衡性

1. 学前儿童发展速度的不均衡

学前儿童发展的速度不是直线上升的，而是呈波浪式的，有时快，有时慢。以身高、体重为例，由胎儿发育到成熟时期，有两次突增阶段：第一次突增阶段是从胎儿期到1岁，第二次突增阶段是青春期。在第一次突增阶段中，胎儿的身长在孕中期增加最快，三个月约增加27.5cm，占整个胎儿时期身长增长的1/2多，是一生中身长增长最快的阶段；胎儿的体重在孕末期增加最快，三个月约增加2300g，占整个胎儿时期体重增加的2/3多，是一生中体重增加最快的阶段；出生后第一年内身长增加20～25cm，为出生时身长（50cm）的50%，体重增加6～7kg，为出生时体重（3kg）的2倍。

无论身长、体重，第一年都是出生后增长最快的一年。此后，增加速度急剧下降，身高在两岁后每年增加4.5cm，体重增加1.5～2kg，保持一个相对平稳的速度，直到青春期（10～15岁）出现第二次突增。这时身高年增加7～8cm，最快可达10～12cm，体重年增加5～6kg，有时达到8～10kg，其后生长发育速度减慢。

2. 学前儿童发展内容的不均衡

学前儿童有些方面发展得快些，有些方面慢些。例如以学前儿童各系统器官的发育为例，神经系统优先发育，胚胎时期，第一个形成的就是神经系统，胎儿早期头部占整个身长的1/2，此后神经系统一直迅速发育，出生时脑重占成人的25%，6岁时达成人脑重的80%。一般通过测量头围可反映大脑的发育状况。其次，淋巴系统在早期高速发育。淋巴系统在第一个10年中发育非常迅速，12岁左右的儿童淋巴系统已达成人时期的200%，青春期达高峰，随后，逐渐退缩，到老年时更加衰退。其三，生殖系统迟发育。出生时，新生儿已具有生殖系统的基本器官和结构，学前儿童生殖系统几乎没有发育，到青春期才迅速发育，持续时间较长。在同一系统中各个器官的发育也不平衡，有先后之分，例如在神经系统中大脑优先发育，其次为脑干，小脑发育较晚。

（四）学前儿童发展存在个体差异

学前儿童的发展有一般的规律，但由于每个学前儿童的先天遗传和先后天环境并不完全相同，因而无论是身体的形态还是机体的功能或是心理特点都存在着明显的个体差异。学前儿童身心发展的个别差异主要体现在如下三方面：

第一，在同一方面，每个学前儿童的身心发展水平和速度不同；第二，不同的学前儿童的身心素质结构和关系不一样；第三，每个学前儿童的情感、意志和个性也相异。没有两个学前儿童的发展水平和发展过程是完全一样的，即使在一对同卵双生子之间也存在微小的差别。

（五）学前儿童生理和心理发展互相联系、互相影响

学前儿童的生理、心理发展是统一的，是互相联系、互相影响的。如，体格上有缺陷或残疾的学前儿童可以引起心理不正常，常会表现出自信心差、自卑、悲观、退缩、人际交往或行为障碍。同时，心理状态也影响生理功能，如情绪好时，食欲特别旺盛，消化吸收率高，能促进学前儿童的生长发育；相反，情绪差的时候会影响食欲，从而造成营养不良或生长发育迟缓。此外，不良心理状态还会诱发支气管哮喘、消化道感染等身心疾病。

研究表明，一些社会心理因素影响着学前儿童的身体发育。如一些家庭破裂的学前儿童，常遭受虐待和歧视，造成心理创伤，明显会影响身体发育，表现为身体矮小，骨龄落后，称之为"社会心理性侏儒"。对于这类学前儿童，一旦消除社会心理不良因素刺激，就能恢复其生长发育，达到正常水平，即追赶型增长。

第二节　儿童发展的相关理论

一、儿童观

儿童观是人们对儿童的根本看法和态度，主要包括人们对儿童期的意义、儿童的地位和权利、儿童的特质和能力、儿童发展的原因与形式以及儿童在其发展过程中所起的作用等问题的看法或认识。人们对这些问题的认识或观念的总和，就构成一定社会的儿童观。儿童观既是教育的对象与起点，又是教育的指向与归宿。有什么样的儿童观就有什么样的教育观，如我国民间认为儿童"不打不成器"，这就决定了其教育多半是"棍棒教育"。从时间跨度上看，儿童观大致可以分为古代儿童观、近代儿童观和现代儿童观。

（一）古代的儿童观

1. 远古时代的儿童观

原始社会时期，家庭概念还未出现，对儿童也没有完整的概念，儿童被看

作氏族的公共财产，实行公养公育。儿童被看作"小大人"，与氏族的其他成员一起参加劳动，而氏族中的年长者则通过言传身教给儿童传授必要的生产生活知识。由于当时生产力落后，儿童的生存权利得不到基本保障。

2. 古希腊、古罗马时期的儿童观

在古希腊、古罗马时期，虽然儿童没有权威机构的保护，但已有不少思想家、教育家开始关注儿童的生活和成长。例如柏拉图认识到了游戏在儿童生活中的意义；亚里士多德要求制定相关法规；昆体良充分认识到了童年期的重要性，注重教师的选择和童年期的价值。

3. 中世纪的儿童观

在中世纪学校中，儿童与成人的差别被忽视了，学校严格地要求学生按照刻板的作息方法进行学习，完全不给他们游戏和自由活动的时间。学生们被迫重复着枯燥的读书、劳动、唱赞美诗等活动，若有违规行为，则会受到体罚。

4. 中国古代的儿童观

中国古代教育中的儿童观是围绕着对人性的认识展开的，主要形成了三种有代表性的观点：以孟子为代表的性善论；以荀子为代表的性恶论；董仲舒、韩愈提出的性分上、中、下三等的观点。以孟子为代表的性善论认为"人之初，性本善"，人具有基本道德的萌芽，即善端，包括恻隐、羞恶、辞让、是非之心，儿童的发展就是让这些本来存在的萌芽能够生长。孟子主张注重教育内容对儿童的影响，其目的是引发儿童固有的良知良能。以荀子为代表的性恶论认为，人对物的欲求是人性的，而人性是恶的。荀子认为人性本恶，所以他注重教育对儿童的改造和外塑功能。鉴于上述观点对善恶的肯定与否定过于绝对化，难以解释现实中人的发展复杂多样的事实，董仲舒、韩愈等又提出了人性三等论。韩愈认为，"学而愈明"为上等，"可导而上下"为中等，而只有用刑罚来控制下等品性的人的行为。

（二）近代的儿童观

中世纪后期的文艺复兴和宗教改革为儿童的命运带来了转机，人类开始进入了"发现儿童"的时代，这期间涌现了大批具有先进教育理念的思想家和教育家，如伊拉斯谟、洛克、夸美纽斯、卢梭、裴斯泰洛齐、福禄倍尔等，有部分学者把这个时期的儿童观归类为环境决定论、遗传决定论和二因素论，下面列举几种有代表性的儿童观。

1. 儿童是自由者

文艺复兴时期尼德兰的伟大教育思想家伊拉斯莫倡导自由教育，主张按儿童的身心特征，照顾儿童的特性，采取扬长避短的方法。他明确指出，对待儿童，"首先是爱，然后渐渐随之以某种自然和温柔的尊严，而不是畏惧，前者比后者更有价值"。

2. "白板说"

17世纪英国唯物主义哲学家洛克（John Locke）继承和发展了亚里士多德的"蜡块说"，他认为，人生来是没有原罪的，人出生时心灵像白纸或白板一样，只是通过经验的途径，心灵中才有了观念，因此，经验是观念的唯一来源。"我们日常所见的人中他们之所以或好或坏，或有用或无用，十分之九都是由他们所受的教育决定的。人类之所以千差万别，便是由于教育之故。"洛克高度肯定了教育在人发展中的作用，认为儿童的心灵好比是"一张白纸或白蜡"，通过教育就可以"随心所欲地做成什么样式"。

3. "儿童的发现"

18世纪，法国启蒙思想家卢梭在其《爱弥儿》一书中，充分论述了儿童的天性和自然教育的教育思想，被后人称为"儿童的发现者"。卢梭首次倡导以儿童为本位，强调尊重儿童期的价值，顺应儿童自然发展的规律，尊重儿童的天性。他认为，"出自大自然之手的东西都是好的，一旦到了人的手里，就都变坏了""大自然希望儿童在成年以前就要像个儿童的样子，如果我们打乱了这个次序，就会造成一些果实早熟，它们长得既不丰满也不甜美，而且很快就会腐烂，我们将造成一些年纪轻轻的博士和老态龙钟的儿童"。同时，卢梭还强调，"儿童是有他特有的看法、思想和感情的；如果想用我们的看法、想法和感情去代替他们的看法、想法和感情，那简直是最愚蠢的事情"。

4. 儿童是花草树木

因发起幼儿园运动而闻名于世的福禄倍尔认为，人的本性是善良的，教育必须遵循儿童的"内在的"生长法则，使之获得自然、自由的发展。他认为在幼儿园里，儿童不是受教育者，而应是发展者。儿童是发出嫩芽的种子，其生长发展是按自然法则运行的，教育者的作用就像是"园丁"，活动室就像是使儿童逐步成熟的"花园"，每个儿童的成熟都有内部的时间表，在恰当的时间学习特别的任务，而不能强迫儿童去学习。

（三）现代的儿童观

在19世纪向20世纪的过渡中，伴随着科学的儿童心理学的建立，尊重儿童的呼声日益高涨，儿童成为全人类共同瞩目的焦点之一，由此兴起了"儿童中心主义"思潮，"儿童本位"的儿童观日益深入人心。

瑞典著名教育家爱伦·凯明确提出"20世纪将成为儿童的世纪"。在这一世纪出现了著名的儿童教育家，如杜威和蒙台梭利，他们都强调要尊重儿童、坚信儿童的发展潜能，主张教育应当在不违背儿童自然本性的前提下进行，强调避免教育压迫儿童；同时，在这一世纪出现了空前的儿童研究盛况，出现了皮亚杰这样的著名的儿童心理学家，他们以科学方法研究儿童心理，揭示儿童心理的内部机制和发展规律，创立了各具特色的儿童心理发展理论，为科学地认识儿童丰富的心理世界做出了巨大的贡献。在20世纪，人们已开始将儿童研究与理解人类精神文化的发生联系在一起，例如国际儿童组织通过了《儿童权利法案》，从而使尊重、爱护儿童成为全人类通过政治、法律途径携手进行的国际行动。21世纪人类进入信息化和多元文化社会，邻近学科和科学技术的发展使得各种儿童发展观呈现出多元发展的盛况。下面的介绍以蒙台梭利和杜威的儿童观为代表。

1. 蒙台梭利的儿童观

意大利幼儿教育家蒙台梭利的儿童观以对儿童的重视和尊重为基础。她认为儿童具有内在生命力。儿童在先天的、自发的、能动性的作用下，具有一种很强的、天赋的内在潜力和继续发展的积极力量。"教育工作者的首要任务是刺激生命——使儿童自由发展与开展。"她还认为儿童的心理发展有其自身的特点，即具有独特的"心理胚胎期""有吸收力的心智"和"敏感期"。蒙台梭利认为人类有两个胚胎期，一个是在母体里完成的"生理胚胎期"，另一个是在母体里尚未完成的"心理胚胎期"。"心理胚胎期"又称为"精神胚胎期"，是人所特有的（"生理胚胎期"则为人和动物所共有），是人出生后形成最初心理萌芽的时期。"有吸收力的心智"是指儿童通过与周围环境的密切接触和感情联系，获得各种印象，吸收文化传统，并在此基础上形成自己的个性和行为模式。"敏感期"是指处于适当环境中的儿童，可以在无意识中悠然自得地掌握某种能力的时期。此外，蒙台梭利还提出儿童心理发展是通过自由"工作"实现的。她认为儿童最喜欢的活动是"工作"，只有"工作"才能培养儿童多方面的能力，促进儿童人格的形成和智力与意志的发展。

2. 杜威的"儿童中心说"

杜威首先认为儿童有活动的本能。他将本能作为儿童发展的原动力，否认了传统的元人性观，强调"当儿童的本能活动与社会利益及社会经验结合在一起的时候，取得的成就最大"。这样，儿童个人和社会可以做到有机统一。杜威认为儿童是教育活动的中心，他认为，"现在，我们教育中将引起的改变是重心的转移。这是一种变革，这是一种革命，这是和哥白尼把天文学的中心从地球转到太阳一样的那种革命。这里儿童变成了太阳，而教育的一切措施则围绕着他们转动，儿童是中心，教育的措施便围绕着他们而组织起来"。杜威在肯定儿童主体地位的同时，指出环境条件的特点对儿童主体发展的意义，竭力倡导改造环境，尤其是对教育这一特殊的儿童生活环境进行改造与控制，以使其适应儿童发展的倾向，满足儿童发展的需求。

（四）学前教育工作者应具备的儿童观

1. 儿童是独立的个体，享有基本权利

自古以来，儿童被看作成人的隶属，现在，人们越来越认识到儿童是独立的，是不依附于其他人的，不但如此，人们还应承认儿童具有与成人一样的许多权利并寻求法律保护。1989年世界联大通过《儿童权利公约》，规定儿童享有多项权利，约定各国政府履行儿童权利保障的职责，确保儿童生存权、发展权、受尊重权、受保护权和参与权的实现。幼儿园教育工作者必须树立儿童权利的观念，在教育实践中切实保障儿童的各项权利，尊重儿童的独立性，在此基础上开展教育教学。学前教育工作者尤其不能损害儿童的权利，需要坚决反对种种虐待儿童的现象。

2. 儿童是完整的个体

儿童是作为一个身心不可分离的有机整体而存在的。儿童的身体和心理是相互联系、相互制约、相互促进的，共同构成完整的儿童个人。儿童身心的不可分割的特性预示着儿童身、心两方面的发展也是完整的、缺一不可的。儿童不仅身心两大方面是连成整体的，身、心的各个方面的发展也是维持整体联系的。从"木桶原理"中得知，儿童发展的各个方面就像是组成一个木桶的各块木块，只有每块木块既厚实又长，才能盛足够的水，若某块木块单薄而又短小，那就不能盛足够的水。因此，教育者不应该孤立或者片面地强调某一方面而忽视另一方面，要满足儿童各种发展的需要，以保证儿童整体的发展。

3. 儿童是独特的个体

与成人相比，儿童还远未成熟，正处于发展之中。这一特点决定了儿童与成人的巨大差异。儿童有不同于成人的认识方式和学习特点，儿童有巨大的发展潜能和被塑造与自我塑造的潜力，儿童需要时间去成熟和发展。因此，教育者要提供与儿童身心发展水平相适应的生活，让童真、童趣、童稚得到自由伸展。不仅如此，儿童个体与个体之间的差异也很大，每个儿童都是独一无二的，他们拥有独特的个性，其发展水平也各不相同。作为教育者，不仅要认识到儿童是独立的个体，有着不同于成人的发展规律，同时，教育者更要认识到每个儿童都有区别于其他儿童的特点，即在尊重差异的基础上引导孩子循序渐进、健康地发展。

4. 儿童是能动的个体

儿童不是无能的、被动的学习者，不是被教师操控的对象，而是具有主观能动性的人。儿童能积极主动地对外界事物做出反应，能在活动中根据自己的要求、爱好，对活动做出选择和决定。儿童能主动学习与发展，他们通过自己与环境的相互作用来探索世界、认识世界。儿童作为能动个体的观念也表明，儿童具有巨大的发展潜力。因此，幼儿园教育工作者应承认幼儿的主体地位，创造条件发挥儿童的能动性，从而帮助幼儿主动学习与发展。

二、有关学前儿童发展的主要理论

在学前儿童发展领域，有着众多持不同观点的理论。而在这些理论中，几乎都提出了如下几个问题：儿童是怎样发展的？是什么力量在推动儿童发展？儿童作为一个独立的生命个体，在与社会的互动中，是主动的还是被动的？各个心理学流派都试图对这些问题进行阐述，并形成了自己的关于学前儿童发展的相关理论。下面主要对学前儿童发展的主要理论进行概述。

（一）皮亚杰的认知发展理论

皮亚杰的贡献在于明确地揭示了儿童主体协调机制在联结刺激与反应时的关键性作用，突出了儿童发展过程中儿童的主体地位。在皮亚杰的理论中，儿童的发展是以主体的自我调节为机制的自我演变过程，这一自我调节过程得以产生的基础是儿童健全的神经系统，但这种遗传素质只是儿童发展的必要条件，而不是发展得以产生的动因,更不能预定发展结果,而且遗传素质在儿童发展中的重要性,会随着儿童的生理成熟的提高而降低。儿童发展的环境因素,也是儿童发展的重要条件,但是环境因素作为客观存在,并不能自动对儿童发展产生影响。环境因素对儿童的作用,产生于儿童主体与环境的相互作用之中。在遗传、环境和儿童主体的活动这三者之间,唯有儿童的活动才是其发展的真正起因。所以皮亚杰认为,儿童的发展是一个不断演变的建构过程,在这一过程中,儿童主体的活动是第一性的,是发展的根本原因,遗传与环境因素只是儿童发展的必要条件。皮亚杰非常重视儿童的自主能动的自我调节功能在发展中的关键作用,并清楚地阐述了遗传因素、环境因素和儿童活动三者的关系及其各自在儿童发展中的意义。皮亚杰的研究成果,为当代儿童发展观奠定了心理学的理论基础。

(二)维果斯基的最近发展区理论

维果斯基提出了教学与发展,特别是教学与智力发展之间关系的观点。他认为,儿童必须在人际交往中才能不断发展,这种发展受人类文化的影响;儿童的教育教学可以理解为人为的发展,强调教育应走在发展前面(即走在原有发展水平之前),条件是要给孩子一定的难度,造成认知冲突。

维果斯基提出了"最近发展区"的思想。"最近发展区",就是"儿童独立解决问题的实际发展水平与在成人指导下解决问题的水平之间的差异"。这就需要确定两种发展水平,即儿童现有的发展水平与最近发展区,前者是儿童已经完成的发展系统的结果所形成的心理功能的发展水平,后者是儿童有可能达到较高的发展水平(即在成人启发帮助下所达到的水平)。根据这种思想,他进一步提出"教学应当走在发展的前面",教学决定着智力的发展。在此基础上,他认为只有把握"学习的最佳期限",才能发挥教学的最大作用。如果错过了儿童学习技能的最佳年龄,它会导致儿童智力发展的障碍。

(三)加德纳的多元智力理论

传统的智力理论认为人类的认知是一元的,个体的智能是单一的、可量化的,而美国教育家、心理学家霍华德·加德纳在1983年出版的《心智的结构》一书中提出"智力是在某种社会或文化环境的价值标准下,个体用以解决自己遇到的真正的难题或生产及创造出有效产品所需要的能力"。他认为,一方面,智力不是一种能力而是一组能力;另一方面,智力不是以整合的方式存在而是以相互独立的方式存在的。这一理论称之为多元智力理论。而现代社会是需要各种人才的时代，这就要求教育必须促进每个人各种智力的全面发展，让个性得到充分的发展和张扬。在加德纳的多元智力框架中，人的智力至少包括言语—语言智力、音乐—节奏智力、逻辑—数理智力、视觉—空间智力、身体—动觉智力、自知—自省智力、交往—交流智力这些方面。加德纳的多元智力理论认为，不同的智力领域都有自己独特的发展过程，并使用不同的符号系统，因此，教师的教学方法和手段应该根据不同的教学内容而有所不同。同样的教学内容，在教学时应该针对每个学生的不同智力特点、学习类型和发展方向"对症下药"。

其他的儿童发展理论如布朗芬布伦纳的生态系统学理论、马斯洛的需求层次理论，以及我国的陈鹤琴的儿童观、陶行知的儿童观等都对当前我国学前教育的发展产生了重大的影响，值得学习者深入研究。

第三节 学前教育与儿童发展的关系

学前教育与儿童发展是一个复杂、动态的相互作用、相互制约的过程。那么，学前教育对儿童发展起什么作用？儿童发展对学前教育有何影响呢？

一、学前教育对儿童发展的作用

（一）学前教育对儿童发展的"维持"作用

学前教育对儿童发展的"维持"作用，即儿童某些能力能够自然地完全发展，教育的作用只是使儿童维持现有能力水平。而如果没有这种后天经验，现有能力就会降低，就难以"维持"。这种模式的特征是指个体在学前期中是否处于一定的教育环境，决定了其某些认知能力是否能够得以维持。因此，教育要跟随发展，教育在发展的后面，典型的代表人物如美国心理学家格塞尔。1929年，格塞尔对一对双生子进行实验研究，他首先对双生子1和双生子2进行行为基线的观察，认为他们发展水平相当。在双生子出生第48周时，对1进行爬楼梯训练，而对2则不予相应的训练。训练持续了6周，期间双生子1比2更早地显示出某些技能。到了第53周，当2达到能够学习爬楼梯的成熟水平时，对他开始集中训练，发现只要少量训练，2就达到了1的熟练水平。进一步的观察发现，在55周时，1和2的能力没有差别。因此，格塞尔断定，儿童的学习与发展取决于生理的成熟。生理成熟之前的早期训练对最终的结果并没有显著作用。格塞尔的研究提醒我们，教育要尊重孩子的实际水平，在孩子尚未成熟之前，要耐心地等待，不要违背孩子发展的自然规律，不要违背孩子发展的内在"时间表"，不要揠苗助长、人为地通过训练加速孩子的发展。

（二）学前教育对儿童发展的"促进"作用

学前教育对儿童发展的"促进"作用，即后天教育经验只影响儿童发展的速度而不影响发展方向和顺序。如果没有这种后天经验，儿童照样可以向前发展。这种发展模式的特征是，个体在学前期中所需的后天教育是否存在，决定了其认知能力的发展速度。因此，教育要与发展并行，教育在不断"促进"儿童的发展。

（三）学前教育对儿童发展的"诱导"作用

学前教育对儿童发展的"诱导"作用，即后天教育经验直接决定了儿童某种能力的产生和发展。反之，这种能力就不能产生，更无从发展。这种发展模式的特点是，强调在儿童认知发展的关键时期中（主要在学前期）所需后天教育经验存在与否，决定了认知能力能否产生和发展。典型的例子就是前文所述的美国"人工野孩"基尼。基尼在被剥夺教养经验长达13年之久以后，其各方面的能力仍停留在被剥夺经验之前的水平——1岁婴儿的水平。这从根本上证实，教育在儿童发展过程中应该起"诱导"作用。这意味着学前教育是儿童发展的必要条件，没有学前教育的儿童就不可能发展，因此，教育要走在发展的前面，要引导儿童的发展。

总的来看，学前教育在儿童发展过程中起着明显的"诱导"作用。我们现代教育更倾向于教育走在发展的前面，例如，维果斯基的最近发展区理论已经广泛应用于学前教育的教学中。

二、儿童发展对学前教育的作用

一方面，良好的学前教育可以极大地促进儿童各方面的发展，另一方面，儿童发展的状况也制约着学前教育的难易程度，决定了教育的内容和方式。

（一）儿童的身心发展水平制约学前教育的难易程度

学前教育的目标有高低之分，内容有难易之分，教育方法和教学手段种类繁多，如何选择合适的教学方法和内容，关键在于儿童的身心发展水平。例如，3～6岁幼儿的思维以具体形象思维为主，尚未达到抽象逻辑思维的水平，且生活自理能力还没有发育成熟，因此，幼儿园的教育最好建立在表象水平的基础之上，在生活与游戏中进行随机教育。

（二）儿童身心发展的速度制约学前教育要求递进的坡度

学前儿童身心发展的各个方面具有不均衡性，时间有先有后，速度有快有慢，这就使得学前教育要求提高的跨度应与儿童身心发展的速度相符。例如，1岁半～2岁的儿童语言往往出现"词语爆炸现象"，2～3岁是儿童口头语言发展的关键期，4～5岁是儿童口头语言发展的第二个质变期，也是学习书面语言的关键期。鉴于儿童语言发展的上述特点，早期阅读教育中，0～3岁是培养儿童的阅读兴趣和学习习惯的关键阶段，3～6岁则可以侧重于提高儿童的阅读和学习能力。

（三）儿童心理发展的年龄特征决定学前教育的阶段性

儿童身心发展过程虽然是一个连续的变化过程，但在不同的年龄阶段，儿童的身心发展表现出了较一致的、共同的规律，这就是儿童身心发展的年龄特征。儿童身心发展的年龄特征使得学前教育呈现出一定的阶段性。例如，0～3岁儿童的思维主要是直觉行动思维，他们在操弄物体时才进行思考，离开了动作和实物，思考也就停止了。因此，实施教育时要给儿童提供更多的操作材料。再如，4～5岁儿童的思维主要是具体形象思维，他们虽能对5+2=7进行计算，但实际上，他们在进行计算时，并非对抽象数字进行分析与综合，而是依靠头脑中再现的实物表象，如5个皮球加上两个皮球，或计数自己的手指才算出"7"来的。因此这个阶段的教育不可脱离实物而进行抽象的教学。

（四）学前儿童身心发展的个别差异要求学前教育具有多样性

由于遗传、环境、教育等方面的影响，每一个儿童身心发展的速度都各不相同，其身心素质的组合特征也不同，每一个儿童都有多种独特的吸收外界影响、表达自身感受的方式，他们与外界相互作用的时间、方式、风格等各异。每一个儿童都有自身的智力优势领域和劣势领域，其智力特点带有一定的文化和家庭的背景，还有一定的个性特点。因此，教师在教学中根据不同儿童的认知水平、学习能力以及自身素质，选择适合每个儿童特点的学习方法来进行针对性的教学，发挥其长处，弥补其不足，激发其学习的兴趣，促进其全面发展。

总之，学前教育与儿童的发展密切相关。它们之间存在着一个相当复杂的、相互依赖、相互制约的动态过程。学前教育的工作者只有在了解了学前儿童的身心发展规律并以此为教育依据之后，才可能选择最适当的教学方法，对他们有的放矢地进行教育，而适当的学前教育又能促进学前儿童的健康发展。

第四章　学前儿童的全面发展教育

第一节　我国教育总目标与幼儿园教育目标

英国教育学家约翰·怀特在谈到形形色色的教育目的之后说："除非教育工作者对这些教育目的一清二楚，否则他们培养出来的人才质量肯定会受损失。"目的性是人类活动与动物本能活动的根本区别之一，教育作为培养人的社会实践活动，目的性是其首要特征。

一、我国的教育目的与幼儿园教育目标概述

（一）我国的教育目的

任何事物都有核，教育也有核，这个核就是教育目的。教育目的是指一个国家、民族通过教育，把受教育者培养成为什么样的人，它是国家对培养人才的质量和规格的总体要求。

教育目的是人们开展教育活动的标杆和指南针，是教育工作的出发点和归宿，没有目的的教育就如同没有罗盘的船舶，很容易迷失方向。

早在1995年的《中华人民共和国教育法》就规定了我国的教育目的："教育必须为社会主义现代化建设服务，必须同生产劳动相结合，培养德、智、体等方面全面发展的社会主义事业的建设者和接班人。"

（二）幼儿园教育目标

幼儿园教育目标是总的教育目的在幼儿园教育这一阶段的具体化，是国家对幼儿园或学前教育机构提出的培养人才的规格与要求，反映了幼儿发展的素质结构。幼儿园教育目标主要体现在以下两个文件中：

《幼儿园工作规程》第一章"总则"第三条规定："幼儿园的教育任务是：实行保育与教育相结合的原则，对幼儿实施体、智、德、美诸方面全面发展的教育，促进其身心和谐发展。"第五条明确提出幼儿园保育和教育的主要目标。

《幼儿园教育指导纲要（试行）》第二部分规定："幼儿园教育应当贯彻国家的教育方针，坚持保育与教育相结合的原则，对幼儿实施体、智、德、美诸方面全面发展的教育，全面落实《幼儿园工作规程》提出的保育教育目标。"

从以上教育目的和幼儿园教育目标不难看出，促使人的全面发展是各级各类教育的共同目标之一。但是，一些幼儿园在实际教育过程中总出现体、智、德、美某一方面的偏重或缺失的问题，如有的幼儿教师重视幼儿智力培养，忽视幼儿品德养成，这些都是不可取的。因此，在教育实践活动中一定要以全面和谐发展为指导原则。

二、幼儿园教育目标的制定依据

（一）理论依据

1. 社会需要与人自身发展的辩证统一

历史上关于教育目的的理论众说纷纭，其中比较有影响力的两种是个人本位论和社会本位论。个人本位论主张教育目的应当以个人价值为中心，由人的本性的需要决定教育最根本的目的就是人的本性和本能的高度发展。社会本位论倡导教育目的要根据社会需要来确定，个人只是教育加工的原料，他的发展必须服从社会需要。社会本位论者认为，教育的目的在于把教育者培养成符合社会准则的公民，使教育者社会化，保证社会生活的稳定与延续。在他们看来，社会价值高于个人价值，个人的存在与发展依赖并从属于社会，评价教育的价值只能以其对社会的效益来衡量。

不难发现，以上两种观点都有失偏颇，而马克思主义理论告诉我们，社会发展需要与人的自身发展是辩证统一的，而并非上述两种观点中的非此即彼的关系。马克思主义理论强调：人是教育的对象，教育是培养人的社会实践活动，目的就是促进人的发展；而人又是社会中的人，个人的生存和发展离不开社会，个人只有作为社会中的一员，才能获得生存和发展的手段和条件，脱离了社会的发展就谈不上个人的发展。教育在促进个人发展的同时必然带动社会的发展。因此，教育目的应体现人类个体发展与社会需求的辩证统一。折射到幼儿园教育目标上亦是如此，幼儿园教育目的要根据社会发展的需求促进幼儿身心发展。

2. 马克思主义关于人的全面发展学说

马克思主义理论强调：人的全面发展是与人的片面发展相对而言的，全面发展的人是精神和身体、个体性和社会性都得到普遍、充分而自由发展的人；现代大工业生产的高度发展必将对人类提出全面发展的要求，并提供全面发展的可能性；教育与生产劳动相结合是实现人的全面发展的唯一方法。

幼儿园教育目标应以人的全面发展为方向，尽管我们现在还处于社会主义初级阶段，人的全面发展不可能完全实现，但这是人们努力的方向。因此，马克思主义关于全面发展的学说是我们制定目标的重要理论依据之一。

（二）现实依据

1. 社会发展的需要

与传统的社会重视循规蹈矩、发展片面的保守型人才不同，以知识经济、信息社会为主要特征的现代社会需要全面发展的综合型人才，既要有健全的体魄，又要有健康的心理；既要有创造性的人格，又要拥有合作、同情等社会性品质。学前教育要依据这一要求，在制定教育目标时准确地反映这一社会新变化。正如联合国教科文组织在《学会生存》一书中提出："教育必须为变化做好准备，使人们知道如何接受这些变化并从中得到好处，从而培养一种能动的、非顺从的、非保守的精神状态。同时，教育必须在纠正人类社会的缺点的过程中发挥作用。"

2. 幼儿身心发展规律

全面促进幼儿素质和谐发展是幼儿教育的中心任务。发展包括身体和心理两个方面。前者指身体的正常发育和体质的增强；后者指知识技能的获得，生活经验的丰富，智力才能的开发，思想品质的培养，以及情感、兴趣、爱好、志向和性格发展等。由于幼儿"身""心"是一个有机统一的整体系统，因此必须保证二者同步、协调、和谐发展，即常说的体、智、德、美全面发展。幼儿身心发展是有规律的，既有连续性，又有阶段性。而发展的实质是不断开发其个体潜能，即表现为各方面都从低到高、由浅入深、由"现有发展区"向"最近发展区"不断发展。如果对幼儿提出过高、过难或过低、过易的教育要求，都违背幼儿身心发展规律，达不到发展潜能的目的。因此，制定教育目标必须以幼儿身心发展的客观规律和要求为依据。

3. 我国的教育目的

幼儿园教育目标是根据我国的教育目的并结合学前教育的性质和特点提出来的。我国幼儿园教育目标是培养全面发展的幼儿，它体现了我国教育目的的基本精神，并兼顾幼儿园教育的性质和特点。幼儿园教育目标的提法又与学校教育目标略有不同，如把"体"放到了第一位，这是因为，在幼儿阶段，身体的正常发育和功能的健全发展较以后各年龄阶段更为重要。

三、幼儿园教育目标体系的结构框架

国家规定的幼儿园教育目标是宏观的、抽象的。要实现它，必须对它进行细化分解，转化为可以操作的具体目标。一般来说，幼儿园的目标体系包括：幼儿园保教目标（体、智、德、美）→幼儿园各领域目标（健康、语言、科学、社会、艺术）→幼儿园各年龄班目标（小班、中班、大班）→幼儿园各年龄班学期目标（上学期、下学期）→幼儿园教育活动目标（单元主题活动、具体活动）等。

（一）幼儿园保教目标

《幼儿园工作规程》第五条描述了我国幼儿园保教的具体目标，即"幼儿园保育和教育的主要目标是：促进幼儿身体正常发育和功能的协调发展，增强体质，培养良好的生活习惯、卫生习惯和参加体育活动的兴趣。发展幼儿智力，培养正确运用感官和运用语言交往的基本能力，增进对环境的认识，培养有益的兴趣和求知欲望，培养初步的动手能力。萌发幼儿爱家乡、爱祖国、爱集体、爱劳动、爱科学的情感，培养诚实、自信、好问、友爱、勇敢、爱护公物、克服困难、讲礼貌、守纪律等良好的品德行为和习惯，以及活泼、开朗的性格。培养幼儿初步的感受美和表现美的情趣和能力"。

幼儿园保教目标包含了体智德美等全面发展的教育目的，它是根据幼儿身心发展规律，对幼儿园教育总目标的细化。

（二）幼儿园各领域目标

《幼儿园教育指导纲要（试行）》第二部分指出："幼儿园教育的内容是广泛的、启蒙性的，可按照幼儿学习活动的范畴相对划分为健康、社会、科学、语言、艺术等五个方面，还可按其他方式做不同的划分。各方面的内容都应发展幼儿的知识、技能、能力、情感、态度等。"

健康领域的目标为：适应幼儿园的生活，情绪稳定；生活、卫生习惯良好，有基本的生活自理能力；有初步的安全和健康知识，知道关心和保护自己；喜欢参加体育活动。

科学领域的目标为：有好奇心，能发现周围环境中有趣的事情；喜欢观察，乐于动手动脑、发现和解决问题；理解生活中的简单数学关系，能用简单的分类、比较、推理等探索事物；愿意与同伴共同探究，能用适当的方式表达各自的发现，并相互交流；喜爱动植物，亲近大自然，关心周围的生活环境。

社会领域的目标为：喜欢参加游戏和各种有益的活动，活动中快乐、自信；乐意与人交往，礼貌，大方，对人友好；知道对错，能按基本的社会行为规则行动；乐于接受任务，努力做好力所能及的事；爱父母、爱老师、爱同伴、爱家乡、爱祖国。

语言领域的目标为：喜欢与人谈话、交流；注意倾听并能理解对方的话；能清楚地说出自己想说的事；喜欢听故事、看图书。

艺术领域的目标为：能初步感受环境、生活和艺术中的美；喜欢艺术活动，能用自己喜欢的方式大胆地表现自己的感受与体验；乐于与同伴一起娱乐、表演、创作。

（三）幼儿园各年龄班目标

在《3~6岁儿童学习与发展指南》中详细规定了大中小班各年龄段幼儿各项领域的具体发展目标。以健康领域为例，健康领域的目标是"情绪安定愉快"，其中，小班（3~4岁）、中班（45岁）、大班（5~6岁）的目标要求如下：

1. 3~4岁

（1）情绪比较稳定，很少因一点小事而哭闹不止。

（2）有比较强烈的情绪反应时，能在成人的安抚下逐渐平静下来。

2. 4~5岁

（1）经常保持愉快的情绪，不高兴时能较快缓解。

（2）有比较强烈的情绪反应时能在成人提醒下逐渐平静下来。

（3）愿意把自己的情绪告诉亲近的人，一起分享快乐或求得安慰。

3. 5~6岁

（1）经常保持愉快的情绪。知道引起自己某种情绪的原因，并努力缓解。

（2）表达情绪的方式比较适度，不乱发脾气。

（3）能随着活动的需要转换情绪和注意。

不难发现，小班到大班目标要求具有明显的连贯性和层次性。如在发脾气的时候，小班幼儿的发展目标就是在老师的安抚下能平复心情，而对于中班老师可能只须提示而不是安抚，到了大班的时候幼儿就需要有自控能力，能够自己控制和调节不良情绪。

（四）幼儿园各年龄班学期目标

即使是同一年龄班，在不同的学期，各领域目标要求也不同。以小班科学领域为例，目标可如下设定：

1. 小班上学期目标

（1）引导儿童观察周围个别的动物（家禽类）、植物（水果）的特征，初步了解它们与儿童生活的关系，培养幼儿亲近动植物的情感。

（2）带儿童观察周围常见自然现象（天气）的明显特征，感受它们和儿童生活的关系。

（3）引导儿童观察家庭和幼儿园生活中常见物品（玩具服饰等）的特征及用途，获取粗浅的科学经验，感受它们给生活带来的方便。

（4）帮助儿童了解各种感官在感知中的作用，学习正确使用各种感官感知的方法，发展感知能力。

（5）激发儿童参加科学活动的兴趣，并乐意表达自己的发现。

2. 小班下学期目标

（1）引导儿童观察周围常见的两种动物（家畜、鱼类）、植物（花草）的特征，获取粗浅的科学经验，初步了解它们与儿童生活的关系，培养幼儿关心、爱护动植物的情感。

（2）带儿童观察周围常见自然现象的明显特征，获取粗浅的科学经验，并感受它们和儿童生活的关系。

（3）引导儿童观察家庭和幼儿园生活中常见物品（沙、石、交通工具等）的特征及用途，获取粗浅的科学经验，感受它们给生活带来的方便。

（4）帮助儿童了解各种感官在感知中的作用，学习正确使用各种感官感知的方法，发展感知能力。

（5）使儿童乐意参加科学活动，并愿意与同伴分享自己的发现。

（五）幼儿园教育活动目标

具体活动目标是指幼儿园某一具体教育活动所要达到的结果或所引起幼儿身心发展的具体要求。具体活动目标应该是非常详细具体和可操作的。

例如，小班可以开展"我的脸上有什么"的科学领域活动。因为五官是孩子们身上重要的器官，他们无时无刻不感受着它们的存在，但对于年龄小的孩子来说，他们未必懂得去保护这些重要的器官。活动可以此为出发点，注重孩子自身的体验，在体验中感知着五官的重要，逐步激发保护意识。本活动的活动目标可设定为：

（1）知道自己的五官是什么，分别在脸上的什么部位。

（2）能够根据教师提供的材料探索、发现五官的功能。

（3）感知自己五官的特点，激发幼儿对自身的喜爱与保护。

一般情况下幼儿园具体活动目标应包含认知、情感与态度、技能与能力三部分，教师在设定具体活动目标时一定要注意目标的完整性，且目标应充分考虑教育对象的已有经验。

第二节　学前儿童全面发展教育的具体内容

一、学前儿童体育

（一）学前儿童体育的概念和任务

1. 学前儿童体育的概念

体育是一种社会现象，在人类的生活中，体育有着重要的地位和作用。从广义上来说，体育是人们锻炼身体、增强体质、延年益寿的积极手段；从狭义上来说，体育是与德育、智育、美育相配合的整个教育活动的组成部分，是有目的、有组织、有计划地传授健康知识和身体锻炼技能，促进身心健康，增强体质，提高运动能力，改善生活方式与提高生活质量的过程。

学前儿童体育是指遵循学前儿童身体生长发展规律，以增强体质和提高健康水平为目的所进行的一系列教育活动。幼儿园体育是幼儿全面和谐发展教育的一个重要组成部分，是实现教育目的的根本。幼儿园体育的性质类似于学校体育，但同时具有独特性，它是融保育和教育为一体的特殊的教育领域，包括卫生保健和体育活动两大部分。

2. 学前儿童体育的任务

在《幼儿园教育指导纲要（试行）》中关于"健康"的"内容与要求"中的第5条指出："开展丰富多彩的户外游戏和体育活动，培养幼儿参加体育活动的兴趣和习惯，增强体质，提高对环境的适应能力。"

由此可见，幼儿园体育教育活动的主要任务有3个方面：首先是培养幼儿参加体育活动的兴趣，使幼儿养成积极锻炼身体的良好习惯。其次是通过开展适合学前儿童的身体运动，促使幼儿身体正常的生长发育和功能的协调发展，增强幼儿的身体素质和基本的活动能力，培养幼儿正确的身体姿势，提高幼儿机体的适应能力。最后是通过身体运动，丰富幼儿的知识和经验，发展幼儿的智力，促进幼儿社会性的发展，使幼儿保持愉快的情绪，培养幼儿良好的心理品质与个性，以增进幼儿心理的健康。

3. 体质的内涵

体质指的是人体的质量，一个人体质的强弱是受遗传和环境等多个因素的影响。体质包括以下几个方面：

（1）体格：体型；生长发育水平、营养状况。

（2）生理功能状态：新陈代谢水平；各器官系统的效能。

（3）体能：身体基本活动能力，如走、跑、跳等活动能力；身体素质，如爆发力、耐力、协调、速度等素质。

（4）人体适应能力：适应环境变化的能力；抵御疾病的能力。

（5）心理功能状态：本体感知能力；良好情绪、坚强意识、开朗的个性等。

（二）学前儿童体育的意义

1. 促进学前儿童生长发育

运动生理学的研究表明，人体的生长发育有赖于身体的新陈代谢活动的水平。如果说营养提供了生长发育所需的物质基础，卫生安全措施提供了生长发育所需的环境保障，体育活动则是通过人体自身的运动，提高了人体的新陈代谢水平，从而进一步促进了人体的生长发育。

2. 发展体能，提高对环境的适应能力

身体素质的发展是多方面因素促成的，体育锻炼是其中最积极的因素之一。通过科学、系统、持之以恒锻炼的儿童与只有随机的一般身体活动经历的同龄儿童相比，后者在气候多变、疾病流行，以及突然改变生活条件与规律的情况下更容易感到身体不适甚至患病。经常锻炼的学前儿童还能够经常接触户外的新鲜空气和阳光，并能够有机会接受稍热、稍冷或有风天气的锻炼，当然会对环境有比后者更强的适应力，患病率会比后者更低。身体的自我感觉良好，参与活动的精力会更旺盛，情绪也会更积极、更稳定。

3. 培养良好的心理品质，促进社会化进程

体育活动的过程，无论是学习运动技术、进行游戏或比赛还是纯粹的锻炼身体，都需要付出体力和一定的意志努力。特别是在教师引导下的体育锻炼，教师会采用各种方法鼓励和监督孩子尽力克服各种各样的困难。这些过程对培养幼儿积极稳定的情绪和坚强的意志力产生一定的积极性。同时，在幼儿园体育活动中，幼儿需要遵守规则，学会平等、友好地竞争，发展团队精神和与人分享。这些挑战和经验，也都必然会对幼儿的社会化进程产生影响。

4. 支持智力的发展

体育活动能够加快血液循环，为脑和神经系统的有效工作和良好发育提供更充分的能量和营养，而脑和神经系统的有效工作为智力发展打下更为坚实的基础。体育活动过程中的大量智力挑战，在激发学前儿童智力活动的同时也提高了学前儿童从事智力活动的能力。

（三）学前儿童体育活动的内容和特点

1. 学前儿童体育活动的内容

幼儿园体育活动的基本内容包括基本动作、基本体操、体育游戏和运动器械。

（1）基本动作的练习

基本动作又可称为一般身体动作。这些动作是人们日常生活中身体活动的基本模式，也是体育运动项目中身体活动的基本模式。基本动作包括走、跑、跳、投掷、攀登和钻爬，以及发展这些动作必备的平衡能力，有时也包含旋转和翻滚。

（2）基本体操的练习

幼儿体操的内容包括徒手体操、器械体操、模仿操和基本队形队列练习，它是一种全身性的系统的身体锻炼活动，是有组织、有结构的成套身体动作练习，一般有儿歌、音乐或节奏伴随。

1）徒手操：听教师口令或广播空手进行的体操练习。不需要任何器械，不受场地设备限制且具有全面锻炼身体的价值。徒手操的操节顺序：上肢运动—扩胸运动—下肢运动—腰部运动—腹背运动—跳跃运动—整理运动。徒手操操节顺序的意义在于：从上肢运动开始，活动量逐步加大，跳跃运动时达到高潮。上肢运动和伸展运动，是人体从静态转到动态的比较理想的习惯动作。每套体操有两次运动高潮：小班——腹背运动、跳跃运动；中大班——下肢运动、跳跃运动。

2）模仿操：从日常生活中所见到的各种活动、成人劳动、军事训练中的动作或动物动作中挑选出来编成的体操。模仿操动作形象，容易理解，精确性不高，但能有目的、有针对性地发展幼儿的某些大肌肉群，促进动作的协调，激发幼儿参与体育活动的积极性。

3）轻器械操：在徒手操的基础上，手上拿一些轻器械做操。器械常为绳子、哑铃、花环、棍棒或椅子等，能提高练习的兴趣和积极性。轻器械操有红旗操、花环操、哑铃操、棍棒操、铃鼓操、球操、纱巾操。

（3）体育游戏活动

体育游戏与一般游戏一样，首先是一种具有鲜明的娱乐性的活动，也是一种以发展幼儿的身体素质和基本活动能力为主要目的的活动。当然体育游戏也可以与其他练习方式相互交叉整合。如利用器械进行的器械游戏、利用故事情节开展的创造性身体表演游戏或利用基本动作要素组合编制的走、跑、跳游戏等。

（4）运动器械的活动

器械练习可以专指运用体育器械来进行身体锻炼的活动。其中应该可以包括各种利用小型（如球）、中型（如车）、大型（如攀登架）专门性体育器械进行的身体练习活动和游戏活动，还可以包括利用各种自制的或替代性的器械进行的身体练习活动，甚至还包括利用游泳池、沙池、假山、树林和其他一切室内、室外的人工环境、自然环境中的可利用物质条件进行的体育锻炼和游戏活动。

2. 学前儿童体育活动的特点

幼儿园体育活动特点是：基础性，兴趣性，科学性，综合性。

（1）基础性：幼儿园体育活动所要发展的身心素质和所组织实施的活动内容是低层次的、必需的、易做到的，是幼儿未来发展的基础。

（2）兴趣性：幼儿园体育活动的内容有较强的情感和认知吸引力。

（3）科学性：幼儿园体育活动内容的选编符合生理、心理、教育、运动生物力学的科学原理，能高效地发展幼儿身心健康和体育文化素质。

（4）综合性：幼儿园体育活动具有健身、育德、启智、培养和发展个性等多方面的内容，与其他课程相整合。

（四）学前儿童体育活动的组织类型和实施指导要点

1. 晨间锻炼和早操活动

晨间锻炼和早操活动指幼儿早晨入园后在教师组织引导下进行的专门性身体锻炼活动。晨间锻炼包括集体的体育游戏；集体的慢跑或走、跑交替锻炼活动；自由或分组的中、小型器械锻炼活动。晨间锻炼活动的指导要点有：①时间控制在30～40分钟（可根据年龄、气候、幼儿园课程特点适当变化）；②所有场地器材的布置与整理应在教师指导或协助下由幼儿自主完成；③重视幼儿参与锻炼器材的设计与制作活动；④注重培养幼儿自主选择锻炼内容的能力。

幼儿早操活动的指导要点：早操活动强度要结合前后活动内容适当变化；精选符合体育活动要求的音乐，音响清晰适度并符合审美要求；研究各操节与不同年龄幼儿锻炼效果的关系，增加锻炼的实际效果；根据季节和气候及时调整早操的运动量；发挥教师在韵律操创编中的创造性。

2. 幼儿园户外体育活动

除晨间锻炼、早操以外，幼儿园在一日活动中还要为幼儿提供其他的户外体育锻炼机会。户外体育活动的内容：利用环境和大型设施开展的锻炼活动（楼梯、操场、沙地、游泳池、游戏城堡、农村的自然环境）；利用大中小型专业体育器械开展的锻炼活动（攀登架、攀岩墙、拳击袋、平衡木、球类、毽子、跳绳、沙袋）；利用各种替代性器械或自制器械开展的锻炼活动（桌子、板凳、轮胎、高跷）；各类户外体育游戏。

户外体育活动的指导要点：①总时间1～2小时（上午：9：30～10：30；下午：午睡起床后、离园前）；②场地多采用分享方式（按计划轮流交叉使用）；③尽可能使幼儿自主选择运动项目和器材，选择活动方式，自主解决问题与纠纷；④注意安全，随时进行安全教育；⑤鼓励幼儿探索新的活动方式。

3. 幼儿园室内体育活动

幼儿园室内体育活动指在教室或专门的体育活动室内进行的体育活动，如在专门的体育馆、室内游泳池、体操房、感觉统合器械治疗室等开展的体育活动。

其指导要点包括：活动前交代活动要求；注意运动前的准备，做好肢体的准备活动；依场地安排幼儿人数，避免过于拥挤；组织指导幼儿自己布置和整理场地器材；活动结束时要做放松运动；提醒幼儿收拾场地，整理个人服装。

4. 午后锻炼活动及其他形式的体育活动

午后锻炼活动是指午睡起床后在室内进行的锻炼活动，目的是将机体调整到适宜的兴奋状态和良好的工作状态。其他形式如幼儿园运动会、"三浴"锻炼、远足（春游、参观）活动等。

二、学前儿童智育

（一）学前儿童智育的概念

智育是指有目的、有计划地使受教育者掌握系统的科学基础知识和基本技能，促进受教育者智力发展的教育过程。

智力是人认识事物的能力，它包括观察力、注意力、记忆力、思维力、想象力和创造力等要素，其中思维力是智力的核心。知识与智力是不同的概念，获得了知识不等于就发展了智力，但智力的发展离不开知识。

学前儿童智育是有目的、有计划地让学前儿童获得粗浅的知识技能，发展智力，增进对周围事物的求知兴趣，学习"如何学习"，并养成良好学习习惯的教育过程。学前儿童智育应当根据学前儿童发展的特点来进行。

（二）学前儿童智育的目标

我国对学前儿童智能培养的目标曾有过多次阐述。1981年由当时的卫生部颁发的《三岁前小儿教养大纲（草案）》提出，3岁前儿童"要发展小儿模仿、理解和运用语言的能力，通过语言及认识周围环境事物，使小儿智力得到发展，并获得简单知识"。

1981年教育部颁发的《幼儿园教育纲要（试行草案）》规定，对于3～6岁幼儿，应"教给幼儿周围生活中粗浅的知识和技能，注重发展幼儿的注意力、观察力、记忆力、思维力、想象力，以及语言的表达力，培养他们对学习的兴趣、求知欲望和良好的学习习惯"。

1996年颁发的《幼儿园工作规程》第五条指出："发展幼儿智力，培养正确运用感官和运用语言交往的基本能力,增进对环境的认识,培养有益的兴趣和求知欲望,培养初步的动手能力。"这是对幼儿智能培养目标的总体的、概括性的描述。

概括说来,学前儿童智育的目标是:培养学前儿童的学习兴趣和求知欲望;发展学前儿童智力;培养正确运用多种感官的能力;运用语言基本技能的能力以及初步的动手能力。

学前儿童的学习兴趣主要包括探究的兴趣、求知的兴趣、创造的兴趣,以及动手的兴趣。发展学前儿童正确运用感官的能力,也就是发展他们正确运用视觉、听觉、触觉等感觉器官来感知外部世界的能力;语言能力的发展与思维的发展有着密切的关系,学前儿童的语言理解、表达能力对其智力活动的水平影响很大;动手能力与人的智力发展有着密切的关系。

(三)学前儿童智育的内容

1. 发展学前儿童正确运用感官的能力和动手操作能力

感知觉是人认识的来源,是智力活动的重要前提。学前儿童智力发展的首要条件是感知觉的发展。学前儿童是依靠对事物与现象的形状、声音、外形与活动特性来进行思考的,他们的思维主要通过感知、动作和形象来进行,看、听、闻、尝、摸是学前儿童认识事物的主要途径。操作能力是在大脑支配下通过身体有关部位的运动作用于一定对象的能力,也是一种手脑并用的能力,是学前儿童探索周围世界、解决生活中问题的主要方式。

2. 发展学前儿童的语言交往能力

学前期是口语发展的关键时期,学前儿童语言的发展直接影响思维的发展,发展学前儿童的口语交往能力是学前儿童智育的重要任务。学前儿童掌握了口语之后,才能更好地与人交际,进行各种活动,思考问题。因此,在学前期成人应给儿童提供多说话、多交流的机会,引导学前儿童去积极表达自己的感受与发现,提高幼儿的语言交往能力。

3. 增进对环境的认识,引导幼儿获得粗浅知识和经验

知识作为人类的认识成果,其外延很大,一般概括四个层次的知识:常识,经验,科学知识和哲学知识。常识是一般人所普遍熟悉的普通知识,一个经验丰富、阅历很深的人可能有许多方面的常识。常识的最大缺陷表现在它往往不是对事物的本质及整体的认识,而是出于表面,流于肤浅,不探索事物的究竟,

不能使人掌握专门的知识。因此，常识之中包含许多错误，即使有些是正确的，也没有明确的逻辑基础。经验知识有深刻的实用根源，与日常活动密切相关。经验不具有理论性、规律性和系统性。经验的表述形式往往是一种直接描述。经验知识的获得往往依赖于经验的归纳和经验中多次重复出现的现象。经验知识有时表面上具有与规律相似的形式，但它并不是对整体和事物本质的认识。经验是科学概括的材料，是学习抽象科学理论、形成科学概念的基础。科学知识是在感性经验基础上抽象、概括出的关于自然和人的规律性或本质认识，是运用理性思维方式、方法和科学实验相结合产生的一种可靠的知识；由科学的概念、术语命题、陈述、定律构成的一种理论体系，具有逻辑性、简明性、系统性和预见性等特征。科学知识对人类的行为和实践具有理论指导意义，是人类认识和改造世界的方法和工具，是经过人类长期的生产实践和社会实践检验的结果。同时，又要在实践中不断求实、完善和发展。哲学知识是认识论和方法论，为人类提供有关如何发现真理、识别真理的方法和途径，它不能为人类提供现成的关于具体事物的真理性结论。

对于学前儿童来说，他们获得的知识主要以经验性知识为主。学前儿童的经验性知识具有广泛性的特点，它主要是在日常生活活动中接触的事物、现象，是儿童感兴趣的、能够通过感官感知到的知识。奥多耶夫斯基曾指出："学前儿童掌握的知识是任何学科前的知识。"学前儿童获得的知识还具有粗浅性的特点，相对于逻辑、概念、法则等的抽象知识，学前儿童学习知识的反映形式是具体的、粗浅的。

学前儿童的知识范围是广泛的，包括儿童周围各个方面的事物与现象。在社会生活方面，包括人与人之间的关系、社会生活中的基本行为规范，以及对社会生活物质环境的认识。在自然方面包括生物（动物、植物）、天气、季节、物理、化学、天文、气象等现象。还有生活中的数学知识，如：认识和比较物体的大小、多少、长短、高低、宽窄、轻重等；认识几何形体、时间、空间；认识10以内的数等。

4. 发展学前儿童的学习兴趣和求知欲望

兴趣在人的成长过程中起着相当重要的作用。学前儿童的学习兴趣表现为积极参加各种活动，愿意动手操作、动脑思考。求知欲是积极主动探索事物奥秘、寻求问题答案的意向和愿望。学前儿童对周围事物充满了好奇，强烈的好奇心是发展求知欲的基础。教师要注意保护儿童的好奇心,并积极加以引导。"疑问是知识的钥匙",发问是求知欲的表现。幼儿园教师要鼓励儿童发问,并及时、耐心地给予回答,或者引导幼儿对事物进行探索,自己找到问题的答案。儿童的好奇心和求知欲还表现在好动的行为上,教师要积极引导学前儿童进行各种游戏活动,满足他们好动的需要。

（四）学前儿童智育的实施

1. 学前儿童智育实施的步骤

（1）创设适宜的学习环境,提供多种多样的学习材料以激发学前儿童的活动兴趣。

（2）组织多种多样的动手操作和实践活动,以促进学前儿童智力的发展。

（3）利用一日生活中的各种生活情景引导学前儿童学习和思考。

（4）引导学前儿童应用语言来表述和归纳自己所获得的经验。

2. 学前儿童智育实施过程中应注意的问题

（1）处理好智力与知识技能之间的关系。知识是人们在改造世界的实践中获得的认识和经验的总和。知识与智力有着密切的关系。知识、技能是智力发展的基础,智力发展又是获得知识与技能必备的条件。比如,幼儿在对四季植物变化的认识过程中,通过观察认识植物的特征,通过记忆了解植物的变化过程,通过思考辨别不同植物的不同特点,通过想象把对植物的印象用艺术手段表现出来……在这一过程中,幼儿通过智力活动获得了许多关于植物的知识,知识的质量决定于幼儿观察水平、记忆水平、思维水平等的高低;但是,如果学前儿童没有任何关于植物的知识,是没办法对植物进行探索的。因此,在智育过程中,教师必须认清知识和智力的关系,应将知识的获得与智力的发展高度统一起来。否则,若偏重于知识的灌输,将阻碍学前儿童的智力发展;但如果离开了知识的基础,智力的发展又将成为空中楼阁。

（2）重视学前儿童非智力因素的培养。非智力因素是指不直接参与认识过程的心理因素,它包括情感、意志、性格、兴趣等方面。智力因素与非智力因素是智力活动的两个方面,它们虽有相对的独立性,但两者是相互联系、相互影响、相互制约的。只有二者都处在最佳状态,学前儿童的智力活动才能取得成功。非智力因素对智力的发展起着促进和保证作用。一个智力水平一般的人,如果他有热爱学习、勇于探索、意志坚强、不怕困难等优秀的非智力品质,就能积极主动地投入学习，智力活动就会呈现积极活动状态。反之，即使一个人再聪明，如果他不喜欢学习，怕困难，不能坚持完成学习任务的话，是绝不会取得成功的。在幼儿期，幼儿对周围世界充满了强烈的好奇心，什么都想看一看、摸一摸、尝试一番，想弄明白是怎么回事。这种好奇心进而发展成为求知欲。他们不断向成人提出一个又一个的问题，"打破砂锅问到底"，或是自己"冒险"去尝试，以求得答案。求知欲的满足会给幼儿带来欢愉，并激发更强的求知欲，进而形成稳定的、有益的兴趣。幼儿对认识对象的兴趣越大，注意的稳定性就越强。在兴趣推动下，其他的优良个性品质，如自制力、专注性、坚持性等也易于形成。因此，教师可以从培养学前儿童广泛的兴趣和强烈的求知欲入手，发展学前儿童的非智力品质。

（3）注意学前儿童知识的结构化

学前儿童的知识如果是零散的、杂乱的、琐碎的，那么幼儿很难凭借这些知识去解决问题，这些知识对学前儿童思维的发展也没有多大意义。也就是说，学前儿童智力发展的重大进展不是取决于个别知识和技能的掌握，而是看这些个别知识能否结合成一个反映事物或现象之间的规律或联系的"结构"。必须明确的是，学前儿童的知识结构是建立在学前儿童的感性经验基础之上的。因此，它与中小学那种以科学概念为中心的学科知识体系有本质的不同。

重视学前儿童知识的结构化，能扩大学前儿童的知识容量，能促进学前儿童巩固已有的知识，并将获得的新知识迅速归入自己已有的结构中，使新旧知识结合成更大、更好的知识结构，大大地提高认识能力，举一反三，触类旁通。例如，幼儿在看电视、图书或参观动物园的活动中自发地获得了很多有关动物的感性经验，如老虎的皮是条纹状的、青蛙的皮是绿色的、海豚的皮是滑溜溜的等，但这些有关动物的认知是零碎的，如果教师通过有意识地组织各种活动，把这些动物进行比较，帮助幼儿看到动物的皮与它们生活的环境是密切相关的，是动物保护自己生存下去的必要条件，幼儿就能由认识事物现象的外部特征过渡到认识这些现象的内部联系，形成一个有关动物的知识"结构"。借此他们就能想象出从没见过的北极动物会有厚厚的皮毛，就能明白钻洞的老鼠为什么是褐色的。在这种学习过程中，幼儿知识的获得与智力的发展就统一起来了。

三、学前儿童德育

(一)学前儿童德育的概念

德育即道德教育,道德是在一定社会条件下形成与发展起来的人们共同生活的行为准则的总和,也是评价人们行为的标准。社会道德在个体身上的再现为道德品质,德育实质上就是社会道德个体化的过程。

学前儿童德育是道德教育的起始阶段,是根据学前儿童身心发展的特点和实际情况,对学前儿童实施的品德教育。

(二)学前儿童德育的目标

学前儿童德育的目标正如《幼儿园工作规程》所规定的那样:萌发幼儿爱家乡、爱祖国、爱集体、爱劳动、爱科学的情感,培养诚实、自信、好问、友爱、勇敢、爱护公物、克服困难、讲礼貌、守纪律等良好的品德行为和习惯,以及活泼、开朗的性格。学前儿童德育的目标强调从情感入手,符合学前儿童品德形成和发展的规律,符合他们的年龄特点。目标中的"五爱"及其对学前儿童行为规范等要求,充分地体现了我国教育目的的基本精神。

(三)学前儿童德育的内容

学前儿童道德教育内容主要包括发展学前儿童的社会性与发展学前儿童的个性两个方面。

1. 发展学前儿童的社会性

学前儿童社会性发展是通过自身的社会化过程来实现的。学前儿童道德教育的过程实质上也就是帮助学前儿童社会化的过程。社会化过程是个体了解社会对他有哪些需要与期望,规定了哪些行为规范,并使自己逐步实现这些期待的过程,是个体适应社会的漫长的发展过程。社会化内容在很大程度上反映了社会对人的道德行为、人际关系方面的要求。在社会主义的中国,每一个受教育者都必须按国家和社会的要求来规范自己的思想和行为,幼儿也不例外,这方面的内容构成了幼儿德育的核心,规定了幼儿社会性发展的方向和内容,可以说,德育是幼儿社会性发展教育的核心和导向力量。

(1)培养爱的情感

学前儿童只有在自己被爱、体验到爱的基础上,才能产生指向外部世界的爱。因此,幼儿园教师应为幼儿创设一个充满爱的环境与气氛,以境育情,激发幼儿良好的社会性情感。通过各种途径，利用幼儿园内外的一切条件和资源培养幼儿积极健康的道德情感。在各种情感体验基础上，不断丰富幼儿的道德认识，培养其良好的行为习惯。

（2）养成必要的社会行为规范

学前儿童应当养成的社会行为规范主要有：文明礼貌，守纪律，讲卫生，爱护公物等。

（3）学习人际交往技能和能力

为了让学前儿童能适应集体生活、社会生活，必须提高他们的人际交往技能。在与他人交往的过程中，他们会逐渐熟悉、认识周围的人与事，了解自己与别人，学会处理与小朋友、教师、父母和其他人的关系。如：学习如何提出自己的要求、表达自己的愿望；如何加入别人的活动；如何分享、轮流、合作；如何解决与小朋友的纠纷；如何理解别人、帮助别人；如何遵守社会行为规则等。

2. 发展学前儿童的个性

学前儿童德育要培养幼儿的良好个性品质。如良好的性格、有自信心、主动性、独立性、诚实、勇敢、意志坚强等。这些个性品质对幼儿成长为一个真正的人有重大的意义。

我国的特殊国情培育了一代独生子女，他们表现出较强的自我意识、自主精神、自信、活泼开朗等明显的个性特点，但是也存在一些不良倾向，如自私、任性、唯我独尊、生活自理能力差等。有针对性地帮助幼儿个性健康发展是德育的重要内容。

（四）学前儿童德育的实施

1. 学前儿童德育实施的途径

学前儿童德育实施的途径包括日常生活德育和专门的德育活动两种。

（1）日常生活是实施学前儿童德育最基本的途径。日常生活对学前儿童品德的形成有多方面的影响，并且为学前儿童提供了行为练习与实践的机会。学前儿童德育应贯穿于学前儿童的日常生活之中。

学前儿童在日常生活中，在与同伴、成人交往的过程中，了解人与人之间、人与社会之间、人与物之间的关系，了解一定的行为准则，并且进行各种行为练习，日积月累，循序渐进，逐步形成某些良好的行为品质。在一日生活常规和生活制度中渗透着道德教育的内容，通过常规训练和严格执行生活制度，可以培养学前儿童有礼貌、守纪律、诚实、勇敢、自信、关心他人、爱惜公物、不怕困难等品德和行为习惯。如，有的教师利用幼儿每天的洗手常规，培养幼儿的生活自理、遵守秩序、讲卫生的好习惯，而且还不失时机地抓住机会，培养幼儿心中有他人、爱惜别人的劳动成果等品质。如一个幼儿洗手时把水洒在地上了，使小朋友跌了跤，保育员再次拖地，教师利用这件事让所有的幼儿理解了洗手时为什么不能把水洒出来的道理，懂得了自己的行为对他人的影响，于是规则真正成了幼儿自身行为的一部分。由此可见，教师应当高度重视一日生活的教育价值，挖掘生活常规中的教育因素，让幼儿在日常活动中逐步形成良好的品德。

（2）专门的德育活动是实施学前儿童德育的有效手段。专门的德育活动是指教师根据幼儿的年龄特征与各年龄班德育的内容与要求，结合本班幼儿的实际情况、行为表现，有目的、有计划组织的德育活动，也就是为实现某项德育目标而组织的教育活动，例如谈话、讨论、上课、丰富多彩的实践活动（如参观、春游、劳动、节日庆祝活动）等。幼儿的道德认知、情感以及行为，通过每一次活动，特别是实践活动的积累而逐渐得到发展。比如通过参观铅笔厂，幼儿亲眼看到一支小小的铅笔要经过那么多工人叔叔的劳动，会更爱护文具，珍惜劳动果实；国庆节期间，唱"祖国真美丽"的歌，画"我爱北京天安门"的画，参加愉快的庆祝活动，观看节日夜晚辉煌的灯火，在披着节日盛装的公园里游园等，会让幼儿实际地感受到祖国的美好，激发起热爱祖国的真实情感。

专门的德育活动可以集体进行，也可以分组、个别进行；活动内容应以幼儿周围熟悉的现象或他们生活中的事例为主；多采用幼儿自己解决问题的方式；活动时间长短依内容而定，可以在一日生活的任何时间内进行；活动应当尽可能利用游戏的形式进行。

（3）利用游戏培养学前儿童良好的道德行为。游戏是幼儿园的基本活动，也是德育的基本形式。由于游戏伴随着愉悦的情绪，游戏反映了幼儿的现实生活，反映了道德、行为准则、人际关系、情感等，因此教师利用游戏进行道德品质的教育，很容易被幼儿接受。在游戏过程中，幼儿自发地扮演一定的社会角色，实践一定的社会行为，体验一定的社会情感，对幼儿社会性发展有其他任何形式难以替代的效果。

2. 学前儿童德育实施过程中应注意的问题

（1）热爱与尊重儿童

对儿童进行德育，首先要热爱与尊重儿童。爱儿童是向儿童进行德育的前提。儿童对成人的信赖和热爱，是他们接受教育的重要条件。爱是使儿童身心健全发展的重要条件和必要的环境因素。

（2）遵从德育的规律实施德育

人的每一种品德都由道德认识、道德情感、道德意志、道德行为四要素构成。在学前儿童的品德形成过程中，四要素的发展不是同步的，学前儿童的道德认识、道德意志等发展较差，因此，学前儿童德育必须从情感入手，重点放在道德行为的形成上。具体做法：由近到远，由具体到抽象；直观形象，切记空谈；注意个别差异。

（3）重视指导学前儿童行为的技巧

有目的地改变学前儿童的行为是学前儿童德育的重要任务。它不仅需要教师的热情，而且需要一定的技巧。常用的技巧主要有强化行为的技巧、预估行为的技巧、让幼儿理解行为后果的技巧。

四、学前儿童美育

（一）学前儿童美育的概念

什么是美？这是一个很复杂的问题。一方面，美被认为是客观的，它存在于现实社会中，无所不在，能为人们的感官所感知。赏心悦目的自然美、陶醉心灵的艺术美、人类社会中的物质和精神文明之美，等等，都是美存在的基本形态。另一方面，美的标准又因时代、社会的生产力发展水平或意识形态不同而不同。从"美"的字面就可看到肥大的羊为"美"，这反映了古代农牧时代的观念，而现代社会里恐怕没有谁会将美局限于此。即使在同一时代，西方资本主义所推崇的一些没落、腐朽的文化，在社会主义国家的人民看来，也绝不会认为是美的。而且不同的人、甚至同一个人在不同时候其审美的角度和趣味，也会因每个人的立场、观点、志趣、爱好、文化教养、思想方式、生活经历等不同而不同。因此，美被认为既是客观的，又取决于人的社会存在和社会意识，它是客观性和社会性的统一。

学前儿童美育是美育的一部分，它是根据幼儿身心特点，利用美的事物和丰富的审美活动来培养幼儿感受美、表现美的情趣和能力的教育。由于幼儿身心发展的特点，特别是思维的直觉行动性和具体形象性，认识过程中的情绪性等，决定了幼儿美育的特点是：通过活动，用具体鲜明的形象去引导幼儿直接感受美，而不要求对美的形象从逻辑上进行过多的理解和分析；以培养幼儿审美的情感、兴趣为主，而不以培养审美观念概念为主；以培养表现美的想象力、创造力为主，而不以训练技能技巧为主。

（二）学前儿童美育的目标

学前儿童美育的目标是培养学前儿童感受美、表现美的情趣和初步能力，感受美是审美的基础。幼儿期是感知觉发展的关键时期，因此培养幼儿对美的感受性是与幼儿的发展规律相一致的。萌发幼儿感受美、表现美的情趣主要是培养他们对美的健康的兴趣和爱好，这是幼儿接受美育的最重要的前提条件，也是幼儿今后继续成长，形成健全的人格，形成对生命、对生活、对人类社会的积极态度的一个重要基础。在幼儿自身主动投入审美活动的基础上，培养他们相应的表现能力，特别是想象力、创造力。没有这些能力，幼儿不可能体验审美活动的乐趣，不可能进行艺术活动，不可能表达自己对美的理解和感受，当然也就谈不上发展审美兴趣和爱好。

（三）学前儿童美育的内容

1. 培养学前儿童的审美情感

美育是最能深入人的灵魂和触动人的情感的教育。列宁说："没有人的感情，就从来没有也不可能有人对于真理的追求。"情感虽然不会给我们带来实际的物质利益，但它却点燃人生命的火花，把人推向高尚的境界。

2. 培养学前儿童的审美感知

审美感知是审美活动的开端和基础。培育学前儿童的审美感知就是积极引导学前儿童去亲身感受和体验现实生活和周围自然环境中的美，使其在感知活动中对美变得敏感起来，能在平常的事物中、生活中发现美、感受美。马克思说过："最优美的音乐，对于非音乐的耳朵是没有意义的。"不能否认幼儿常常表现出对美有本能的感知兴趣，但是，这种自发的、无意识的兴趣若得不到正确的培养和引导，就可能停留在短暂、肤浅、零散的水平上，或随着年龄增大，逐渐淡漠乃至消失。

学前儿童审美感知的发展与其一般感知觉和认知的发展相伴随，从无意识地对美的东西的注意到模仿周围成人对美的感受，直至自觉地认识美、欣赏美、表现美。幼儿的审美感知具有表面性，如他们容易接受表面的简单的形式美，喜爱鲜明、艳丽的颜色，不注重色彩的协调，喜欢听欢快、变化明显的曲调等。幼儿的审美感知还带有行动性，常常直接以动作、表情、语言和活动等方式表现对美的感受、理解、态度，如对美的东西总喜欢动手摸一摸、看一看、听一听、闻一闻等。因此，应当多组织各种活动，让幼儿有机会发展感觉器官和基本的认识能力，同时充分利用自己的各种感官去感知美，发展对美丰富的感受性。

3. 培养学前儿童的审美想象和创造

学前儿童在感受美的基础上，在情感的驱动下，会产生表现美的欲望和行动，幼儿表现美的核心是幼儿的想象和创造，即学前儿童以自己的方式、带着自己的特点，表现自己对美的独特体验和理解，创造出新的形象、新的想法。学前儿童的想象和创造需要积累多种经验，需要自由的学习环境，需要通过绘画、唱歌、舞蹈、语言等丰富多彩的活动发展一定的能力和技能才能实现。因此，营造一个宽松的气氛让学前儿童能自由地想象、创造，提供一个开放的环境让幼儿能开阔眼界，获得丰富的刺激，创设学前儿童能充分显示自己创造能力的机会和条件等，都是美育的重要内容。

（四）学前儿童美育的实施

1. 学前儿童美育实施的途径

（1）艺术教育是实施学前儿童美育的主要途径

因为艺术是人类审美实践的集中体现，所以艺术教育是美育的主要手段。艺术教育通过语言艺术、造型艺术、音乐艺术等，"创造一个了解艺术而且能够欣赏美的公众"（马克思）。艺术给人最充分、最完满的美的享受，艺术美直观、鲜明、富于表现力，因此最易引起学前儿童感情上的共鸣，被学前儿童理解和接受，最能陶冶学前儿童的情感，让学前儿童懂得什么是丑，什么是美，对培育学前儿童的审美素养有极大的意义。

幼儿园的艺术教育主要通过音乐活动、绘画活动、手工制作、文学作品欣赏、表演活动等来实施。这些活动能发展幼儿的听觉、视觉、触觉、身体感觉等综合审美感知，让幼儿被歌曲、旋律、舞蹈、绘画、工艺品、诗歌、童话、故事等所感染，产生情感体验，并激起幼儿用节奏、色彩、线条、形体等来表达美、创造美的欲望和行动。

（2）日常生活美育是实施学前儿童美育的重要途径

美育的实施不应仅仅局限在艺术活动方面，日常生活是向学前儿童进行美育的极好机会。学前儿童最初的美感是从日常生活开始的，因为日常生活中的美是学前儿童最接近、最熟悉、最容易感知的。因此，学前儿童审美教育应当贯穿在学前儿童的整个生活中，与学前儿童的生活密切结合在一起。应注意引导学前儿童发现、认识周围生活中平凡的人和事物的美。如与老师、同伴交往过程中的言语美、行为美、仪表美；散步中观赏幼儿园及其周围的环境美；就餐时菜肴的色、香、味以及炊事员叔叔的劳动美，等等。除了幼儿园的生活之外，与家长配合，在与幼儿最密切的家庭生活中开展家庭美育也是十分重要的。如家庭朴实、整洁的环境美，家庭成员言谈举止的形象美，家庭气氛的祥和美，等等，让幼儿耳濡目染，潜移默化，对幼儿精神美的形成有巨大作用。

总之，生活中处处有美，幼儿的生活是幼儿美育取之不尽、用之不竭的源泉。

（3）大自然、社会生活是学前儿童美育的广阔天地

美育不仅仅局限于学前儿童自己的生活，美育的主要题材可以远远超越学前儿童直接实践活动的狭隘范围。自然界是学前儿童美育内容的天然宝库，它为学前儿童提供的审美对象是丰富多彩、千变万化的。自然界的美是真实的美，它具体、直观、生动、形象，很容易为学前儿童所感知。引导学前儿童观察和感受大自然的美是幼儿美育的重要途径。幼儿园，特别是大城市的幼儿园可利用远足、郊游、到农村参观等活动，尽可能地创造幼儿与自然接触的机会；利用影视、美术作品等艺术手段让幼儿感受大自然美的力量；利用幼儿周围的自然物进行美育，如培植草地、种植花卉、采集落叶或昆虫的标本，欣赏大自然每天给予的蓝天、白云、红花、绿叶，等等。在幼儿观赏自然时，教师可选择恰当地能为幼儿理解的艺术语言来表达其中的美，并以自己对自然美的热爱来引导幼儿产生美的情绪体验。

社会生活的美育是引导学前儿童去认识、感受、观赏社会中的美好事物，激发幼儿对生活的热爱和追求。马克思说过，人类的生产不同于动物，它不仅按照需要的法则，而且总是同时"按照美的法则"。因此，人类社会的生产活动、产品都带着人对美的追求，人们的衣食住行、生产、生活中，都普遍地、广泛地存在着审美因素。为学前儿童所能理解的社会生活中的美育主要有：我国社会主义建设各行各业劳动者的劳动美、所创造的劳动成果的美，如金色的稻田、雄伟的建筑、美丽多彩的服装、琳琅满目的商店橱窗等，都会使人心情激动，产生强烈的美感，应当引导学前儿童去认识和感受；社会主义祖国大家庭的精神文明之美，如祖国各地的好人好事，一方有难、八方支援的感人事迹、全国人民万众一心抗洪抢险的英勇斗争，等等，都展示出崇高而伟大的史诗般的美，它们是感染和教育学前儿童、培养学前儿童美好心灵的最美的精神财富；新型人际关系和社会成员的行为美、语言美、仪表美等，给学前儿童最经常、最持久的美的享受和熏陶；成人的文明形象给学前儿童树立良好的榜样，使学前儿童从小学会分辨美丑，养成文明礼貌的良好行为习惯。

2. 学前儿童美育实施过程中应注意的问题

（1）美育应面向全体学前儿童

美育的目的是培养每一个幼儿美的情感、美的心灵，促进每一个幼儿人格的健全发展，而不是为了培养艺术家，不是为了培养极少数艺术小天才。当然，由于幼儿在艺术天赋上的个别差异，有的幼儿的某些艺术潜能需要早期培养，但这不应当以牺牲其他幼儿应有的发展为代价。一般来说，幼儿艺术天赋的差异不太大，应当针对每个幼儿的兴趣和需要，让他们得到应有的发展。也就是说，在美育中必须贯彻面向全体、注意个别差异的原则。

（2）重视通过美育培养学前儿童健全的人格

美育应当着眼于引导幼儿人格向积极方面发展，特别是幼儿情感的发展，这本来也是美育最重要的一种价值。但是长期以来，美育受重知识技能、轻情感态度的倾向影响，出现了许多值得注意的偏向。如在幼儿园艺术活动中，将幼儿对艺术的"知觉感受和直觉判断引向分析、理解、重复、记忆、抽取规律及迁移应用，使得知觉表象及其情感体验在分析的道路上逐渐丢失"，而没有充分地利用艺术这一媒介去丰富幼儿的情感世界；比较偏重于追求艺术活动的结果，仅仅关心幼儿作品是否达标，而不重视幼儿活动中的情感体验和态度等。世界著名的"铃木小提琴教学法"的创始人——日本的铃木镇一先生曾经说："他的教学不是要培养了不起的人物，而是要培养孩子成为一个品德高尚的人，成为一个具有更加美好心灵的人。"这些话可以作为实施美育时的座右铭。

（3）重视培养学前儿童的想象力和创造力

美育中学前儿童表现美的灵魂是幼儿的自由想象和创造，而绝不仅仅是依样画葫芦似的模仿。培养学前儿童艺术创造的主动性是美育的重要目标。为此，在幼儿园艺术活动中，必须克服过分强调表现技能、技巧的偏向，因为这种偏向把创造性的表现活动降格为一种机械训练，这对发展幼儿的想象力、创造力是不适宜的，其后果常常是使幼儿失去自信心、产生无能感，害怕或者讨厌艺术活动，或只会机械地服从或模仿成人，这就完全背离了幼儿美育的宗旨。教师在指导方法上，必须注意启发式而非命令式，克服以教师为中心的倾向。如在幼儿绘画时，有的教师常常让幼儿按自己的想法改这改那，对幼儿画得像不像太在意，不尊重幼儿自己的看法和创造，这不仅损伤幼儿的积极性，而且会让幼儿认为只能用一种"正确"的方法来表达一个事物或现象。有这样一个例子，有个幼儿画画时，把太阳涂上绿色，教师看见了就指责说："太阳怎么会是绿色的呢？乱画！改成红色！"结果幼儿只得屈从于教师的权威。其实，这个幼儿想的是"我觉得太阳是绿色的就凉快了"。教师这样的处理让幼儿觉得自己错了，以后他也许就不再这样"异想天开"了，这对幼儿想象力、创造性的发展是多么有害。除艺术活动之外，在生活中，幼儿也常常表现出对事物的独特的审美感受和理解，成人不要随意贬低或纠正，而应鼓励和接纳。

第三节　学前儿童全面发展教育的基本原则

一、尊重幼儿的人格尊严与合法权益的原则

学前儿童全面发展教育是建立在"以儿童为本"的理念基础上的，因而在教育过程中必须贯彻尊重幼儿的人格尊严与合法权益的原则。这一原则要求教师要将儿童作为具有独立人格的人来对待，尊重他的思想感情、兴趣、爱好、要求和愿望等。同时，应保障儿童的合法权利，包括生存权、受教育权、受抚养权、发展权和游戏权。

学前儿童首先是人，其次才是受教育者，教师尊重儿童首先就应该把学前儿童当成一个具有人格尊严的人。学前儿童有自己想要的玩伴，有自己喜欢的玩具，有自己爱好的活动，教师应该尊重儿童的选择，在可能的范围内努力让儿童的合理想法得到满足。而不是武断地替儿童做各种决定，野蛮地干涉和变更儿童的选择，认为学前儿童小，什么都不懂，成人替他做出的选择就是最好

的选择，这些都是不可以的。

同时，教师应该保障学前儿童的合法权益。儿童年纪小，法律意识较弱，身体也不够强壮，很多时候无法像成人一样进行有效的自我防护，当伤害来临时无法有力地避开。基于这些，教师更要尊重儿童的各项合法权利不受侵犯。最基本的就是教师应保护儿童的生命安全，儿童的生命安全和身体健康权任何人都不得侵犯。如果儿童的生命和健康都得不到保障，何谈教育？学前儿童与成人一样，正当地享有很多项权益，教师应熟知学前儿童享有的权利，争取做到最大限度地保障学前儿童的各项合法权益。

二、注重全面性与差异性的原则

在幼儿园，教育的全面性有两层含义：一是教育要面向全体幼儿；二是教育要促进幼儿的全面发展。首先，教育要面向全体幼儿是指教师不应放弃任何一个幼儿。班级里的幼儿表现总是有教师喜欢的和不喜欢的，教师的精力也有限，难免会多关注到那些热情大方的孩子，而那些内向文静的孩子总是很少能够得到教师的关注。教师要做到的就是努力让自己摒除偏见，平等地关注班级里的每一位幼儿。其次，全面性原则是指教育要促进幼儿的全面健康发展。有的孩子生活自理能力强，有的孩子思维积极活跃，有的孩子善于攀爬，有的孩子善于奔跑。世界上没有完全相同的两片树叶，也没有完全相同的两个孩子，每个孩子在认知、能力、情感、个性等方面都有不同的表现。教师在关注到每个孩子的优点时，也应看到其短板，让每个孩子都能在体、智、德、美方面全面和谐发展。

教育的差异性原则指的是教育除使每个儿童尽力发展外，还允许根据每个儿童的特点充分发掘各自的潜能，实现自己的特色发展，因人而异地进行教育而不是千人一面。

苏联著名教育家苏霍姆林斯基曾说："每个孩子都是一个世界，完全特殊的、独一无二的世界。"教师不是一把镰刀，幼儿也不是长得齐刷刷的韭菜，所以幼儿教育不是像镰刀割韭菜一样一割一大把，这就是我们说的教育不能搞一刀切，而要时刻关注到幼儿发展的差异性，因材施教。

三、保教结合原则

保教结合是我国幼儿教育的一大特色，也是幼儿园一贯坚持的原则。

幼儿园的活动内容中包括保育和教育两方面的内容。保育就是精心照料幼儿生活，保护幼儿健康，包括健全吃饭、穿衣、睡觉等合理的生活制度和提出具体要求；注意个人和环境卫生，预防疾病，保证安全；科学地开展多样的体育锻炼，增强幼儿体质。除此之外，还应注意对幼儿进行心理保育。教育就是按照体、智、德、美的要求，有目的、有计划地对幼儿实施全面发展教育，包括卫生保健和安全教育，培养幼儿形成良好的生活卫生习惯和自我保护意识，发展基本动作，传授周围生活中粗浅的知识和技能，发展语言表达能力和智力，培养良好的思想品德和行为习惯等。

保教结合原则是指在教育教学活动中，教师要树立"保教结合、保教并重"的思想，把保育和教育有机地结合起来，使幼儿在健康成长的同时增长知识和技能；发展智力的同时形成良好的品德和行为习惯，身心得到全面发展。

实施保教结合的原则，教师一要转变观念，二要积极行动。

转变观念指的是教师不能再有重教轻保或者是重保轻教的思想意识。一些教师认为幼儿最重要的就是学习知识、技能，所以生活活动无关紧要，只要保证幼儿吃饱穿暖即可，评价一个幼儿最重要的指标在于他是否聪明伶俐、爱动脑筋等。这种重教轻保的思想会让孩子的生活活动得不到重视。还有一些教师认为孩子那么小，根本学不会什么东西，因此在幼儿园里最重要的就是要让孩子吃好、玩好、睡好，至于学知识、技能，那都是无关紧要的，所以会忽略教学活动。这种重保轻教的思想也会让孩子不能够健康全面成长。因此幼儿教师首先要牢固树立"保教结合、保教并重"的观念。

积极行动指的是把正确的"保教结合、保教并重"的观念贯穿到幼儿的一日生活教学和游戏中。在生活上，从入园、洗手、进餐这些一日生活常规中培养幼儿良好的行为习惯。如规定幼儿来园时间，并请家长配合做这个工作，从而培养幼儿的时间观念，养成遵守作息制度的习惯；吃饭时，要求幼儿饭前洗手，饭后漱口，不讲话，不浪费粮食，使他们养成文明的进餐习惯。在教学活动中，除了要重视培养幼儿的知识和能力外，要积极关注幼儿的情感，多给胆小的孩子创造发言、交流的机会，多关注内向的孩子，看看他们是否愿意与老师积极互动。在游戏中，锻炼孩子各方面的能力的同时，教师还应注意孩子在游戏中的安全，尤其是在户外体育活动中，教师的眼睛应时刻关注每一个幼儿的动向。

教师只有在幼儿园一日活动的各个环节牢固树立"保教结合、保教并重"的观念，才能在各环节关注到幼儿的身体、心理和情感各方面的健康和谐发展。

保教结合原则不仅是我国幼儿园发展的教育方针在幼儿园教育教学实践活动中的具体体现，也是我国幼教工作者长期工作经验的总结，是促进幼儿身心全面健康发展的基本原则。因此，在幼儿园总体教育中，既不能只抓保育，不顾教育；也不能只抓教育忽视保育，必须把二者有机地结合起来。在幼儿园各项具体工作中，都要始终坚持保教结合的原则，既要注意在教育教学活动过程中加强对幼儿的保护，也要注意发挥日常生活活动的教育作用。

四、发展适宜性原则

发展适宜性是指学前教育的目标、内容、方法、评价等都应符合学前儿童身心发展特征和规律。既适合幼儿的现有水平，又有一定的挑战性；既符合学前儿童的现实需要，又有利于其长远发展；既贴近学前儿童的生活来选择幼儿感兴趣的事物和问题，又有助于拓展学前儿童的经验和视野。

这一原则要求教师应全面了解学前儿童的身心发展特点，根据幼儿的身心规律制订合适的教学目标、选择合适的教学内容和方法、运用合理的评价机制。只有在了解清楚学前儿童身心特点基础上进展的教育才有可能是有效的，否则就会适得其反。

五、科学性原则

科学性原则是指向学前儿童传授的知识、技能应该是正确的、可靠的，是符合客观规律的。教学内容安排、教学组织形式选择和教学方法的运用应符合学前儿童年龄特点和认识事物的规律，是切实可行的，也就是说，要保证教育全过程的科学性。

学前期是一个人身心发展最迅速的时期，也是人一生智力发展最快的时期。学前儿童年龄小、经验少、判断力差、模仿性强，容易接受周围环境的影响和外部刺激，而这一时期形成的认识在大脑中会留下深刻的印象，对其进一步发展将产生深远的影响。如果在幼儿园教育教学中违背科学性原则，不顾幼儿的年龄特点和认识事物的规律组织教学，向幼儿灌输一些似是而非、不切实际、非科学性的知识，不仅影响幼儿现在的进步，也会给幼儿以后的发展造成障碍。

六、趣味性原则

趣味性原则是指在幼儿园教育教学活动中,教师必须使各教学环节充满趣味,以引起幼儿浓厚的学习兴趣,激发幼儿学习的积极性和求知欲,使幼儿在愉快的气氛中,带着喜悦的情绪,全身心地投入到活动中去,获取知识和技能。即寓教育于娱乐之中。

幼儿时期,认识的发展尚处于无意性占优势的阶段,他们的学习往往受兴趣支配,而兴趣的产生主要来自周围环境的影响和刺激,受好奇心理支配着。幼儿年龄越小,越缺乏活动的目的性,情绪不稳定,注意力不能长时间集中,不会做意志上的种种努力,完全依靠外界环境与教学中提供的各种积极刺激。因此,只有教育教学的内容、活动形式、方法等符合幼儿的特点,使他们能接受并产生感兴趣的刺激,才能激发幼儿参加活动的主动性和积极性,产生强烈的求知欲望。

苏联著名教育家苏霍姆林斯基曾说:"学校应当像一块磁石,以自己有趣而丰富的生活吸引学生。"幼儿园是儿童的奇幻乐园,教师是幼儿园里的魔法师,幼儿园里的各项活动是五彩斑斓的魔法石,幼儿就像是散布在奇幻乐园里的小精灵,这些小精灵不停地追寻着魔法师和他口袋里永远掏不完的魔法石……

七、环境育人原则

环境育人即利用环境中的教育因素,为学前教育服务,促进学前儿童的健康成长。

《幼儿园教育指导纲要》提出:"环境是重要的教育资源,应通过环境的创设和利用,有效地促进幼儿的发展。"环境是人赖以生存和发展的物质、心理、社会等条件的综合,是幼儿教育和发展的宝贵资源。

环境包括物质环境和精神环境。在幼儿园中,教师应该努力为幼儿创造一个美观丰富的、具有教育意义的物质环境,让幼儿能与环境充分互动,在环境中学习,使环境真正能成为幼儿的"第三任教师"。幼儿园的物质环境可分为室内和户外两大部分,户外环境应多为幼儿提供一些大型玩具、攀岩墙等,有条件的幼儿园可为幼儿提供一些原生态的自然环境,如堆满了天然沙石的沙堆、流淌着静静溪水的小溪、长满了花草的草坪等。室内环境应重视幼儿的参与性,无论是墙面环境、地面环境和区域活动的环境，都应有幼儿参与的踪影。环境不应是为了追求美观而不让幼儿破坏的美术品，而应是幼儿自己动手操作和参与的作品。此外，教师还应根据季节、时令不断变换环境内容来吸引幼儿的注意力。

精神环境在幼儿园中最直接和集中的体现是师幼关系和幼儿同伴关系上，为此，教师应该建立一个良好的班级精神氛围。这就要求教师热爱幼儿、尊重幼儿、热爱幼教事业，建立真正平等和谐、互动良好的师幼关系，并持续关注幼儿同伴之间的关系建立。孟母三迁的故事大家耳熟能详，讲述了孟母为孟子的成长而做出的三次搬迁的努力。可见，"环境是幼儿的第三位教师"，默默地发挥着它特殊的、潜在的教育作用。

第五章 幼儿园的教育环境

第一节 环境对学前儿童发展的影响

人与环境有着密切的联系。人是社会环境的产物,环境是人类生存条件的综合。《荀子·劝学》有"蓬生麻中,不扶而直"的论断,足见良好的环境对于儿童健康成长的重要性。环境对儿童发展有着重大的影响,关于这一点各家各派的教育家、心理学家都非常重视,并在其理论体系中论及。其中一些理论虽然对于儿童的发展存在对立和分歧,但就环境对儿童心理发展的巨大作用的认识则是趋于一致的,都强调要为儿童的成长提供适宜的环境。

一、几种关于环境对儿童发展作用的理论

(一)成熟主义

美国心理学家格塞尔提出了成熟理论。成熟主义认为,儿童的发展是一个顺序模式展开的过程,这个模式是由机体成熟预先决定的。但他不排除环境对儿童的发展起着支持、影响作用,即环境所起到的作用是给发展提供适当的时机。如"适机"教育,当幼儿的发展为某种学习做好准备的时候,要抓住有利的教育时机,为幼儿提供适当的学习环境和内容。虽然幼儿的身心发展具有一定的顺序性,但是由于环境的影响会形成个别差异,反过来,父母或幼儿园应根据孩子的个体差异提供适宜的环境和教育。

福禄倍尔强调幼儿身心发展的顺序性和"自我活动"的原理,认为"发展和教育人类完成其使命和任务……不仅依靠他从外面所接受和所吸收的东西,而且在更大程度上依靠他自己所表现和所展开的东西",因此他强调为幼儿准备

适合他们年龄和经验的丰富环境，让幼儿在环境中正确地观察、认识事物的特性，认识事物之间的相互关系，以及时间、空间的关系，由外在事物引发内在能力的提升，进而将儿童内在的东西表现出来，发挥其潜能。儿童成长对环境的依赖，就像植物生长对阳光、水分和土壤的依赖一样。

蒙台梭利非常重视环境的作用，她认为儿童具有一种内在的生命力，这种生命力规定了儿童发展的方向和准则。她说，儿童的"生长，是由于内在的生命潜力的发展，使生命力显现出来，儿童的生命就是根据遗传确定的生物学规律发展起来的"。但是，儿童要成长为一个具有积极精神生命的个体，离不开环境的作用。因此，她声称，"环境无疑是生命的现象中的第二位因素，它能改变、包括助长和抑制，但它从来不能创造"。她坚信环境对人的心智、心理发展起着举足轻重的作用，因此她指出，"把头等重要性归因于环境问题，这形成了我们教育方法的特点"。她强调，既然儿童的内在潜能是在环境的刺激、帮助下发展起来的，我们在学前教育中应注重创设"有准备的环境""使每个儿童的潜能在一个有准备的环境中都能得到自我发展的自由"。这对当前学前教育环境创设起到了重大的指导作用。

蒙台梭利认为人类有两个"胚胎"时期：一是在母亲身体里的发育过程，即"生理的胚胎期"；二是人类特有的"心理（或精神）胚胎期"。这两类胚胎期开始时几乎一无所有，受到一种内在生命力的驱使而发展，而人类这种本能的发展必须通过自己与环境的交往吸取外界刺激和印象，在与环境不断作用中建立"内部组织结构"，进而产生心理活动。同时，她认为婴幼儿受其强烈的、天赋的内部潜能所控制，具有一种下意识的、不自觉的感受能力和特殊的鉴别力，简称"吸收心理"，即能通过与周围环境的密切接触和情感连接，获得各种文化和印象，是"利用他周围的一切塑造了自己"。可见，把"内在生命力"比喻成植物的种子，那么个体成长的环境就为"内在生命"的展开提供土壤、阳光和水分。

（二）行为主义

后天环境对儿童行为影响的认识很早就形成了，如，我国古代教育家孔子曾说："性相近也，习相远也。"就是说，人的先天禀赋是差不多的，人的成就和习性不同则是后天学习的结果。而英国哲学家洛克则提出了著名的"白板说"。他认为，幼儿的心灵好比"一张白纸或一块蜡"，通过外在环境和教育作用就可以"随心所欲地做成什么样式"。

行为主义把环境对儿童发展的影响推向了极致。行为主义认为,个体的心理发展是环境影响或塑造的结果,人的所有行为都是对环境刺激的反应,有什么样的环境就有什么样的心理和行为。不管是最初的刺激→反应(S→R)的公式,还是后来的新行为主义提出了刺激→个体生理、心理→反应(S→O→+R)的公式,环境是影响儿童行为与发展的重要因素,人的大部分行为是后天习得的,是个人经验的产物。儿童的行为与发展具有可塑性和可控制性,可以通过外部因素的影响来塑造与修正儿童的行为。行为主义创始人美国心理学家华生有一段标志性语录:"如果给我一打健康而没有缺陷的儿童,让我把他们放在特殊的环境中教养,那么我可以保证,在这十几名儿童中,随便选出一个来,我都可以把他训练为任何一个方面的专家——无论其能力、爱好、兴趣、职业及种族如何,我都可以使他成为一名医生、一名律师、一名艺术家,或者是商界首领、乞丐或窃贼。"可见,华生认为真正在儿童的发展中起绝对影响作用的力量,是儿童生活环境和后天所获得的教育引导,环境和教育是行为发展的唯一条件。

新行为主义者班杜拉在否定前期行为主义、强调环境是行为的唯一决定者的基础上,提出了环境是决定行为的潜在因素的观点。该观点具有两层含义:其一,环境对行为确实存在不同程度的影响;其二,这种影响作用是潜在的,只有环境和人的因素相结合才能发挥作用。该论断表明,新的新行为主义者看到了环境因素在行为前后仅起着具有潜在可能性的作用,要想环境的影响作用成为现实,就必须考虑人自身对它的选择、组织和加工。

虽然行为主义片面夸大环境和教育在儿童心理发展上的作用遭到很多人批判,但对学前教育环境的创造和利用具有重要意义。如行为主义的幼儿教育理论主张注意环境影响,创造适宜于儿童发展的良好环境,尽可能避免来自外界环境的一切不良刺激,以养育身心健康的儿童。教师是环境的设计者,是利用环境因素来形成与培养幼儿良好行为的"工程师"。教师应当根据对幼儿行为与进步状况的观察来提供适宜的学习材料,与当天活动有关的材料应当放在显著的位置以吸引幼儿的注意。

(三)建构主义

以皮亚杰为代表的认知发展理论亦非常重视环境的作用。皮亚杰坚持从内因和外因相互作用的观点来研究儿童的认知发展,他认为儿童是在与周围环境相互作用的过程中，逐步建构起关于外部世界的知识，从而使其自身认知结构得到发展。

皮亚杰认为影响儿童发展的因素有四个，即成熟、物质环境、实际经验、社会环境的作用和平衡化。其中，平衡化是发展的最主要因素，"甚至是协调其他3种因素的必要因素"。因为，个体的认知就是通过同化和顺应的不断发展形成适应环境的状态，也就是一种平衡。同化是指把外部环境中的有关信息吸收进来并结合到儿童已有的认知结构（也称"图式"）中，即个体把外界刺激所提供的信息整合到自己原有认知结构内的过程；顺应是指外部环境发生变化，而原有认知结构无法同化新环境提供的信息时所引起的儿童认知结构发生重组与改造的过程，即个体的认知结构因外部刺激的影响而发生改变的过程。可见，同化是认知结构数量的扩充（图式扩充），而顺应则是认知结构性质的改变（图式改变）。认知个体（儿童）就是通过同化与顺应这两种形式来达到与周围环境的平衡；当儿童能用现有图式去同化新信息时，他是处于一种平衡的认知状态；而当现有图式不能同化新信息时，平衡即被破坏，而修改或创造新图式（即顺应）的过程就是寻找新的平衡的过程。儿童的认知结构就是通过同化与顺应过程逐步建构起来，并在"平衡—不平衡—新的平衡"的循环中得到不断的丰富、提高和发展。因此，他提出"教育的真正目的不是增长儿童的知识，而是设置充满智慧刺激的环境，让儿童自行探索，主动学到知识"。

总之，认知发展学派把幼儿看作积极主动的学习者，他们积极主动地探索周围环境，与周围环境中的人和事物相互作用，建构起自己对周围环境中的人与事物的认识与理解。即便是很小的婴儿，也是在不断努力地弄懂周围世界。例如，小婴儿躺在摇篮里，手偶然地碰到了系在摇篮上的绳子，绳子带动了绳子上方玩具的晃动，玩具发出声响。婴儿对这一现象感到惊奇，努力想去弄明白产生这一现象的原因。经过多次重复，他明白了其中的道理，于是他开始玩了起来，让有趣的事情再度发生。所以婴儿不是消极被动的学习者，等着别人来告诉他们"知识经验"。他们是积极主动的环境探索者，在与环境的相互作用中，自己去发现、形成与建构自己的知识经验。可见，儿童的生活就是儿童遗传的潜能展开于环境中进行的自我建构，是从本能的无意识逐步迈向有意识的。所以儿童的生活就是在环境中不断社会化、不断学习、不断完善的过程。

以上三种理论都强调了环境对儿童发展的影响作用。成熟主义强调的是环境对儿童发展的诱发作用；行为主义强调环境对儿童成长的外塑作用；建构主义强调的是儿童主体与环境客体间的相互作用，失去任何一方，儿童发展便不复存在。近年来，美国著名的心理学家布朗芬布伦纳用生态系统理论说明了环境与学前儿童发展的关系，并逐渐引起教育界的重视。他认为个体发展处在直接环境（养育环境）到间接环境（社会文化）之间的几个环境系统中，每一个系统都会通过一定的方式对个体的发展产生影响。各系统之间、系统与儿童个体之间发生交互作用，这种作用导致儿童不同的发展水平，儿童即是环境的产物，也是环境的生产者，幼儿发展的过程就是同环境系统相互作用的过程。这启发人们重视各环境系统对幼儿发展的影响，研究儿童与环境相互作用的各因素，为儿童的身心健康发展创造最优的环境条件。

二、教育环境对学前儿童发展的作用

环境不仅为个体成长提供物质基础和精神文明基础，同时，环境还是教育的一个组成部分，有教育的内涵，具有教育导向、培养塑造、激励和传播整合的功能。由于学前儿童的年龄小，他们还不具备主动、积极的环境选择能力、改造能力和抗争能力，甚至不具备动物幼崽那样的对环境的适应能力，所以为学前儿童创设适宜的环境就具有特殊意义。

教育环境对学前儿童有着巨大的影响作用。心理学家怀特指出："在促进幼儿期教育方面，最有效的做法是创造良好的环境。"著名教育家蒙台梭利也认为："教育的基本任务是让幼儿在适宜的环境。"我国《幼儿园工作规程》明确规定："环境是重要的教育资源，应通过创设并有效地利用环境促进幼儿的发展。"在意大利瑞吉欧教育中，环境被称为"第三位老师"，这形象地说明了环境的教育功能，正如马拉古奇所说："我们重视环境，因为环境有能力去组织、提升不同年龄的人之间的愉悦关系，创造出美好的环境，提供变化，让选择和活动能更臻完善。"可见，环境是儿童学习和成长的重要外部条件，既可能引发、维持儿童的积极活动，也可能限制或抑制幼儿的活动。因此，要明确学前教育环境的功能，重视学前教育环境创设，创设适宜于学前儿童发展水平和需要的环境，促进学前儿童在与环境的互动中进行自我建构和自主发展。

（一）环境为学前儿童的发展提供多种可能性

相对于其他物种，人类拥有一个比较长的童年期，这是一种待成熟、未完成的状态，具有"非特定化"的特点。儿童的这种状态和特点具有重要的意义，一方面，这种开放状态让儿童具有极高的可塑性，尽管学前儿童的"非特定化""看起来就像是人的一种不完善，但正是这种不完善、未完成、非确定状态表明人没有被限定，具有非限定性的可塑性，它使人具有普遍适应一切环境的潜在可能性"。学前儿童的可塑性意味着发展的可能性，而这种可塑性需要在环境中实现。另一方面，学前儿童这种"非特定化"特点决定了他们对自己生存的世界有着高度的开放性，学前儿童要更好地生存，必须根据环境做出合理的适应，对环境随机应变，即适应具体的文化、环境的要求，适应他所生长的社会文化环境。学前儿童的许多认识最初都是通过自身与环境的相互作用而实现对周围环境的感知。正如人类最初的劳动能力是环境的产物一样，学前儿童的各种初始能力，如自理能力、模仿能力、动作能力、语言能力、交往能力等的形成与发展，都必须依赖于环境的刺激。可见，环境对学前期具有特殊意义，为儿童的发展提供多种可能性，不同的环境"塑造"出学前儿童不同的个性特点。

（二）环境影响学前儿童的身体成长

环境直接影响儿童的身体成长，如自然生态系统平衡，良好的生态环境有利于儿童身心正常发育和教育的实施。如果空气污染、水土流失或自然环境恶化，都会影响儿童的身体健康，不利于学前教育的实施。

从儿童身体方面来看，儿童机体的可塑性很大，容易受到外界环境的影响。良好的生活环境、营养和保育，可使儿童的身体获得正常生长发育。研究发现，婴儿生活在压力过多和缺少爱的环境中会导致身体发育和动作发展滞后于正常的同龄儿童。如幼儿"剥夺性矮小症"，典型特征是身材矮小和生长速度变慢。究其原因，是由于幼儿的生长环境缺乏来自抚养者的爱和积极的关注，过多的情绪压力使幼儿易产生紧张心理，严重的情感剥夺影响他们的内分泌系统，抑制生长激素的分泌，从而影响他们的正常生长。一旦这些儿童离开这种生活环境，让他们在充满爱和关怀的环境中成长，他们的生长激素会恢复到正常水平，身体获得迅速成长。

可见，生活环境对儿童身体成长的作用不可忽视。蒙台梭利认为，对于新生婴儿而言，最好的环境就是父母本身。"母亲必须喂养子女，当她出门时不应单独将他们留在家中。儿童需要'营养'与连接母子间的'爱'，因为它们可解决儿童适应上的困难。"良好的生活作息制度、科学合理的膳食，能保证学前儿童的营养，使学前儿童养成有规律的生活习惯，进而促进学前儿童的生长发育。

（三）环境影响学前儿童大脑的发育

儿童出生后，由于环境的刺激，神经元会飞速发展并相互连接。大脑生成了大量额外的神经元和突触联系来接受人类从出生开始将经历的各种刺激。经常受刺激的神经元和突触，其功能和联结将逐渐固定下来，为将来的学习和生存做好充分准备。环境刺激对大脑发育的影响，从许多生活经验和研究中可以得到证实。奥斯汀·瑞森和其同事对在黑暗中成长的黑猩猩进行研究，发现在黑暗中生活了16个月的黑猩猩的视网膜和组成视神经的神经元已经枯萎。可见，在神经细胞系统发育尚不成熟时加以丰富的刺激会促进大脑的发展。生物基因提供了在正常情况下大脑发育的基本趋势，而在丰富的刺激环境中生活的早期经验在很大程度上决定了大脑的具体结构。把在丰富刺激环境中生活的动物放在缺乏刺激的环境中时，它们的神经元联结则会减少。

因此，儿童虽有从遗传而来的高度发展的大脑，但必须有外界刺激的诱发，才能使这些功能发生作用，日渐完善。外界事物对儿童的感受器官进行各种各样的刺激而引起大脑的活动，而后产生应答外部影响的行动。从生理学的角度来看，儿童掌握知识形成表象与概念、养成品德习惯等，都是大脑在外界环境作用下所形成的暂时神经联系。没有来自环境的条件刺激物，就不可能有儿童心理的发展。儿童心理发展的特征和特质是在与人们的交往以及周围环境的相互作用中发展和形成的，环境对学前儿童的发展，比其他年龄阶段有着更为重要的作用。

（四）环境影响学前儿童智力、情感、个性和社会性的发展

儿童自出生后社会化的过程实际上是从零开始，周围的一切对他都是新鲜的、有吸引力的。家庭及周围环境要密切结合儿童的生活和活动，经常地、广泛地去影响儿童，使他们最初获得的印象深刻，儿童就会从环境中受着自发的教育，而且儿童年龄越小，这种自发受教育的比重作用就越大。

如美国著名心理学家布鲁姆通过对近千人从出生一直到成年的追踪研究，他在《人类特性的稳定性与变化》一书中提出了早期经验与智力发展的科学假设：四岁前是智力发展最为迅速的时期，与十七岁所达到普通智力水平相比较，在四岁时就约有50%的智力，其余的30%的智力是在四至八岁获得的，最后的20%智力是在八至十七岁时获得的。

在学前教育中，应创设理解尊重儿童、保护儿童的个性、善于发现儿童的闪光点的精神环境，让儿童感受到自然、轻松和温馨。当儿童取得进步时，教师赞许的目光、鼓励的微笑、肯定的口吻、积极的评价等能使儿童对自己的能力充满信心，品尝活动过程中的快乐。儿童同伴间友好的情感交流，成人对儿童亲切和接纳的态度都是对儿童成长有益的心理环境，能让儿童产生安全感和信任感。而任何嘲笑、讽刺和挖苦都会造成孩子心理自卑、恐慌、退缩，不利于幼儿心理健康发展。

家庭，是学前儿童生长最自然的生态环境，对其健康成长非常重要。在日常生活中，儿童会潜移默化地受到家庭生活方式和家长言行举止的影响，进而形成自己的行为方式，而且这种影响可能延续一生。家庭环境中的各因素如家庭结构、家庭的居住环境、家庭的收入、父母的文化程度、父母的教育方式、家庭娱乐、家庭所处的小区环境和社会风气、家庭成员间的亲密度等都会影响儿童的成长，与儿童的社会性行为和心理健康状况存在明显的相关。如家长的教养方式就直接影响儿童的行为和心理，对儿童溺爱、放任、百依百顺会导致儿童形成任性、自私、蛮横不讲理、易怒、脾气暴躁的品行；而过分严厉、简单粗暴的教养方式会让儿童形成消极、残酷、冷漠的心理；父母对幼儿期望过高，干涉过多，也会导致儿童产生紧张、焦虑、压抑的情绪。

总之，社会的文化、道德、风俗习惯、人们的生活方式、人际关系、幼儿园的园风、教师的观念和行为、文化氛围、师幼关系、幼幼关系、物质环境创设、教具材料的准备等深刻影响着学前儿童智力、个性、情感和社会化的发展。儿童生活在安定和睦、融洽温暖、民主平等的气氛中，有助于其良好个性的形成；生活在紧张冲突、家长或教师与孩子处于不正常的沟通或无法沟通中的儿童，则会形成许多不良的社会特征。

（五）环境可以影响与控制学前儿童的行为

环境可以影响人的行为。如一个整洁干净的环境，具有抑制人随地乱扔废弃物行为的功能；而一个又脏又乱的环境则会助长人乱扔废弃物的功能。一个安静舒适美丽的环境，让人心情平静，心旷神怡，萌发美感；一个杂乱无章、吵吵闹闹的环境则让人心神不宁、心烦意乱。一个友好接纳的环境让人放松，感觉安全；一个不友好、排斥的环境让人心理紧张，焦虑不安。制订合理的制度可以帮助幼儿适应环境、在环境中获得安全感，没有制度会让孩子无所适从，产生不安全感；幼儿园丰富的区角材料能激发幼儿探索欲望，激起幼儿的学习兴趣，积极主动与环境互动，发现问题、解决问题。

三、环境对学前儿童的作用方式

环境对学前儿童发展有重大作用，其作用的方式具体有以下两种：

（一）显性的作用方式

显性的作用方式即根据学前儿童的身心发展规律创设教育环境，引导学前儿童与环境相互作用，环境成为教育的重要组成部分。例如，幼儿园为了某一主题或活动创设相应的环境，能吸引儿童去探索、思考，去参与实践；将环境作为课程的一部分，让孩子在与环境和材料的互动中获得直观的知识并感知世界，从而获得适应环境的能力；让孩子在参与环境布置的过程中发展自主感，形成积极和主动的行为方式。

（二）隐蔽的作用方式

环境作为一种"隐性课程"，潜移默化地影响学前儿童的身心发展、社会化发展以及个性发展，而且这种影响是深入而持久的。例如，环境创设会影响孩子的审美，长久居住在杂乱无章的环境中会让孩子思维混乱、注意力容易分散，进而影响孩子良好行为习惯和秩序感的形成。无论幼儿园还是家庭中，丰富而充足的设备，如图书、玩具材料等能激发孩子的学习兴趣；良好的作息制度会让孩子慢慢养成有规律的生活方式。学前教育环境的隐性作用在心理环境中更容易得到体现，如良好的家庭教育环境是孩子健康成长所必需的。反之，家庭环境不良，如家长对孩子的教育态度不一致，或父母、婆媳感情不和，常常争吵不休，则容易使孩子暴怒、忧郁。师幼互动、老师对待幼儿的态度会给孩子不同的感知体验，从而影响孩子的心理状态和精神成长。

第二节 幼儿园教育环境构成及其特点

环境是指个体生活于其中并影响人发展的一切外部条件。环境可分为大环境和小环境。大环境指"发展个体所处的总体的自然环境和社会环境"。这里的自然环境是指为人类的生存和发展提供基础的大气、水、土壤、植物、动物、微生物等物质因素，社会环境主要是指个体所处时代的政治经济制度、经济和科学文化发展水平、民族文化传统和教育制度及发展水平。小环境是指"与个体直接发生联系的自然环境与社会环境"。主要包括为个体发展提供的物质财富和精神财富，个体生存与周围世界发生的各种联系和事件，与个人发展相关的各种人际关系。

所谓教育环境是指以教育为中心，对教育的产生、存在和发展起着制约和调控作用的多维空间和多元环境系统。包括以教育为中心，结合外部的自然环境、社会环境和精神环境形成的教育生态系统，以特定幼儿园或教育机构为中心构成的教育体系内部的相互关系和以影响人的个体发展为主线的外部环境的不同层次。

学前教育环境是以学前儿童为中心，影响学前儿童身心发展的一切外部条件的总和。由于环境存在于一定的时空关系中，因此从时空结构的角度可将学前教育环境具体分为三个部分：家庭教育环境、机构教育环境（以幼儿园教育环境为主）和社区教育环境。而从环境的性质层面可以将学前教育环境分为物质环境、心理环境和制度环境。无论家庭的、机构的还是社区的教育环境，都包含物质、心理和制度三个层面。

一、学前教育物质环境的概念及其特点

（一）学前教育物质环境的概念

学前教育物质环境，指影响学前儿童身心发展的一切物质要素的总和，它是儿童生活、活动的物质条件与基础，如自然风光、动植物、空气、水、建筑、空间布局、装饰色彩、家具、玩教具和活动场地等。在适宜的物质环境中，学前儿童可以通过观察、操作环境中的物质材料，积累生活经验，提高认知水平，发展动手能力并养成积极的社会行为等。有研究表明，物质环境中活动材料过于贫乏，不利于学前儿童主动选择并做出决定，儿童探究操作的学习机会少，儿童间争抢、侵犯和破坏性行为会相对增多；但活动材料过于丰富也不利于学前儿童代替想象和想办法解决问题，在一定程度上减少了儿童发展的机会。例如，幼儿园活动室空间过于狭小，"单位面积内参与活动的儿童过多，易使儿童产生争执、争吵和打斗等消极行为"，而如果空间过于宽敞，则可能"儿童过少则不利于交往的发生"。因此，适度的物质环境对学前儿童发展才是最有利的。

（二）学前教育物质环境的特点

学前教育物质环境具有以下特点：

1. 基础性

物质环境既是儿童生存与发展的物质基础，也是学前教育的物质基础。俗话说："巧妇难为无米之炊。"据此可推，没有基本的物质保障，学前教育尤其是幼儿园等机构会寸步难行。除了有满足儿童基本生活需要的条件外，房屋、玩教具、图书、操作材料、活动场地等也是学前教育机构的基本物质条件。尽管物质环境不是决定教育质量的唯一要素，却是决定教育行为本身的物质前提。与教育环境中的其他成分相比，物质环境无疑是最为基础的。

2. 复杂多样性

能够对儿童的生长、发育产生影响的外界物质要素复杂、类型多样。

按照物质环境形成的维度，可以分为自然环境与人工环境。自然环境是指直接或间接影响学前儿童身心发展的一切自然形成的地域空间和自然条件，如环绕在儿童周围的河流山川、动植物、气候等。当前有许多国家如丹麦、美国等出现了森林幼儿园，无论天气如何，教师都鼓励、支持幼儿到户外、森林去游戏、探索，通过自然环境促进儿童身体、社会性、语言、科学探究等方面发展。人工环境指由人根据计划而设计的对儿童生活、行为产生影响的事物，如，幼儿园园舍、街道绿化、活动区操作材料等，这些环境创设的目标与教育者的教育目标一致。

按照物质环境存在的时间维度，可以分为动态环境与静态环境。动态环境与静态环境是相对的，像区角活动材料会随着孩子的兴趣和发展水平改变而发生变化，是一种动态环境；而幼儿园的园舍建筑、社区环境相对固定，对儿童的影响也相对稳定，是一种静态环境。

按照物质环境对儿童发展意义的维度，可以分为具有审美价值的环境与具有教育价值的环境。具有审美价值的物质环境，是指儿童生活其中，能够感受美、发现美，从而受到潜移默化的影响，提升其审美意识和能力；具有教育价值的物质环境，是指儿童在这样的环境中可进行主动探究、发现问题、解决问题，有益于其认知、社会性等方面的发展。

3. 可控性

学前教育物质环境是各类物质要素的总和，为了更好地促进儿童成长，作为教育者的成人可以对其进行有目的、有计划的设计、改变。因此，从这一角度来说，它是可控制的。家长、教师可以根据自己的教育观念、教育目的，有选择性地创设物质环境。如教师为了防止儿童在活动室里出现奔跑的行为，就可以通过玩具柜、书架将活动室隔开成几个小区域，以限制儿童在活动室的奔跑行为。

二、学前儿童心理环境的概念及其特点

（一）学前儿童心理环境的概念

学前儿童心理环境，也称精神环境，指学前儿童在其生活的环境中感受到、接受到的人与人之间的社会关系及社会信息，包括人际关系、教育观念、生活方式、政治、经济、文化、艺术、风俗习惯等。社会的政治、经济、信息从宏观方面对学前儿童发展产生间接影响。直接影响学前儿童发展的心理环境有亲子关系、师幼关系、同伴关系等人际关系，以及家庭生活气氛、幼儿园园风和组织文化等。

学前儿童的人际关系是心理环境的主要组成部分，是学前儿童成长的生态环境的基本内涵。布朗芬布伦纳提出的人类发展生态学模型认为，影响幼儿心理发展的主要是他们最为熟悉且直接体验着的"微系统"，包括由父母与子女组成的家庭环境和由教师与幼儿同伴组成的幼儿园环境，即由亲子关系、师幼关系和同伴关系所组成的学前儿童主要的人际关系。已有研究表明，亲子关系不仅影响学前儿童的探索、交往行为和责任心的发展，而且还影响同伴关系、师幼关系的建立；而平等和谐的师幼关系有助于促进学前儿童的心理健康，满足其心理需要，并形成良好的个性特征。

（二）学前儿童心理环境的特点

学前儿童心理环境具有以下特点：

1. 隐蔽性

心理环境主要体现为心理感受、精神氛围，是"看不见""摸不着"的，它往往隐藏在物质环境背后和人们的语言、行为之中，具有很强的隐蔽性，让人难以觉察。

心理环境不仅自身是隐蔽的，它对学前儿童产生的影响也是隐蔽的。《孔子家语六本》中说："与善人居，如入芝兰之室，久而不闻其香，即与之化矣；与

不善人居，如入鲍鱼之肆，久而不闻其臭，亦与之化矣。"这句话是说：与道德高尚的人生活在一起，容易受其影响，养成高尚的品德和行为，仿佛进入充满兰花香气的屋子，时间一长，就闻不到兰花的香味了，因自己本身被沾染上了兰花的香气；长期与素质低劣的人生活在一起，也容易受其不良影响，出现不好的品行，就像进了卖鲍鱼的市场，时间一长，也就不觉得鲍鱼是臭的了，因为自己也变得跟鲍鱼一样臭了。不管是沾染了兰花的香气还是鲍鱼的臭味，都因为环境中存在兰花与鲍鱼的气味，自己在不知不觉中受到了积极或负面的影响，这样的影响具有隐蔽性，令人难以察觉。学前儿童生活经验不足，难以辨别是非对错，易受环境潜移默化的影响，比如中国历史上"孟母三迁"的故事，就说明了周围人的生活方式、行为对儿童产生了重要的影响，而且这一影响在短时间内难以察觉，通常通过儿童已经习得的行为表现出来。

2. 影响的持久性

心理环境对儿童发展的影响具有持久性。例如，儿童时期家长、教师、同伴对待儿童的态度，不仅在童年时期产生影响，甚至对儿童今后的生活、学习产生长远的影响。有研究表明：在干涉型父母管教下的子女，一般身心发育迟缓，情绪不稳定，忍耐力差，爱推卸责任，而且依赖性强，缺乏远大的目标和理想；而溺爱型父母则易使孩子人格发展受阻，影响情绪发展，易动感情，缺乏独立性和创造性。再如，儿童与母亲的依恋关系，左右着他们对世界和他人的认识与预期，进而影响着他们与教师、同伴关系的建立，还会影响成年后的同事关系和夫妻关系。这是因为，有安全依恋关系的儿童，对他人和世界都有较高的信任，乐于探索世界，积极与教师、同伴互动；而没能形成安全依恋的儿童，缺乏安全感，对自己、他人和世界比较消极，不愿与他人互动，或在互动中处于被动地位。

心理环境因为其隐蔽性容易被教育者忽视，其对儿童影响的持久性使它显得尤为重要。亲子关系、师幼关系、同伴关系的失谐可能会带来儿童情感需要的缺失，影响儿童安全感的建立和心理健康，阻碍儿童社会化的进程。良好的亲子、师幼关系的建立需要父母、教师与儿童保持平等地位，敏感地捕捉到儿童的心理需求，理解、尊重儿童，关心儿童，积极地与儿童互动，营造宽松、舒适自由、愉悦的心理氛围。

三、学前教育制度环境的概念及其特点

（一）学前教育制度环境的概念

制度是社会组织中全体成员共同遵守的行事准则与要求。学前教育制度环境是指通过对学前儿童在一定时空内的活动、行为进行规范和要求，影响儿童感受和心理的相关制度与规定。学前教育制度环境主要体现为生活作息制度和日常行为规定。

生活作息制度是指对儿童一日饮食、睡眠、游戏、学习活动等的时间与顺序进行安排和规定。儿童的各部分器官与神经系统正处于发育重要阶段，无论在家里还是在教育机构，制订和执行合理的、有规律的生活作息制度，可以保证儿童身体不会过度疲劳，有足够的营养、充足的睡眠，这是促进儿童身体健康生长发育、进行学习活动的前提和基础。同时还可以指导儿童的行为，培养时间观念，养成良好的生活、作息习惯。

日常行为规定是指儿童在一日生活中必须遵守的行为规则。儿童从出生开始到走入集体生活，逐渐由一个自然人过渡为一个社会人，这是一个社会化的过程，是儿童掌握社会制度、行为规范，成为社会成员的过程，所以儿童的日常行为规范是必需的。儿童在家里、在幼儿园都必须接受一定行为规则的约束。

（二）学前教育制度环境的特点

学前教育制度环境具有以下特点：

1. 规律性

制度是生活在其中的儿童共同遵循的组织秩序和行为规则，规定了儿童在某个时间、空间需要做什么，不能做什么，需要长期坚持，日复一日地重复，并形成一定的规律。正是这种重复和规律让儿童知道自己在什么时候该干什么，在熟悉日常生活的同时产生安全感，进而有助于促进他们规则意识的形成，以更好地适应集体生活。

2. 相对稳定性

生活作息制度和日常行为规定一旦确定，就相对固定，然后要求儿童长期遵守并保持。如果确实需要更改，也是在执行一段时间后，对落实情况进行评估后，对其中不合理的部分进行删改。因此，制度环境与物质环境强调变化性不同，它需要相对稳定。制度、规定变来变去，"朝令夕改"，不仅让幼儿无所

适从，就连教育者自己也无法面对，还可能丧失自己的教育威信。

3. 规范性

制度既是对儿童行为的指引，也是一种限制与规范，要求儿童在相应的场合做出符合制度要求的行为反应。制度在规范与限制的同时，也带有一定程度的强制意味。制度确立了，不去遵守或执行，那就形同虚设，也就违背了制定制度的本意。有的父母会规定孩子每天看电视的时间不能超过20分钟，睡觉前不能吃东西。幼儿园里，老师要求饭前便后要洗手，午睡时要保持安静，不能讲话等。这些规定都是要求幼儿严格遵守的，没有任何"讨价还价"的余地，否则这些规定就形同虚设，没有实际效用。当然，学前教育的制度环境的强制性只是规范意义上的，是"温和"的，而非法律意义上的，因而制度与规定的制订要以不损害儿童基本权利、不违背儿童身心发展规律为前提。

值得引起注意的是，制度环境规范的是儿童的行为，并不是将儿童视为被动的客体来加以控制的。尽管成人是规则制订的主体，但儿童是规则理解与执行的主体，其对规则的感受自然不应该被忽视。教育者要让儿童在制度环境中感到自己处于主动地位，制度能够给自己带来利益，自愿地去理解、遵守和建构制度，而不是总处于被动接受，被限制、束缚。因此，无论是在家里还是在幼儿园，生活作息制度和行为规则的制订都应该让儿童参与。这既有助于儿童理解规则，主动执行相关规定，也有助于增强儿童的主体意识。

第三节 幼儿园教育环境的创设原则

学前教育环境创设的原则是指在创设学前教育环境时应遵循的基本要求。环境是重要的教育资源，应通过环境的创设和利用有效地促进幼儿的发展。当然，不是所有的环境都能有效地促进学前儿童发展的，为了达到这一目的，创设学前教育环境时应遵循以下几个原则：

一、安全与健康原则

这一原则是依据学前教育对象的身心发展特点和学前教育的特性提出来的，它既是指导整个学前教育的准则，也是学前教育环境创设的基本原则。这一原则居于所有原则之首，更是突出了幼儿安全、健康的重要性。幼儿园必须把保护幼儿的生命和促进幼儿的健康放在工作的首位,从而使幼儿的安全、健康保障成为一种前提条件。

安全与健康是儿童生存与发展的前提,学前儿童因为年龄小,缺乏生活经验,自我保护意识和能力较弱,因此,在创设学前教育环境时,首先必须保障学前儿童的安全与健康。

（一）保障学前儿童的身体安全与健康

新鲜的空气,纯净的水,舒适、温馨的建筑装饰,充足的绿化面积等,不仅美化了生活环境,为学前儿童的健康成长提供了重要的物质基础,还为儿童提供探索学习的机会。学前儿童经常进行跑、跳等剧烈活动的户外活动场所,要以泥土、沙地、草地为主,既经济又适用;器械设备、玩教具等不仅要丰富多样,还应该进行定期的检修维护、清洗消毒,以免发生威胁儿童安全与健康的问题。在幼儿园,还存在房屋安全、接送安全、饮食安全、游戏安全、活动安全等方面的保障问题。幼儿园应建立安全制度,同时与家庭合作,共同营造能保障幼儿人身安全的成长环境。

（二）保障学前儿童的心理安全与健康

学前儿童是处于发展中的个体,是被保护者,作为学前儿童的教育者,有责任和义务为他们创设一个安全、平等、和谐的积极型人际关系。学前儿童的心理安全与健康需要这样的人际关系。

首先,通过建立良好的亲子关系,创设有利于学前儿童心理安全的家庭教育环境,促进学前儿童的心理健康。研究表明,那些感受到被父母接受的儿童,更容易表现出社会需要的行为,情绪稳定,兴趣广泛,富有同情心等。因此,父母要理解并尊重自己的孩子,认真倾听并接纳孩子,树立正确的教养态度和教育观念,多肯定、鼓励他们,只有这样才能保障学前儿童心理健康发展。

安全感是幼儿学习的重要前提,而一个接纳、鼓励的心理环境能让孩子在各种活动中得到肯定和满足,产生愉快和自信的情绪体验,进而对孩子的心理和行为产生积极的影响。作为父母,应给孩子更多的鼓励和支持,更多的理解和宽容,从孩子的眼光和角度去理解孩子,才能给孩子的成长提供一个宽松和愉悦的心理环境,让孩子有安全感。

幼儿园也是学前儿童生活的重要场所,同样要为幼儿营造一种安全与健康的心理环境,其中,建立平等的师幼关系是关键。研究表明,那些与教师形成了平等、积极的情感关系的儿童，往往对同伴也更友好，更爱交往，更容易为同伴所接受，更少出现退缩行为，对同伴也更少出现敌意和攻击性。因此，幼儿园教师应该热爱、尊重和理解儿童，创设一个宽松、民主而又积极向上的教育环境，使儿童保持轻松愉快的心境，使儿童的心理得到健康的发展。

二、目标导向性原则

环境不只是一种漂亮的外观，还应该具有教育的内涵，体现一定的教育目的，能够引发对儿童成长有益的行为，避免"盲目"创设。因此为学前儿童创设环境时，要进行精心的设计和准备，充分发挥环境的教育目标导向作用，引导儿童在与环境互动的过程中朝着有利于其长远发展的方向发展。

目标导向性原则要求幼儿园运用如下两种方式创设环境：

（一）在教育目标指引下创设环境

这种方式即将教育目标、教育内容隐含在环境中。在创设学前教育环境时，必须明确环境创设所要达到的教育目的，以教育目标为依据创设各类教育环境，把促进学前儿童全面发展的教育目标落实到月计划、周计划、日计划及每项具体活动中，体现在所创的环境中，使环境有一定的教育主题。如结合十月一日"爱祖国"主题活动，可让儿童搜集祖国各地名胜古迹、风景图片贴在墙上。

（二）通过环境引发儿童的学习与发展

这种方式即通过改变提供的环境材料来引导儿童做出符合我们期待的行为。例如：在儿童玩球的游戏中，如果想让儿童练习拍球的技能，就需要给每个儿童准备一个球；如果想让儿童学习分享、轮流与等待，就让2～3个儿童玩1个球比较妥当。再如，某幼儿园将原来的绘画纸换成大开的，就出现了2个或3个幼儿在一张纸上合作绘画的情况。再如，在家里，家长如果想要培养学前儿童喜爱阅读的习惯，就不能自己经常看电视、玩电脑游戏，而是设立一个舒适的阅读空间，每天一家人在一起阅读。

三、适宜性原则

适宜性原则是指学前教育环境要适应学前儿童身心发展的需要，既要与学前儿童身心发展水平相适宜，又要促进学前儿童的可持续发展。这一原则可从三个方面来理解：

（一）环境要适应不同年龄、不同发展需求的儿童的需要

学前教育环境创设要考虑不同年龄段儿童的身心特点，在材料的种类、数量和教育心理气氛等方面要满足儿童不同的发展需求，让他们在原有的基础上都获得发展。例如，为小班幼儿提供玩具时，玩具种类不必太多，同一种玩具数量要多，以满足他们喜欢模仿、平行游戏的需要；为大班幼儿提供玩具时，种类要丰富多样，更多地提供半成品或者废旧物品，给孩子提供亲手制作玩具的机会，以发展他们以物代物的能力，培养他们的创造意识。

（二）考虑儿童需求变化、教育主题内容及季节因素，对环境进行适度更新

儿童对环境的需求是变化的，教育主题也在不断更新，此外还有季节、节日等因素，鉴于此，学前教育环境尤其是物质环境不能一成不变，需要每隔一段时间就对现有环境进行重新评估和修改，以适应这些变化。可以说，发展适宜性的环境也是动态的、有一定变化性的环境。

（三）发挥环境的可持续发展价值

1992年联合国环境与发展大会通过的《21世纪议程》强调："环境教育要重新定向，以适应可持续发展的需要。"这给了我们一个启发：学前教育环境创设不能只顾眼前，要考虑儿童的长远发展和教育的良性发展。以往的环境创设，更多的是成人站在自己的立场上，凭借自己的审美观、好恶感等去创设，结果看似是"美观"的环境创设出来了，却跟儿童发展和教育关系不大，不能为儿童提供可持续发展的动力。例如，谁都知道幼儿喜欢玩追逐游戏，可某幼儿园为了美观，同时也为了幼儿的安全考虑，对本园户外环境进行园林化改造，将本来开阔的活动场地分割成了假山、水池、灌木、花丛等，结果环境看似"美"了，似乎也安全了，却使幼儿失去追逐的乐趣，实属不适宜的环境创设。

现在，提倡让儿童积极参与环境创设，多投放低结构的材料等，这些主张很好地体现了可持续发展教育的思想。例如利用废旧的泡沫、纸盒、草绳等创设的"地球"和利用废旧瓶子、包装创设的超市。其实，用这些废旧物品创设环境比购买成品更能体现可持续发展教育的要求；在儿童发展方面，能多给儿童一次设计、制作的活动机会；在教育发展方面，既让可能成为垃圾的材料重新得到利用，又节省了经费开支，而节省下来的经费还能做更多的事情。既然能实现这么多的价值，何乐而不为呢？

四、丰富多样性原则

幼儿园对儿童实施的是全面发展教育。满足儿童生活、学习、社会性等多方面发展的需要，是儿童身心健康发展的前提与条件。不同的环境，对儿童产生不同的刺激、反应，因此创设学前儿童环境，必须遵循丰富多样性原则，来促进学前儿童多方面的发展。幼儿园应为幼儿提供健康、丰富的生活和活动环境，满足他们多方面发展的需要，使他们在快乐的童年生活中获得有益于身心发展的经验。

传统环境创设重点在于感官、认知，较少甚至忽略身体、审美、社会性发展等方面。现在的环境创设要满足儿童全面发展的需要，既要考虑到儿童处于发展变化中，其兴趣、需要会发生变化，还要考虑到儿童间存在个体差异，因此，提供的环境材料要充足、丰富、多样，并及时更新，促进幼儿在体智德美诸方面全面、和谐发展。如幼儿园班级中，既要有供男孩子选择的材料，也要有供女孩子选择的材料；既要有供艺术型孩子选择的材料，也要有供数学逻辑型孩子选择的材料。

五、开放性原则

开放性原则是指创设学前教育环境时，考虑环境的使用者是幼儿，在环境的空间布置和使用规定上方便学前儿童，有利于学前儿童的自主选择，最大限度地让学前儿童与环境相互作用，并让学前儿童走出去，使学前儿童与社区教育环境的关系更加密切，充分促进学前儿童的学习发展。

由此，开放性原则包含两个层面的意义：

一是指为学前儿童创设的环境应有利于学前儿童积极主动地开展活动，而不是限制学前儿童的学习，如：材料摆放的位置要让学前儿童能拿到，使学前儿童产生亲近感；活动空间开放，至少应是半封闭的，使学前儿童产生亲切感；学前儿童需要利用的时候不会受到限制，有利于学前儿童的动手操作等。有的幼儿园的玩具或材料都是锁起来的，平时不让孩子玩，只有在规定的时间才发给孩子；还有的幼儿园班级环境基本上都是供幼儿"看"的，没有让幼儿操作的，凡此种种，都在限制幼儿的学习，是不正确的做法。

二是幼儿园、家庭的环境创设应与社区教育环境结合起来。家庭的环境创设要与幼儿园的教育要求相结合，也要将社区环境充分地有机结合；幼儿园要利用家庭及社区的环境开展教育活动，并发动家庭、社区创设所需要的教育环境，从而创设幼儿园教育的整体"大环境"。例如，在幼儿园，教师要求幼儿将垃圾扔进垃圾桶，可是回到生活的小区，却没有设置垃圾桶，那么幼儿自觉把垃圾扔进垃圾桶的这一良好行为习惯的培养可能会受到影响。于是，需要幼儿园与生活小区管理单位沟通，或由家长与社区积极互动，设置垃圾桶，使环境对幼儿的影响保持一致。

六、因地制宜原则

因地制宜原则是指学前教育环境创设时要考虑不同地区、不同条件幼儿园、家庭社区的实际情况，是对学前教育环境创设的地域性和个性化的要求，具体指：

（一）学前教育环境应与当地经济发展水平相宜

学前教育环境追求的是与儿童发展相适宜，自然、实用，而不是一味追求高档、豪华、阔气。在物质水平上，与当地的经济发展水平相当或略高即可。千万不要攀比，杜绝浪费。幼儿园、家庭和社区在教育环境创设时均应遵循这一要求。

（二）利用当地的自然条件和文化资源创设环境

学前教育环境不应完全照搬，而是根据自身的情况创设环境，使环境创设体现一定的地域特征，从而体现一定的个性。例如，城市幼儿园环境创设可以突出城市生活气息，乡村幼儿园不必照搬城市幼儿园的做法，可以有自身的特色。同样，山区的幼儿园与滨水的幼儿园的环境也不可能一样。这就需要幼儿园在创设环境的时候，充分利用自己所在地理位置的自然条件，多用当地的各种资源来进行。学前儿童家庭教育环境创设也应充分考虑儿童个性与发展需要，创设适宜的环境。

第四节　幼儿园环境的创设及评估

一、幼儿园心理环境的创设

平等、和谐、愉悦的心理环境，是激励幼儿与周围的人、事、物相互作用的保证。心理环境既是进行学前教育的前提条件，也是一种有效的教育方式。幼儿园心理环境创设的要求如下：

（一）创设优美、整洁的幼儿园物理环境

优美的外在环境能够让人心情愉悦，心旷神怡。当一个人心情愉快的时候，更容易做出利他的行为，而幼儿在情绪良好时也更乐于做出更多友好的举动。从这个意义上讲，为使幼儿健康地成长，顺利地完成社会化进程，家庭和学校应该给幼儿提供一个优美、清洁的环境，让他们感受到舒适和愉悦，从而增加他们的亲社会性。

创设优美、整洁的幼儿园物理环境包括两方面要求：首先，应该符合安全、舒适、卫生、实用等特点；其次，在环境的布置上应做到绿化、美化、净化、儿童化和教育化。例如：保证幼儿园建筑的安全、可靠；园内儿童接触设施的卫生和整洁；园内设备和材料的丰富多彩，能满足不同学前儿童的不同需要和多种需要；活动室应宽敞明亮，布置上要体现立体化、平衡化和动态化；各种知识之间、知识与技能之间、教师空间与学前儿童空间要相对均衡；环境布置的内容要随教学内容、季节特点的变化而变化等。

（二）创设幼儿园教师之间和谐的工作氛围

良好和谐的交往氛围是幼儿园心理环境创设的灵魂，幼儿园中教师之间的人际关系会直接影响到幼儿园的心理环境。

幼儿园应当创设一种尊重、信任、关心、积极向上的工作氛围，对全园教职工会产生强烈的感染力，形成同志之间团结、友爱、理解、体谅、互助、和谐的氛围。幼儿生活在这样的氛围中，也有利于其亲社会价值观的获取和亲社会行为的习得。这是创设幼儿园良好的心理环境必不可少的基础。

（三）建立安全、温暖、互相信任的师幼关系

师幼关系良好时，幼儿都乐意接受教师所施加的影响，甚至带有一种盲目性；而师幼关系恶化时，即使教师所施加的影响是正确的，幼儿也可能会拒绝接受。师幼关系的好坏对教师的教育成效与幼儿的心理成长至关重要。

良好的师幼关系是平等、民主的。教师关心幼儿，幼儿热爱教师，这种友好积极的人际氛围，不仅提供给幼儿自由的发展空间，而且使之获得宝贵的人际交往体验，真正地感受到来自没有亲缘关系的他人的关爱，从而形成对社会的信任，建立积极的社会价值取向，为以后进一步适应社会奠定良好的基础。良好的师幼关系也会促进师幼之间的互动，为幼儿学习亲社会行为创造更多的机会。同时，教师应为幼儿创设有效的情境，创设平等、友好和互助的课堂氛

围，运用一些教学手段和强化策略，诱导幼儿在合作解决问题中体验到成功和快乐，并学会分享这种快乐。

（四）建立学前儿童之间良好的同伴关系

良好的同伴关系有助于学前儿童正确认识自己，理解、关心、帮助他人，学会如何坚持自己正确的主张，以及在平等的基础上协调各种关系，尤其对培养儿童分享、公正、好感等社会性行为方面有着特殊的意义。

在幼儿园里，教师的教育方式是影响儿童建立良好同伴关系的重要因素。教师积极组织开展集体活动，创造自然的学前儿童之间相处的机会，同时采取民主的、科学的教育方法，培养儿童如何尊重别人和进行协商、友好互助的精神。在日常学习和生活中，教师可以有意识地创设一些亲社会场景，让幼儿身临其境，在真实的生活环境中体验助人和被助、爱人和被爱、合作与分享的快乐。

二、幼儿园物质环境的创设

幼儿园物质环境是一个幼儿园办园理念、教育理念的固态表现，为更好地完成其教育功能，就必须科学划分、合理利用幼儿园的空间。当前，人们对环境教育功能的认识逐渐提高，环境创设的自觉意识不断增强，物质环境效用的发挥程度越来越高。

（一）室外环境的创设

幼儿园环境教育功能的实现有赖于幼儿在这一环境中的活动，有赖于环境中蕴含的各种积极、有效的刺激，也有赖于环境的可操作性。室外环境对于幼儿的成长与发展有着如此巨大的潜在作用，人们开始在时间与资金上给予室外环境的创设以越来越多的空间与更大的关注。

1. 室外环境创设的意义

室外环境是幼儿室外活动的场所，没有室外活动场地的幼儿园是不符合规范的。《幼儿园工作规程》规定：在幼儿园，幼儿每日室外活动的时间不得少于2小时，寄宿制幼儿园不得少于3小时，高寒地区、高温地区可酌情减少。

幼儿在室外活动，可以经常接受空气的温度、湿度、气流的刺激和阳光的照射，呼吸新鲜的空气，能增强对外界环境的适应能力，加强机体的新陈代谢，促进生长发育。幼儿在室外奔跑追逐、攀登钻爬跳跃，使身体的基本活动能力得到锻炼，可以提高身体活动的协调性灵敏性、柔韧性等。幼儿在室外可以亲近大自然，认识周围的自然环境。新建的幼儿园在建筑设计时，就应该留出足够多的室外活动场地。

2. 室外环境的构成

我国幼儿园室外环境一般可以划分为三大区域：集体活动区、器械设备区和种植养殖区。

集体活动区主要供幼儿集体做操、上体育课、进行各种体育游戏，这就要求场地宽阔平整。器械设备区要能放置各种大、中型体育活动器械与设备，如滑梯、秋千、平衡木、爬网、跷板、攀登架等，以供幼儿练习与发展基本动作，锻炼身体活动能力。种植养殖区一般供幼儿种植蔬菜、花草，喂养一些小动物。

3. 室外环境的创设需注意的问题

室外活动环境是一个小空间、大自然，可以给幼儿提供丰富、立体、多层次、多角度的大教科书，可以满足不同幼儿多种发展的需求。所以整体环境应在变化中有统一，能够达到自然和谐为最高境界，做到曲直搭配、高低错落、难易结合。在可利用的空间中，设置成品、半成品及原始材料，为不同年龄段和不同发展层次、发展要求的幼儿提供可选择的余地。

（1）地面

室外环境是幼儿进行奔跑、跳跃、攀登等较剧烈运动的场所，因此，室外环境的创设首先要注意地面的安全适用。一般来说，地面以坚实平坦的土地、沙地、草地为宜。这种地面可以减少跑跳活动对脑部造成的震荡，同时比较安全。在北方地区，雨水较少，且土壤含沙量高，渗水性强，因此幼儿园室外活动场地以坚实平坦的土地为宜，既经济实用又安全；南方地区雨水多，土壤黏性大，渗水性差，因此需要对自然的地面进行改造，如铺塑胶场地，但费用较高。一般来说，水泥地面过于坚硬，不适合作为室外活动场地的地面。

（2）器械设备

体育器械除促进幼儿肌肉功能的发展外，还可以锻炼幼儿强健的体魄和矫健、灵活、机敏的身手。因此，在选购器械设备时，必须注意设备的安全、坚固耐用和可变组合。同时也应以刺激幼儿进行探索、发掘和体验作为大前提。有些年轻父母对幼儿溺爱和过分保护，以致很少让他们接触一些天然的物料，如沙、水、落叶、石子、泥土等，甚至推、拉和上下梯级等活动机会也不多。选用器材时，需兼顾幼儿的多种感官训练和肌肉功能的发展。

（3）游戏场地

幼儿园的游戏场地，应当在促进动作和运动能力发展的同时促进幼儿智力的发展，尤其是想象力、创造性的发展。首先，场地中的设备和器械应由多种材料，如木头、塑胶、绳铁等制成，能给幼儿多种感知觉体验。其次，室外设备应具有多功能性，可供攀、蹬、钻、爬、跑、跳、平衡、投掷等，促进全身性动作的发展。组合性运动器具、球类、平衡板等都是极好的设备。再次，游戏场地中除了有固定组合的设备器械外，还应当有幼儿能根据自己的想法来玩的各种小型设备和材料。游戏场地各部分和各种材料可启发幼儿的想象力，幼儿可以进行各种假想的游戏，有助于幼儿在任意组合中尽情想象，并在想象中进行变化游戏，培养创新意识。

（4）绿化

室外环境要进行适当的绿化，一方面可以美化环境，改善幼儿园的小气候；另一方面为室外活动场地遮阴，使幼儿在雨天也能到室外活动。园内的花草树木还是幼儿认识大自然的直观教具。

幼儿园的绿化包括铺设草坪，设置由较为高大的常绿树形成的绿墙和由较矮的常绿灌木丛形成的绿篱，既起到了绿化、美化的作用，又可挡风、隔音及分隔空间，还可以在空地的正中或道路的两侧设置花坛。由于目前幼儿园室外场地面积有限，还可以利用走廊、窗台、室外墙边、墙壁放置一些盆花、花箱、花槽或种植一些攀缘植物或垂吊植物进行垂直绿化，为幼儿园增添绿色和生机。

（二）室内环境的创设

在幼儿园内，幼儿一日活动的大部分时间都是在室内度过的，室内环境规划尤其重要。幼儿园的室内环境，一方面应具有观赏性，生动有趣、富有美感的环境可引起幼儿的视觉兴奋，引发幼儿的喜爱、兴趣；另一方面，幼儿园的室内环境不能只局限于幼儿的视觉感受，还应让幼儿充分地与环境相互作用。

1. 室内环境的意义

幼儿园的室内环境，是一个有规划且多样性的学习环境，幼儿能够在这里依照自己的兴趣、能力与发展阶段，有效地且有系统地完成学习活动，或达到某一学习目标。好的室内环境，有利于幼儿按照自己的能力和兴趣，自主地选择区域、玩具和伙伴，主动进行游戏活动、探索活动和交往活动；也有利于教师更好地观察幼儿，更好地组织班级活动，促进师幼良好的互动。

2. 室内环境的结构

环境的结构是环境各部分之间形成的相互关系与联系，对空间有计划地安排与利用。室内环境一般包括活动室、睡眠室、盥洗室以及楼道、走廊等。

3. 室内环境创设需注意的问题

对设计幼儿园的室内学习环境而言，安排空间和选择材料是最为重要的。创设良好的室内环境，是幼儿园教师的重要任务。

（1）活动室设计与空间利用注重适宜性

足够的空间是幼儿在室内开展各种活动的必要条件。研究表明，过于拥挤的环境有可能增加幼儿的攻击性行为，减少幼儿的社会性交往活动，使观望、不主动参与活动的幼儿人数增加。为了使活动区能被清楚地识别，它们之间应有明确的分隔物，可以利用各种玩具柜、书架、地毯等现有设备作为区域屏障或分界线。划定每一角落的范围可以协助幼儿遵守规则。作为分隔物的橱架的高度和间隔，应尽量以不阻碍成年人的视线为原则。这样可以使教师视野广阔，无论站在活动室内的哪一个角度，都可以看见在每个活动区幼儿的活动情况，以便在幼儿有需要时能够及时给予辅助。

活动室内的"交通路线"力求畅通无阻，避免儿童在如厕、变换区域、取水时产生拥挤、碰撞等情况。室内每一设备的安排或玩具的摆放，应尽量以方便幼儿取用和走动为原则。每组桌椅的距离不可太近，桌椅橱架之间须预留约0.6米宽的通道，以便幼儿走动或取用玩具。桌椅也不要以"之"字形摆放，这样会使幼儿难于走动和容易碰撞。

（2）设备材料注重样式和功能的多样性

在一所园所或一个班级的设备中，应尽量兼有木制品、金属制品、竹制品、棉制品、草制品、泥制品、塑料制品、玻璃制品和陶瓷制品。它们可以有不同的大小、长短、轻重、形状、颜色、数量、质地以及易碎的和不易碎的、传热的和不传热的、变形的和不变形的、粗糙的和光滑的、透明的和不透明的、沉的和浮的等。室内玩具材料要能够发展儿童各领域智力，适合不同兴趣和能力倾向的儿童的需要，供全班每个儿童自主选择和探索。设备多维度的特点可以让儿童在长期的与环境的相互作用中了解而获得相关的经验。

（3）墙面环境注重可操作性

墙面环境的可操作性可以从两个方面理解：一方面，墙面环境应适合幼儿的发展水平，从幼儿的知识经验及理解水平出发设计相关环境，使环境可引发幼儿以往的知识经验与当前环境的联系，并引发幼儿其他领域的相关知识经验与当前环境所涉及的知识经验之间的联系，即引发幼儿内在的相互作用；另一方面，墙面环境应是开放的，不是固定不变的，幼儿可以随着学习活动的变化、知识经验的增长对墙面环境进行充实、组合。

墙面环境的布置有三方面的内容：一，与活动主题相结合，是主题教育的背景材料，也是主题活动过程和结果的展示；二，区域活动的标志功能；三，在主题背景、区域以外的墙面或玻璃窗户上，贴上一些饰物。上述内容均具有三个功能，即教育功能、发展功能和审美功能。

需要着重指出的是，环境的设置应考虑幼儿活动的实际需要与效果。不只是让教学、生活用品陈设有序，而且要考虑幼儿的接受程度、需要以及使用是否方便，必须以能方便地观察幼儿的内在需求和身心发展为依据。另外，保持环境中的秩序固然重要，但环境是具生命的、动态的，绝不要僵化对秩序的要求，使环境成为静态的陈列室。如果环境的设备、布置皆已妥善、完美陈列，幼儿却没有自由选择工作和反复练习的机会，则所有设计一切为零。

当前幼儿园环境创设的一个发展趋向，就是在幼儿的生活中创设一种室内—室外环境，为幼儿提供一种介于室内经验与室外经验的过渡性经验，这对于幼儿的发展将有着非常重要的意义。把室内环境与室外环境融合在一起的例子有很多，比如：一处可以藏身的门廊，当天气变冷时还可改为活动室；一处设计漂亮的院子；一块特殊有趣的储藏区等。这种室内—室外环境，在幼儿不断扩大的生活范围内为幼儿提供了另一个成长与发展的方面，具有非常重要的心理学意义。

三、幼儿园环境创设的评估

（一）幼儿园心理环境的标准

幼儿园心理环境的创设是比较复杂的，评价一个幼儿园是否具有良好的心理环境，具体可参照以下几方面的标准：

（1）教师能满足学前儿童的各种合理需要。

（2）教师能体谅和容忍学前儿童的所作所为。

（3）教师能民主、平等地对待学前儿童。

（4）教师能对学前儿童表现出种种支持的行为。

（5）教师能以平等的地位参与学前儿童的活动。

（6）教师能为学前儿童提供发挥其创造力的机会。

（7）幼儿园的各项活动能适合学前儿童的年龄特征和个体差异。

（8）幼儿能对游戏和教学活动进行优化整合。

（9）教师能利用集体活动的机会帮助学前儿童建立友好的伙伴关系。

（10）教师能将正确的教育观念转化为实实在在的教育行为。

（二）幼儿园室外环境的评估

对幼儿园室外环境进行评估的具体内容应包括以下方面：

（1）大门的门前通道是否为变向道？

（2）每位幼儿是否平均拥有2平方米的室外活动空间？

（3）室外庭院是否栽植花草树木，并避免假山、喷水等非自然的建筑物？

（4）园所附近是否有公园或儿童能够观察、探索的自然环境？

（5）室外活动区的规则是否便于监督？

（6）活动器材是否结实耐用而且比较安全？

（7）活动器材的安装与维修是否正确？

（8）活动器材的规格大小是否适合幼儿的年龄特点？

（9）地面是否为软性质材料？

（10）日照区和阴影区是否均衡？

（11）是否有半开放、加顶的室外活动区，以利于雨天的室外教学活动？

（12）是否有多种体能设备，供不同身心发展水平的幼儿使用？

（13）是否有爬杆、平衡木、梯子等设备，帮助幼儿发展协调能力？

（14）是否能提供工作——娱乐性质的活动（如艺术、园艺以及科学小活动）？

（15）是否为沙水游戏、车轮游戏、角色游戏、结构游戏提供各种便利的工具？

（16）室外环境的设计是否能同时容纳大量的幼儿？

（17）游戏区域是否相互干扰？

（18）室外环境是否给人以美观愉悦的感受？

（19）是否有一个室外储存室，使儿童能自动放回可移动的运动器材？

（20）活动场地的排水是否良好？

（三）幼儿园室内环境的评估

对幼儿园室内环境进行评估的具体内容应包括以下方面：

（1）桌椅、鞋柜、教具柜等儿童日常用品是否符合幼儿的身材、尺寸，并且具有易清洗、易擦拭的特性？

（2）窗户的高度是否能让幼儿看到室外？

（3）空调、采光的设备是否完善而不致影响幼儿身心发展？

（4）盥洗室中的洗手台、马桶是否符合幼儿的身材？数量是否足够使用？

（5）全园是否有较大的空间，足够容纳进行集体活动？

（6）教室的地板是否适合幼儿坐卧？

（7）是否具备五大教学区？各区是否提供了适量、适龄的教具和玩具？其活动分隔线是否明确、顺畅？

（8）各区教具是否井然有序而且不拥挤地用托盘或篮子陈列在教具柜上？

（9）各区所陈列的教具，幼儿是否可以随手取拿并知道如何归位？

（10）是否有自制的、符合本土化的文化教具、语言教具？

（11）教室内是否有一个能让儿童安静独处的地方？是否购置了靠枕或软垫？

（12）是否设有符合幼儿使用的清扫用具（包括防水网兜），并具备明确清楚的放置位置？

（13）教室的墙壁上是否挂有幼儿伸手可及、平视可见的书和实物、实景的照片？

（14）教室内是否有温度计？是否经常保持20℃～26℃？

（15）是否有安静、整洁的学习区及区隔使用？

（16）幼儿的盥洗用具、毛巾挂钩、置物柜是否贴有名字？

（17）是否具有中华民族色彩的东西，帮助幼儿了解自己的生活环境，并有其他不同种族的东西，能培养幼儿的世界观？

（18）是否备有益智玩具（积木、拼图等）供幼儿在等待家长时使用，并须有篮子和盘子盛装？

（19）是否设有幼儿美术作品的陈列处？

（20）教室内是否有植物、精装的桌巾、饰物、图书等室内装饰，让幼儿感觉到家的温馨？

第六章 幼儿园的教育活动

第一节 幼儿园的教育活动概述

一、学前教育活动的概念

1996年，国家教委颁发《幼儿园工作规程》，其中将幼儿园教育工作的组织形式称为"教育活动"，明确提出"幼儿园的教育活动应是有目的、有计划引导幼儿生动、活泼、主动活动的，多种形式的教育过程"。从此，在幼儿园，"教育活动"这一概念逐步取代了"上课"和"作业"。

随着皮亚杰认知发展理论、维果斯基社会交往论的提出，以及High/Scope课程、瑞吉欧方案教学等课程理论与实践在全世界的传播，学前教育活动的概念与内涵得到了进一步发展。

活动是儿童生存和发展的方式，活动和发展是同一过程中的两种进程，儿童通过活动才能够获得发展。学前教育活动是学前教育的基本形式，也是学前教育课程的实施载体，它是以儿童为主体，在教师创设的以适合儿童身心发展需要和特点的环境及情境中，引发儿童积极参与、主动探索并大胆表现的教育活动系列，旨在促进儿童全面、健康、和谐、整体的发展。从广义上讲，学前教育活动包括了一切具有教育因素的各种活动，即生活活动、游戏活动、教学活动和其他类型活动。

由"上课"发展为"教育活动"，是教育观念的转变。其目的是纠正传统教育过分突出"知识中心""教师中心""课堂中心"，力图指向"经验中心""儿童中心""活动中心"。

二、学前教育活动的特点

(一) 主体性

学前教育活动是主体的活动。在学前教育活动中，儿童和教师处于平等主体的地位，他们相互尊重、互动交流而实现精神沟通。儿童与教师之间"你—我"的关系，建立在人格平等、相互尊重的基础上。这决定了学前教育活动不是知识的传授，而是情感与精神的交流，是通过师幼倾听、对话与理解达到启迪儿童智慧、提升儿童理性的目的，同时教师也与儿童一起共享生命的意义。根据埃里克森个性发展阶段理论，3～6岁儿童发展的主要任务是发展自主性和主动性。每个幼儿都是独一无二的生命个体，学前教育活动的根本使命就是唤醒、弘扬和发展儿童的主体性。学前教育活动以儿童为中心，强调儿童的主体作用，但不放任儿童。由于学前儿童是处在发展过程中不成熟的主体，选择与判断能力差，其主体性受身心发展的未成熟性制约。因此，表现出来的是一种半独立的实体在一定的监护引导下发挥出来的有限主体性。这就使得学前教育活动需要成人的帮助与指导，发挥教师的主体性。教师是儿童学习的指导者、合作者、促进者，儿童是经验加工的主体、是学习的主动建构者。

(二) 整体性

处于学前阶段的儿童，身心发育还不成熟，认知、情感和社会性等各方面有机地交织在一起，发挥着整体功能。学前儿童认识事物、获得经验的过程以及由此而引起的能力和倾向的变化过程，也具有整体性。他们总会调动自己所有的感官去认识和体验世界。学前儿童综合性、整体性学习的特点决定了学前教育活动整体性的特点。儿童的发展是一个整体，要求学前教育活动充分协调多种教育资源，利用多种教学手段，采用不同活动形式，整合不同领域内容，发挥多种教育因素的积极作用，结合儿童学习的兴趣与特点，引导儿童主动认知、体验、探索和学习，促进儿童身心全面协调发展，获得相对完整的经验。

(三) 生活性

学前儿童以直觉行动思维和具体形象思维为主，他们的学习以直接经验为基础。早在20世纪陶行知就提出"生活教育"理论。"生活教育与生俱来，与死同去。出世便是破蒙，进棺材才算毕业。""生活教育是生活所原有，生活所自营，生活所必需的教育。"在陶行知看来，生活与教育是一回事，是同一个过程，教育不能脱离生活，教育要通过生活来进行。陈鹤琴所倡导的"活教育"也主张"大自然、大社会都是活教材"。国外学者非常关注学前儿童生活与教育活动的关系，卢梭、杜威和怀特海分别主张关注儿童当下的生活和既着眼于现在又关注未来的生活。《幼儿园教育指导纲要》中提出："幼儿园应为幼儿提供健康、丰富的生活和活动环境，满足他们多方面发展的需要，使他们度过快乐而有意义的童年。幼儿教育应尊重幼儿身心发展的规律和学习特点，充分关注幼儿的经验，引导幼儿在生活和活动中生动、活泼、主动地学习。"《3~6岁儿童学习与发展指南》中也提出"要珍视游戏和生活的独特价值，创设丰富的教育环境，合理安排一日生活，最大限度地支持和满足幼儿通过直接感知、实际操作和亲身体验获得经验的需要"。学前教育活动离开了儿童当下的生活是乏味、抽象的，不被儿童所接受。

（四）游戏性

游戏是学前儿童的基本活动形式。游戏是生活特有的，游戏存在于生活之中。对于儿童的发展而言，游戏不仅仅是"玩"，也不仅仅是儿童用以理解生活和世界的手段，它实际上是儿童存在的一种形式和状态。游戏在儿童生活中随时随地可见，对于儿童，游戏本身就是一种生活，是儿童学习的一种主要方式。学前教育活动面对的是它的内容、方式和组织，要充分考虑学前儿童学习的方式与特点，注重趣味性，寓教育于生活、游戏之中。

（五）动态性

学前儿童好动、好奇、好玩、好游戏，这要求学前教育活动具有良好的动态性。教师与儿童在教育活动过程中相互作用、统一协调、不断互动，使教育活动成为一个灵活的动态过程，同时教育活动还根据儿童与环境、材料相互作用的情况呈现动态性。根据这一特点，教师在活动过程中充分尊重和保护儿童的好奇心与学习兴趣，根据儿童的知识经验和需要适时地进行调整，支持与引导儿童的新发现，不断生成新的探究与深入活动，进而促进儿童养成积极主动、认真专注、不怕困难、敢于探究和尝试、乐于想象和创造的良好学习品质。

三、学前教育活动的类型

学前教育活动是多种多样的。一般来说，我们可以从两个角度对学前教育活动加以分类：一是按师幼行为特点划分，可分为游戏活动、教学活动、生活活动、区域活动和参观活动等；二是从组织方式划分，可分为集体活动、小组活动和个别活动。这几种活动形式时常交叉出现。例如，游戏活动既可以有集体形式，也可以有小组形式和个别形式，教学活动也可以通过集体、小组和个别的方式来组织。采用哪一种形式或者是哪几种形式的交叉，是由学前儿童的现实发展水平和特定的教育活动内容以及特定的教育资源决定的。当然，针对同一教育内容的展开，采用不同的活动形式会产生不同的效果。形式是为目标服务的，无论选择哪一种活动形式，都应是为了最大限度地达成活动目标，促进学前儿童身心全面、和谐发展。在一个教育活动中，我们可以采用不同的活动形式。当然在这之前，教师一定要有目标意识，牢记幼儿的发展，把儿童身心全面、和谐发展贯穿在整个教育活动的选择、设计、组织、实施和评价的全过程中，让每个儿童在不同水平上得到尽可能大的、有效的发展。

第二节　游戏活动

游戏是符合幼儿年龄特点的一种独特的活动形式。可以说，学前儿童是在游戏中生活、游戏中学习、游戏中成长的。

一、学前儿童游戏的内涵

游戏存在于广泛的领域，可以说从哺乳类动物到人类都存在游戏活动。游戏包含了各种各样的行为，从这个意义上说，游戏是一切行为的总称。从心理学角度看，游戏促进了人类各种心理功能的发展；从教育学角度上看，游戏促进了人类总结经验并训练新一代劳动者；从人类学角度看，游戏是人类从生存需要发展到追求享受的需要；从哲学角度看，游戏是人类从必然王国向自由王国走近了一步；从美学角度看，游戏是人类从劳动到艺术的一个环节。

游戏是幼儿在一定的游戏环境中根据自己的兴趣和需要，以快乐和满足为目的，自由选择、自主展开、自发交流的积极主动的活动过程。游戏活动从婴儿期已经开始，但儿童有意识的、自主的游戏活动在幼儿期表现明显，4～5岁幼儿进入象征性游戏的高峰期，5～6岁幼儿在规则游戏和建构游戏中表现了更大的兴趣和发展水平。在这一过程中，幼儿行使成人权利，享有成人自由的满足感，带给幼儿的快乐是其他活动无法比拟的；在这一过程中，幼儿的天性自然流露，主动性、独立性、创造性得以充分发挥。这也正是角色游戏最根本的价值所在。

（一）学前儿童游戏的特征

游戏是一种追求快乐的行为，是儿童自愿参加的、以娱乐为主要目的的活动。它具有以下特征：

1. 游戏是一种自发的行为，具有自主性

儿童之所以游戏，是因为出于自发、自愿的需要，是因为他们喜欢游戏，游戏能给他们带来欢乐。日常生活中游戏活动的发起源于"我要玩"而非"要我玩"，是幼儿的内部需要，是由内部动机支配的，而不是来自外部的命令或要求。儿童可以自由选择游戏，他们是游戏的主人，游戏的内容、玩法及同伴等都是由他们自己来决定的。儿童游戏以活动本身为目的，游戏不要求一定完成和达到外在的任务和目标，也没有严格的程序和方式，玩什么、和谁玩、怎样玩，游戏的形式、内容、材料都由幼儿自己掌握，按照他们自己的意愿进行。他们是在没有任何外在压力的情况下，自主地、自由地做自己喜欢的事情。

2. 游戏是一种模拟的行为，具有虚构性

游戏是幼儿在假象的情境下反映生活的活动，每个幼儿在玩游戏时，都清楚地知道是假装的，它可以不受具体时间、地点、条件的限制，所需要的玩具材料可以是主要特征相似的替代物；他们可以把自己想象、装扮成现实生活中的角色。他们可以通过动作和想象创造出新的情境，把狭小的游戏场地变成可以从事各种各样活动的广阔天地。游戏中的角色、情节、玩具、材料均具有明显的虚构性，幼儿在虚构的游戏情境中反映周围现实生活，而正是这种神秘而充满幻想的、虚构的色彩深深地吸引着幼儿。

3. 游戏是有趣味的活动，具有非功利性

游戏中具体形象的角色、变幻的情节内容、新奇甚至滑稽的玩具，对幼儿来说都是有趣的，能激起他们良好的情绪，吸引他们主动参加甚至可以重复地玩。每种游戏都含有趣味性，正是游戏的这一特性，给幼儿带来愉快和满足。游戏不是幼儿强制性的社会义务，幼儿在游戏中没有任何心理负担，不担心游戏以外的任何奖惩，他们是轻松、自由、快乐的。游戏情境中幼儿的身心处于最佳、最自然、最轻松的状态。

4. 游戏是儿童进行学习的活动，具有探索性

学前儿童游戏的过程也是学习的过程。在游戏过程中，幼儿通过不断地与环境相互作用，认识周围的环境，学习与人交往，理解和掌握社会行为规范等。幼儿丰富的想象力、思维能力是认识世界的工具，游戏中的学习完全是由幼儿的兴趣、爱好、探索等内部动机推动的。在游戏中，幼儿意识不到其中有学习，却不知不觉地学到了很多东西。游戏为幼儿提供了一个轻松愉快、有丰富刺激、能鼓励幼儿自主学习的良好环境，使他们获得安全感、自尊和自信，获得对学习的持久热情，从而终身受益。

5. 游戏是具有社会性的活动，具有秩序性

游戏的内容、情节、规则及其行为方式都具有社会性的特征。幼儿的许多游戏是真实社会生活的缩影，在游戏中幼儿不仅作用于物，而且与人交往，学习掌握社会行为的规范和人际交往的技能。幼儿的游戏多半是集体性的，幼儿不会长时间地自己游戏，他们更喜欢几个人一起玩，交流彼此的感受和体验，以求得游戏可以进行下去。幼儿在游戏中并非毫无约束和限制，尽管他们的游戏有时显得乱七八糟、非常忙乱，但每个游戏中都隐含着秩序性，每个个体都有一定的自我约束。正是这种秩序的约束把儿童游戏带入一种和谐、有序的情境。

（二）学前儿童游戏的教育作用

游戏不仅对幼儿有娱乐作用，还对幼儿的身体、智力、社会性和情绪等方面有重要的发展价值。有人说，游戏的重要性仅次于母乳喂养和母爱。

1. 游戏有利于学前儿童动作技能和身体素质的发展

游戏，对幼儿来说意味着行动、操作。不管游戏调动了幼儿哪些部位的运动，都表明游戏与动作是分不开的。就幼儿园日常游戏而言，有的游戏注重幼儿的手部动作（如何握住、捏拿、插嵌、叠放等，都是手部小肌肉动作，且又都是手眼协调动作），有的游戏注重幼儿腿部运动（如跑、跳、蹦高、蹬等），还有的游戏注重的是臂部和腿部的配合协调动作（如爬行、攀登等）。以上所述的几类动作也可能在同一个游戏中发生。这些动作在游戏情境中的出现不仅减少了幼儿反复练习的枯燥感和疲劳感，还会使幼儿主动地自觉地进行练习。在游戏情境中，这些动作或运动总是与一定的角色行为、与达成一定的游戏目的

联系在一起的。因此，给予儿童充分的游戏机会，有利于儿童动作技能的发展，进而有利于儿童身体素质的提高。

2. 游戏有利于儿童智能的发展

儿童通过游戏与外在环境建立了联系，获得了有关环境的信息，并对这些信息进行加工、处理，纳入自己的智能结构，并以新的智能结构为指导，开展与外界环境进一步的相互作用。

（1）游戏扩展和加深幼儿对周围事物的认识。游戏是幼儿认识事物的途径。游戏使幼儿接触到各种游戏材料，通过具体的活动认识各种物体的性质和用途，获得有关事物之间关系的经验。幼儿在游戏中把自己对生活的印象和感受表现出来，从而使对生活的认识得以加深和巩固。多种多样的游戏能使幼儿获得丰富的知识和经验。

（2）游戏有利于幼儿探索行为的发展。操作、探索是儿童游戏的动态描述词，儿童的许多游戏都离不开探索和操作。由于游戏情境中的操作和探索对幼儿来说更具有兴趣性和情境性，幼儿会反复地进行，在愉快的情境中反复地练习。因此，游戏活动也就促进了幼儿探索能力的发展。

（3）游戏促进幼儿想象力、创造力的发展。游戏是具有象征性的，它以想象力和创造力为条件。在结构游戏、角色游戏中，幼儿在想象的基础上经常表现出创造力，包括造型的创造、用途的创造、语言的创造和行为的创造等。游戏过程中幼儿可以充分发挥想象力，充分表现自己的创造性。

3. 游戏有利于儿童社会性的发展

学前期幼儿正处于从"自然人"向"社会人"转变的时期，游戏是幼儿自我意识产生和发展的重要途径，是幼儿社会性发展的重要载体。

（1）游戏提供了幼儿社会交往的机会，发展了幼儿社会交往的能力，是幼儿进行社会交往的起点。在游戏中，幼儿逐渐熟悉、认识周围的人和事，了解自己和同伴的想法、行为、愿望与要求，理解他人的思想、行为和情感，学习与同伴分享、互相谦让与合作等人际交往技能。有研究表明，游戏的数量与复杂程度可以预示儿童的社会性技能活动。

（2）游戏使幼儿学习社会角色，掌握社会性行为规范。在游戏中，幼儿会接触一些基本社会行为规范的理解和执行，这些行为规范对幼儿产生的潜移默化的影响是必然存在的。游戏有助于幼儿社会适应能力的提高，有助于幼儿掌握社会交往的技能和策略，理解并遵守规则，从而理解社会规范的意义，培养其亲社会行为。

4. 游戏可以促进儿童良好情绪、情感的发展

愉快地游戏是儿童心理健康的标志，戈德斯·沃思（Geddes）认为，游戏是正在成长中的儿童最大的心理诉求。游戏对于儿童情感的满足和稳定具有重要意义。

（1）游戏丰富幼儿的情绪体验。游戏的内容和形式灵活多样，幼儿在游戏中体验着各种情绪、情感。当幼儿积极投身于游戏中，产生的情感永远是真诚的，游戏能给幼儿带来极大的快乐与满足，体验着成功带来的成就感和自豪感，学习表达和控制情感的不同方式。随着游戏主题的发展和构思的复杂化，幼儿的情绪情感体验会更丰富、更深刻。

（2）游戏培养幼儿的美感。在游戏中，幼儿反映着自然和社会生活中的美好事物，演绎着艺术作品中的美好形象，使用着艺术语言，进行着音乐和美术等艺术活动，装饰和美化着自己的游戏环境，这些活动都有助于培养幼儿对自然、社会、艺术的审美能力，培养幼儿的美感。

（3）游戏可以消除幼儿的消极情绪。游戏，尤其是角色游戏，为幼儿提供了表现自己各种情绪的机会。幼儿的愤怒、厌烦、紧张等不愉快情绪在游戏中得以发泄、缓和。游戏是幼儿消除生活情境中产生的忧虑和紧张感，向自信和愉快情感过渡的方法。心理学家辛格夫妇认为，游戏的主要优点在于它能提供一个新的刺激场，这种刺激场不是物理环境，而是由幼儿凭想象和回忆创造出来的心理场，它能够使幼儿逃避不愉快的现实环境和气氛，使他们产生愉快、肯定的情绪体验，改变受挫的情绪状态，从而间接实现对行为的控制。

综上所述，游戏对幼儿身体、智力、社会性和情绪情感各方面的发展都有着积极的促进作用，可以说，没有游戏就没有幼儿的发展。

（三）游戏的分类

游戏的外延极宽，可以发生在儿童活动的各个领域，具有多样性的内容和形式。对游戏的分类没有绝对的标准。各种分类虽然角度不同，但所划分出的具体类型之间是有交叉性和重叠性的，甚至虽然是从同一个角度划分的，各种类型之间仍有交叉成分。

帕顿按照学前儿童游戏表现出来的社会参与水平，将学前儿童游戏行为归

纳为独自游戏、平行游戏、联合游戏、协作游戏、无所事事、旁观6种类型。比勒根据儿童在游戏中的不同体验形式，将游戏分为功能游戏、想象游戏、接受游戏、结构游戏四大类。

当前，我国幼儿园的游戏活动是按照游戏在幼儿教育中的作用来分类的，具体分成两大类6小项：一类是创造性游戏，它主要是指以幼儿自由创造为主的游戏，包括角色游戏、结构游戏和表演游戏；另一类是规则性游戏，多半是由成人编制，以规则为中心，大都带有实物或有情节的游戏，包括体育游戏、智力游戏和音乐游戏。

（四）游戏的发展阶段

瑞士心理学家皮亚杰通过对儿童认知发展的研究，将儿童的游戏划分为练习性游戏阶段、象征性游戏阶段和规则性游戏阶段三个发展阶段。

1. 练习性游戏阶段（0～2岁）

这是游戏发展的第一阶段和最初形式。这时的儿童，由于尚未真正掌握语言，其认识活动主要依靠直接感知和实际动作，游戏中几乎不存在任何象征性，也没有任何特殊的游戏方法。而游戏只是孩子们为了获得某种愉快体验而单纯重复的某种活动或动作，这个阶段也称功能性游戏阶段或感觉运动游戏阶段。

2. 象征性游戏阶段（2～7岁）

这一阶段的儿童游戏主要有象征性游戏和结构性游戏两种形式。象征性游戏是以一物假装另一物和扮演角色为主要形式的一种游戏。情境转变、以物代物、以人代人是象征性游戏的构成因素，也是游戏的发展趋势。其中，情境转变是象征性游戏发生的标志，之后以物代物、以人代人相继产生并不断趋向成熟。在幼儿三四岁时，象征性游戏发展到了巅峰，具体表现在游戏的连贯性增强、逼真准确模拟现实的要求增强以及出现了集体合作的倾向。结构性游戏是以各种结构材料建构物体的结构造型游戏。结构游戏需要游戏者具备一定的结构技能，幼儿自然的结构游戏发展比较缓慢，需要更多的指导。从学前末期开始，象征性游戏和结构游戏便逐步减少进入结束期。

3. 规则性游戏阶段（7～12岁）

规则性游戏的发展，标志着游戏逐渐失去具体的象征内容而进一步抽象化。此时的儿童，语言及抽象思维的能力有了发展，开始能站在别人的观点上看问题，利用别人的观点去校正自己的观点，所以在游戏中大家共同遵守一定的规则便成为可能。通过游戏，儿童对规定的认知和理解水平逐步得到提高，控制自己行为来遵守规则的能力也逐步得以增长。从此，规则游戏便逐步成为主要的游戏形式延续下去，并陪伴人的一生。

二、学前儿童游戏的准备工作

（一）游戏条件方面

1. 提供充足的游戏时间

在幼儿园的一日生活中，应提供给幼儿充足的游戏活动时间，上午、下午可有较长的游戏时间（30～40分钟），也可有较短的游戏时间，如早晨入园时间、活动间隙时间等。根据时间的不同，组织适合的游戏，如时间长可组织活动区的游戏活动或室外的游戏活动；活动过渡的短暂间隙时间，可玩活动量小的、短小简便又有趣的游戏。保证幼儿有自由游戏的时间，是培养幼儿自由精神的前提。

2. 创设儿童游戏场地

游戏环境主要包括游戏的场地及游戏材料等物质条件，以及这些物质条件之间的相互关系。幼儿园的空间、设施、活动材料与常规要求应有利于推动和支持幼儿游戏活动的开展，幼儿园的室内外都应该设有游戏场所。

理想的室内活动室面积应尽可能大一些，桌椅等设备的摆放要合理，留出固定地方供儿童做游戏、摆放玩具，以保证儿童游戏的顺利进行。即使设有宽敞的活动室，也须在游戏的时间里，搬动桌椅为幼儿腾出游戏的地方。要积极为儿童游戏创造条件，场地狭小、桌面拥挤都会限制幼儿的活动，影响游戏的进行。

室外的游戏场地也是必需的。我们提倡每日幼儿至少有两个小时以上的室外活动时间。各季节的气候各不相同，要因地制宜，尽可能让幼儿有更多的时间在室外活动，包括游戏活动。室外的游戏场地要平坦、有遮阴处，不能远离活动室。各班最好有专用的场地，全园也要有分用的游戏场地。游戏场地要放置一些大型的设备和用具，如体育游戏的大型器械和玩具、小房、大型积木等。室外场地的布置要合理，以不妨碍儿童奔跑、活动为原则，避免因设备密集而妨碍儿童的活动和发生安全问题。

3. 配备游戏材料

玩具是学前儿童的生活伴侣，是他们认识世界的教科书。要使儿童的游戏健康、丰富、生动，必须配备适合的、充足的玩具。可供儿童游戏的玩具有成型玩具（或称专门化玩具）和未成型玩具（或称非专门化玩具）两类，各有其自身的功能。成型玩具如娃娃、玩具汽车、积木、玩具餐具等，对于4岁以前的儿童更能激发他们做游戏的愿望与兴趣。未成型玩具则指一些废旧物品，如各式小瓶子、纸盒子、碎布头、小棍等，4岁以上的儿童对未成型玩具则更感兴趣，他们已不再满足于使用成型玩具的智力活动，他们更愿意使用未成型玩具进行创造性的活动。未成型的资料既丰富游戏内容，又发展幼儿的想象力，具有特殊的教育作用。因此，在配备两类玩具时，应考虑到儿童年龄的差异性。

同时，幼儿园应该重视对废旧物品的收集（要无毒的、无污染的、安全的），以便向儿童提供多样的未成型玩具，如旧轮胎、秸秆、果实、木箱、纸箱、各种瓶、盒、绳子、木片塑料品、旧服装、鞋帽等，并备一些经常使用的工具，如尺子、针线、糨糊等，并将上述物品放置在儿童便于取用的地方，由儿童自行使用。当前越来越提倡根据儿童游戏的需要自制玩具。玩具的制作自身就是一个发明的过程，而利用发明出来的玩具进行发明性的游戏活动，这就使游戏自身的意义和所发生的教育作用得到了高度的统一。

（二）学前教育思想方面

1. 既重视游戏的教育作用，也保证游戏的发展功能

重视游戏对幼儿发展特别是智力发展的作用，同时对游戏促进其他品质的发展价值充分认识。重视研究游戏中幼儿生成性学习的特点，潜移默化地、隐藏地给幼儿适当指导；在幼儿园其他教育活动中，活动的内容和组织应充分考虑幼儿在游戏中学习这一特点，注意活动的趣味性、教育性。

在当前的学前教育活动中，一方面，要通过游戏生成课程，将在游戏中出现的预设课程范围之外的内容随时补充进游戏中心课程内容中，为幼儿提供扩展学习的机会。另一方面，通过课程生成游戏，引导幼儿选择与其兴趣和需要相匹配的预设课程中的材料或技能，采用多种游戏指导策略不露痕迹地将科学、艺术、语言等知识领域的内容融入游戏活动中。尽可能使幼儿获得游戏性的体验，关注游戏中儿童自己的探索，从儿童的角度考虑游戏对他们的价值。

2. 既追求游戏的外在形式，也注重儿童游戏的特点和需要

当前，学前儿童游戏存在的矛盾之一是，儿童需要的是对游戏过程的体验，而教师追求的是游戏的结果。教师要关注幼儿在自主游戏中的表现和反应，敏感地察觉幼儿的需要，及时地以适当的方式应答。当幼儿在游戏中按照自己的兴趣和意愿活动时，教师应予以尊重。不能因为不符合老师预先的设想就予以否定，并强行将学前儿童游戏的发展纳入到自己事先预设好的轨道中来。

教师应该认识到幼儿的游戏反映的是其自身的生活经验，是他们可以理解并感兴趣的内容，是不可以统一安排、硬性规定活动内容和形式的。如果游戏不能让幼儿自己做主，游戏就失去了其本质特征。教师应该充分了解幼儿的兴趣和爱好，提供开展自主游戏的必要条件，鼓励幼儿表现自己的长处和获得成功的体验，创造条件满足学前儿童游戏的多种需要。

3. 既尊重儿童的自主发展，也强调教师的介入与指导

儿童是游戏的主人，在游戏中儿童以自己的生活经验，以自己的方式来反映着他们对社会的认识。在游戏中应充分体现其自主性、独立性和创造性，使他们的认知、情感、社会性等各方面获得发展。确保幼儿园游戏开展实施的条件：为儿童提供均等的游戏机会、充足的游戏材料、自主的游戏体验、分享的游戏经验和丰富的生活经验。让儿童在享受游戏的过程中做与自己能力相符合的活动，才能保证幼儿园游戏活动的顺利进行。

在实验和调查中表明，幼儿园游戏仍须有教师指导，由于幼儿年龄小，缺乏生活经验处理问题能力差，游戏中常常会出现一些预料之外的情况，影响游戏的顺利进行和效果。在游戏环境中，教师要有游戏的心态及善于游戏的能力，以多重身份参与，以利于游戏的顺利进行。教师的指导艺术在于保持而不破坏游戏的自发性和创造性，尊重和充分发挥儿童的主动性和积极性。当儿童需要游戏材料时，教师是游戏材料的提供者；当儿童需要帮助时，教师是游戏的支持者和援助者；当儿童需要和教师一起游戏时，教师是儿童游戏的伙伴和参与者；当儿童不需要教师介入时，教师是游戏的观察者；当儿童在分享游戏经验时，教师是倾听者和发问者。教师要找准自己的位置，做到"到位不越位"。

游戏与教育对幼儿的成长同等重要，始终都是滋养幼儿成长不可缺少的两个方面。切实保障游戏作为幼儿园的基本活动，同时将游戏精神、游戏能力的培养作为幼儿园的工作目标，实现游戏与教育的自然融合。

三、角色游戏的开展与指导

（一）角色游戏概述

角色游戏也称象征性游戏，是幼儿按照自己的意愿，运用模仿和想象，借助真实或替代的材料，通过扮演角色，用语言、动作、表情等创造性地再现周围社会生活的游戏。角色游戏通常都有一定的主题，所以又称为主题角色游戏，是幼儿的一种最典型的、最有特色的游戏。角色游戏的基本要素有角色扮演、对物质材料的假想、对游戏动作的假想、对角色互动的假想等。这四个基本要素之间是相互联系的，不同主题的角色游戏，其四个基本要素有不同的具体组合方式。

角色游戏在儿童两三岁时产生，学前晚期达到最高峰。两三岁时的儿童已不满足于简单地模仿动作，而对扮演角色很感兴趣，并渐渐进入角色，对现实生活中各种角色的认识与情感体验逐渐加深，角色游戏随之出现，其后逐渐被规则游戏所取代。角色游戏在幼儿期很普遍，没有成人的领导和参与，幼儿同样会出现角色游戏，这已成为幼儿成长中的一个过程。

（二）角色游戏的主要特点

1. 角色游戏具有独立自主性，幼儿的生活经验是角色游戏质量的保证

3岁的幼儿，活动能力、经验水平都有了一定的发展，已不满足于对周围物品的探索、摆弄，开始对周围的社会生活产生兴趣，并有了解、参与社会生活的愿望。儿童满足自身对于周围社会生活兴趣的重要途径便是角色游戏。在角色游戏中，幼儿可以扮演各种角色，通过语言、动作、表情，自由地表现自己对周围生活的认识和体验。

2. 角色游戏是生活性活动，幼儿对现实的印象是角色游戏的源泉

角色游戏是幼儿对现实生活的一种积极主动的再现活动，幼儿的生活经验主要来自家庭、社会、幼儿园、图书及影视等各方面，游戏主题、角色、情节、材料的使用均与幼儿的社会生活体验有关。幼儿生活体验越丰富，游戏内容就越充实、新颖，角色游戏的水平也就越高。

3. 角色游戏是特殊的想象活动，想象活动是角色游戏的支柱

角色游戏是幼儿在假想的条件下，真实地反映现实生活，把虚构性与真实性巧妙地结合起来。幼儿的创造性想象主要表现在三个方面：一，对游戏角色

进行假想，即以人代人。幼儿运用各种材料，通过语言、表情、动作等，表现对生活中熟悉的人物的认识与体验。二，对游戏材料进行假想，即以物代物。幼儿常常以某一物品代替各种物品，同样一种物品在不同游戏中可以充当不同的东西。三，对游戏情境进行假想，即情境转换。幼儿常常通过一个或几个动作和想象，将游戏情境进行浓缩或转换，而情节就是幼儿想象的产物，活动便是幼儿想象的展开，因此角色游戏总是同幼儿的想象、创造联系在一起的，角色游戏过程是创造性想象的过程。

在角色游戏中，幼儿可以自由地发挥其想象力和创造力，因而他们对角色游戏的兴趣最为浓厚。

（三）角色游戏中的教师指导

教师对学前儿童角色游戏中的指导，表现在以下几个方面：

1. 引导幼儿开发游戏主题

儿童有着模仿成人的愿望，但由于思维活动的发展水平所限，还不会明确提出确切的游戏主题，只停留在动作模仿阶段。引导幼儿开发游戏主题是角色游戏指导的首要任务。角色游戏主题的开发，就是引导幼儿关注周围的社会生活，充实社会生活经验和知识，理清社会生活中基本的角色关系，明了主要的角色行为和角色准则，使幼儿产生关心周围社会生活的愿望并养成习惯。这就需要教师利用各种条件，来启发儿童的游戏愿望，帮助他们确定游戏主题，并去实现它。当幼儿按主题进行游戏之后，教师应进一步启发他们独立提出游戏主题。幼儿独立提出游戏主题的过程也是他们主动性、积极性发挥的过程。

2. 教会幼儿学会分配和扮演角色

分配和扮演角色是幼儿在角色游戏中特有的环节，这一环节直接影响到游戏的效果。幼儿玩角色游戏最关心的是自己扮演什么角色，并以扮演角色、模仿角色活动为满足。但在刚开始玩角色游戏时，幼儿往往会在角色身份与真实身份之间徘徊，会被某些物品、情境事件吸引，而忘却自己所扮演的角色，需要教师给予启发，帮助他们明确自己在游戏中的角色身份，从而更好地模仿这一角色。

幼儿对自己扮演什么角色最为关心，但往往只考虑个人愿望，而不善于分配角色，因而教师应引导幼儿学会商量角色分配的办法，可采用报名、轮流、推选、陈述理由等方式分配角色，有时可以让幼儿临时创设合理的角色。教师应该使幼儿懂得角色分配中的谦让，懂得角色要轮流担任，这样不仅可以使幼儿学会谦让，同时也能让每个幼儿都有扮演不同角色和在更多方面获得锻炼与发展的机会。

3. 根据幼儿角色游戏的年龄特点进行指导

不同的年龄段，学前儿童游戏发展的层次水平各不相同。教师应针对不同的年龄段，选择不同的侧重点进行指导，以达到顺利开展角色游戏的目的。

（1）对小班幼儿角色游戏的指导

小班幼儿处于独自游戏、平行游戏的高峰时期，对玩具或模仿成人动作感兴趣，角色意识差。游戏的主要内容是重复操作、摆弄玩具。游戏主题单一、情节简单，幼儿之间交往少，主要是与玩具打交道，与同伴玩相同或相似的游戏。

小班指导的要点在于帮助幼儿学会利用游戏材料。教师要根据幼儿的生活经验为幼儿提供简单且形状相似的游戏材料，满足幼儿平行游戏的需要；教师以游戏中角色的身份加入游戏中，在与儿童游戏的过程中达到指导的目的；教师还要注意幼儿规则意识的培养，让幼儿在游戏中逐渐学会独立；还可以通过讲评帮助儿童积累游戏经验。

（2）对中班幼儿角色游戏的指导

中班幼儿由于认知范围的扩大，游戏内容、情节不断丰富，处于联合游戏阶段。他们有与别人交往的愿望，却还不具备与别人交往的技能，常常与同伴发生纠纷。中班幼儿在游戏中有较强的角色意识，有了角色的归属感，他们首先会给自己找到一个角色，然后带着这个角色去做所想做的事，表现出游戏情节丰富、游戏主题不稳定等特点。

中班指导的要点在引导幼儿解决冲突。游戏中幼儿冲突一般来自规则理解、交往技能材料使用等方面。教师应针对中班幼儿的特点，根据幼儿的需要提供丰富的游戏材料，鼓励幼儿开展多种主题的游戏。在游戏中注意观察儿童游戏的情节进展及发生纠纷的原因，通过游戏评价让幼儿学会在游戏中解决简单的问题，掌握交往的技能及相应的规范。

（3）对大班幼儿角色游戏的指导

大班幼儿角色游戏的内容相当丰富，在游戏中能主动反映多样的生活经验。游戏主题新颖、内容丰富，能反映较为复杂的人际关系。游戏处于合作游戏阶段,幼儿喜欢与同伴一起游戏,能按自己的愿望主动选择并有计划地做游戏,在游戏中解决问题的能力增强。

大班指导的要点在于指导幼儿在现有的基础上创新,同时学会相互交往、合作分享。教师根据大班学前儿童游戏的特点,引导幼儿一起准备游戏的材料及场地,用语言来指导大班幼儿的游戏,在游戏中培养幼儿的独立性。鼓励幼儿以物代物,创造性地解决游戏中出现的问题。通过游戏评价让幼儿充分地讨论问题、分享经验,学会学习和创造。

四、结构游戏的开展与指导

(一)结构游戏概述

结构游戏又叫建构游戏,是幼儿利用各种结构资料和与结构活动有关的各种动作来反映周围生活的一种游戏。随着科学技术的发展,结构游戏无论从材料、玩法还是在结构造型上都发生了很大的变化,结构游戏的内容也得到了极大的扩展。幼儿园常用的结构游戏包括积木游戏、积竹游戏、积塑游戏、金属构造游戏、拼棒游戏、拼图游戏、编织游戏、玩沙玩水玩雪游戏等。

(二)结构游戏的主要特点

1. 从材料上看,是一种素材玩具材料

建筑、构造是结构游戏的基本活动,也就是造型活动。结构游戏材料是由各种结构元件组成,这些材料在游戏前是没有意义的零件,通过儿童的操作,这些具有明显三维空间特征、具有有效接触面或具有可堆叠性的材料便组合成一个有意义的整体。

2. 从行为上看,是一种构造活动

通过操作进行构造是结构游戏的主要活动方式。儿童对结构材料的堆放、排列、叠高以及规则拼摆、围合、简单造型与复杂造型,运用拼搭、镶嵌、铺平、延长、围合、盖顶、加宽、加高等操作技巧及排列、组合、对称、平衡等构造能力。幼儿结构游戏的水平能够反映其智慧发展的水平,当前,对幼儿的智慧发展水平的测量在一定程度上往往借助结构游戏这一手段。

3. 从认知上看,是一种智能的体现

结构游戏既体现了一个认知构造的过程,又保全了一个艺术成型的造型结果。在结构游戏中,儿童通过建造活动,了解各种结构材料的性质,学习空间关系的知识，理解整体与局部的概念，增强对数量和图形的认识，获得对称、平衡、高度、长度、厚薄、宽窄、上下左右等概念和组合、堆积、排列各种形体的技能，促进感觉、知觉和思维的发展。结构游戏对儿童的吸引力在于构成具体的物体，儿童在使用各种材料过程中直接、具体地了解各种材料的性能、形体和数量观念，并取得各种建构的经验，有利于幼儿感知、观察和思维能力的发展，并使手指小肌肉群得到锻炼，从而刺激大脑中枢，使幼儿的智能得到发展。建构游戏的成品色彩鲜艳、形象逼真，促进幼儿审美力的发展，同时成功的满足会不断增强幼儿的求知欲望和学习的兴趣。

（三）结构游戏中的教师指导

教师对幼儿结构游戏的指导，表现在以下几个方面：

1. 丰富并加深儿童对物体和建筑物的印象

结构游戏是幼儿自身动手操作的游戏。在游戏开始前，儿童最先碰到的问题不外乎三个方面：建造什么？怎么建造？用什么建造？解决这三个问题是游戏得以开展的条件，而这三个方面又恰恰涉及幼儿的认知能力、结构技能、结构工具等方面。其中认知能力、结构技能是结构游戏开展的思想基础，结构工具是结构游戏必要的物质基础。教师要引导幼儿注意观察周围生活中的多种建筑，感知各部位的名称、形状、结构特征、组合关系与色泽特点。要积极培养幼儿仔细观察周围事物的习惯，让他们从日常生活中经常接触的、熟悉的物品入手，逐渐发展到观察生活中常见或少见的物品。教师不仅要引导幼儿掌握物体的主要特征，还要求幼儿能区分同类物体的明显甚至是细微的区别。其次，教师应该通过上课、观赏、散步、图片、幻灯、模型教具等，指导幼儿观察周围的各种生活建筑物，观察喜闻乐见的风景建筑，观察祖国的名胜建筑等。在此基础上引导幼儿根据需要选择合适的材料，创造性地表现自己对事物的认识。

2. 教会儿童初步的建筑结构知识和技能

教师应引导幼儿掌握结构造型的基本技能，培养幼儿结构造型的能力、识别与使用材料的技能。引导幼儿认识结构玩具，识别结构元件的形状、颜色、大小等特征，会选用结构元件去构造物体，会灵活使用材料；引导幼儿学会积木的排列组合（平铺、延长、对称、加宽、加长、加高、围合、盖顶、搭台阶等）、积塑的插接、镶嵌（整体连接、交叉连接、端点连接、围合连接等），以及穿、套、编织、黏合等技能；引导幼儿整体构思构造计划，使幼儿能有目的、有计划、有步骤地进行构造活动；引导幼儿初步学会看平面图纸，能把平面结构变为立体结构，会评议结构物；引导幼儿在集体构造中学会分工和合作，共同完成任务。教给幼儿结构活动的基本知识和技能，必须是由浅入深、循序渐进的，由掌握基本方法构成造型简单的建筑，再要求幼儿逐步掌握用积木砌出不同造型的围墙，开外形不一的门窗等技能，直至学会用不同的积木和多种方法来表示建筑物和物体基本的局部和外形特征。教师教幼儿技能可采用示范、讲解的方法，引导幼儿由模仿练习逐步过渡到独立建造物体，再通过观察、启发、提示和想象的方法，指导幼儿再现经过观察得到的印象，设计发明出新的建筑形象。

3. 培养儿童正确对待建造材料和建造成果

儿童要逐渐学会收放材料的方法，以培养他们对材料的爱护意识。开始可让儿童帮助老师收放材料，以后再让儿童独自地收放材料。学会有条理地、整齐地收放，逐渐担负起保管建造材料的责任。教师本身要尊重和爱惜儿童的建造成果，切不可因为建造不好而轻率地毁掉，这样做的后果是很不好的。教师还要教育儿童彼此爱惜建造成果，不得任意破坏它。可通过评价、欣赏建造成果的活动，培养儿童珍惜建造成果的情感，提高儿童建造的技能。如在结构游戏结束时暂不拆除，进行必要的评价和欣赏活动。

4. 根据结构游戏的年龄特点进行指导

教师应针对不同的年龄段，选择不同的侧重点进行指导，保证结构游戏顺利进行。

（1）对小班幼儿结构游戏的指导

小班幼儿对结构游戏的动作感兴趣，常常把结构材料堆起垒高，然后推倒，不断重复，从中得到快乐和满足。他们没有明确的目的，只是无目的地摆弄结构材料，只有当有人问他"你搭的是什么"时，他才会注意自己的结构物，思考"这是什么"的问题，然后根据自己的想象对结构的物体加以命名。

小班指导应侧重认识结构材料，学习初步的结构技能，能叫出其名称，如积木、积塑片等，并认识建造材料的形体、大小、颜色；学习铺平、延长、围合、盖顶、加宽、加高等技能，识别上下、中间、旁边等方向；会用材料建造成简单的物体，能将物体的主要特征表现出来。教师应提供色彩鲜艳、大小适中、便于操作的材料，帮助幼儿学会确定结构主题并建立结构游戏的规则，学会整理和保管玩具材料的最简单方法，养成爱护玩具材料的好习惯。

（2）对中班幼儿结构游戏的指导

中班幼儿不但对建构过程感兴趣，同时也关心建构的成果，目的比较明确，主题比较鲜明。中班指导应侧重丰富幼儿的生活经验。教师帮助幼儿选择和利用建造材料，使之能较正确地建造物体，能和同伴合作共建一组主题结构。教师应提供种类各异的有一定难度并且需定力度操作的材料，在进一步掌握结构技能的同时，鼓励幼儿大胆地想象，共同构造，并能相互评议建构成果。

（3）对大班幼儿结构游戏的指导

大班幼儿已有了较强的结构技能，目的明确，计划性较强，能围绕一个主题进行长时间的结构活动，合作意识增强。

大班指导应侧重提升建构技能。教师应提供精细、有难度、创作余地更大的结构材料。在建造技能上，要求他们建造的物体比中、小班幼儿更加精细、整齐、匀称，物体的结构更加复杂和富有创造性，并会使用辅助材料装饰建造物体，会合作建造物体。教师应侧重引导幼儿开展参加人数多、持续时间长的大型结构游戏，并引导幼儿进一步美化自己的结构物。

五、表演游戏的开展与指导

（一）表演游戏概述

表演游戏是幼儿根据文艺作品中的内容、情节、角色，通过自己的语言、表情、动作创造性地进行表演的一种游戏。幼儿的表演游戏融想象、创造于一体，对幼儿创造能力的培养起着不可低估的作用。表演游戏主要有自身表演、桌面表演、影子戏、木偶（手偶）四种表演形式。

在游戏中，幼儿通过表演再现出故事或童话中优美、生动的语言，有助于他们口语的发展。表演帮助幼儿更好地理解文学作品，发展幼儿的想象力和创造力，提高幼儿的语言表达能力和朗诵、表演的能力。表演游戏能培养幼儿团结协作的集体观念，同时使幼儿得到艺术美的享受，增强对文学艺术作品的兴趣，发展审美能力。

（二）表演游戏的特点

1. 表演游戏是幼儿根据文艺作品的内容进行表演的游戏

表演游戏和角色游戏的关系有其相同之处，即都是幼儿做扮演角色的游戏，以表演角色的活动为满足点。不同的是，在角色游戏中，幼儿扮演的角色是现实生活中的各种人物，反映的是幼儿的生活印象；而在表演游戏中，幼儿扮演的角色是文艺作品中的角色，游戏的情节、内容均来自文艺作品，儿童表演的创造性主要表现在怎样运用语言和动作、怎样恰如其分地表达人物的性格和情节、怎样恰当地增减情节或替换词语上。

2. 表演游戏是幼儿进行创造性表演的一种游戏

在表演游戏中，幼儿可根据自己的生活经验、愿望及自己对作品中角色、情节的理解，在语言、动作表情上加以创编和创造性表现。表演游戏与文艺表演一样，都是以文艺作品作为表演内容。不同的是，表演游戏是幼儿主动的活动，带有自发性和创造性，幼儿可以自由参加、自己组织和分配角色，根据自己的理解增减情节、角色、对话及动作。它可以由幼儿自己表演，不需要教师直接安排和训练，不必添置舞台道具和布景，不要求表演达到统一的规格和模式，可以让幼儿尽情施展自己的才能。

3. 表演游戏不以演给别人看为目的的，它是幼儿的一种自娱活动

在幼儿园常常可以看到，在一个较少受到干扰的庭院角落或室内的一角，几个幼儿在做表演游戏。这是最为自然的、出自心愿的表演，即使没人看，幼儿也会饶有兴趣地进行表演，能够参加表演是幼儿最大的满足。

(三) 表演游戏中的教师指导

1. 选择适合幼儿表演的作品

不是任何故事、童话作品都适合幼儿表演，要选择内容健康、符合幼儿生活经验、幼儿能理解而又适合表演的作品。作品必须有一定的情境，也就是要有一定的场面和活动内容，但场面又不宜变化过多。其次，作品要具有一定的表演性，体现在：有适合表演的动作；有集中的场景，易于布置；有起伏的情节，情节发展的节奏要快，并按一定主线发展。作品的语言要求有较多的角色对话，对话要与动作相配合，使幼儿在表演中可边说边做，以增加表演的情趣。静态描述或静态对话过多的作品都不适合幼儿表演。

2. 帮助幼儿熟悉文艺作品，充分理解作品内容

教师可以通过讲故事、放课件、让幼儿听录音等方式，帮助幼儿熟悉文艺作品，掌握作品的主题及情节的发展，体验角色的语言与动作特点，激发幼儿对作品中人物形象的感情，引起他们表演的欲望。只有当幼儿非常熟悉文艺作

品，才会自发地产生表演游戏的欲望，加上在游戏环境中投放适合的道具和服装，幼儿的表演游戏就会"水到渠成"，自然而然地进行。

3. 吸引幼儿参加表演游戏的准备工作

教师可根据幼儿平日喜爱听的、适合表演的故事，吸引幼儿一起准备玩具、服装、头饰以及布景等。幼儿参加了游戏准备工作，便能激发起他们玩游戏的兴趣。在幼儿基本掌握故事内容、有表演故事的要求时，教师应鼓励和支持幼儿自制代用品，帮助幼儿准备好头饰、服装、简单的道具。幼儿做表演游戏是自由、灵活的，不受道具、场所与时间的限制。道具的准备不必追求其真实、齐全，稍有象征性即可，道具不足时还可用动作去表现。幼儿在表演游戏中最为关心的是自己能以角色的身份谈话和做动作。

4. 引导幼儿创造性地表演作品内容

当幼儿熟悉文艺作品以后，教师要用启发性的语言引导幼儿创造性地表演作品内容。对于文艺作品中人物的对话、动作以及作品情节的变化，教师应该引导幼儿思考该怎样表演以及怎样才能表演得与别人不一样，并且要鼓励幼儿大胆地表现自己的想法。当幼儿能用动作和语言充分地表现自己对文艺作品的理解时，表演游戏的创造性才会真正地体现出来。

在表演游戏中教师应尊重幼儿的意愿，让幼儿自己选择、自己设计、自己表演，发挥幼儿的主动性和积极性，鼓励幼儿自然、生动、创造性地表演作品的内容。

5. 根据表演游戏的年龄特点，具体地指导

小班幼儿不会做表演游戏，需要教师先做示范表演，然后教会几个幼儿表演，再教会其他的幼儿。当幼儿学会一两个表演游戏后，让幼儿自己表演其他的一些故事，教师予以指导和帮助。由于中班幼儿缺乏主见，教师可以采取指定角色的办法，但也应尊重幼儿的意愿选择。对于大班幼儿，应由他们自愿、自由地进行表演游戏。教师要热情地支持他们的表演意愿，并在表演过程中给予帮助。教师对表演游戏一般不加干涉，只在幼儿忘记了某一情节、表演出现障碍或者能力强的幼儿霸占主角或道具而引起纠纷，或幼儿过多地离开作品任意改变时，教师才以游戏参加者的身份提醒。在游戏过程中，教师可适当地予以帮助，但不能干涉幼儿表演，使幼儿处于被动状态。

表演游戏虽然以作品为依据，但它是以游戏的形式进行的，不同于儿童话

剧之类的演出。在表演游戏中，幼儿可以自导自演，他们以表演为乐趣，不十分注重表演的效果。对此特点，教师在指导中须加以重视。

六、体育游戏的开展与指导

（一）体育游戏概述

体育游戏也称运动游戏，是根据一定的体育任务设计的，由身体动作、情节、角色和规则组成的一种活动性游戏。幼儿的体育游戏由各种基本的动作组成，有严格的规则，有明确的结果，是以发展幼儿身心为目的的一种锻炼活动。体育游戏内容丰富有趣、形式活泼多样，易于激发幼儿积极参加体育活动的兴趣和愿望，对幼儿具有极大的吸引力。

1. 体育游戏的结构

体育游戏的结构由游戏动作、游戏规则、活动方式、游戏情节和活动条件等组成。

（1）游戏动作

体育游戏动作是身体训练的主要手段，决定游戏的性质与功能。幼儿体育游戏主要由5类动作组成，分别是发展基础运动能力的动作（走、跑、投等基本动作和提高身体素质的动作）、简单的运动技术（如球类、体操等运动项目的基本技术）、体育游戏本身所特有的动作（如夹包、踢毽、跳皮筋等游戏中的动作）、模拟动作和简单舞蹈动作、生活动作（如穿衣、背物等）。

（2）游戏规则

规则是使游戏能够顺利进行的保障。体育游戏规则随着幼儿年龄及动作要求的变化而变化，具有较大的可变性和灵活性，从属于游戏内容、情节、角色等。

（3）活动方式

活动方式是实现游戏教育任务目标的途径，包括组织活动和练习方法。组织活动包括游戏队形、分队和分配角色、起动和结束等。练习方法有模拟法、竞赛法、条件练习法、综合练习法等。

（4）游戏情节

体育游戏情节的构思主要以游戏动作和活动方式的特点为依据，同一个游戏可以采用不同的情节，由某一动作或活动方式所构成的游戏也可以采用多种情节。

(5) 活动条件

活动条件主要包括玩具、场地、器械等，是体育游戏赖以进行的物质条件，对锻炼身体的效果、动作性质和活动方式都有直接的影响。

2. 体育游戏的类型

体育游戏按性质可分为以下几种：

(1) 模仿性体育游戏

这种游戏基本上要求幼儿进行模仿动作的练习，因为有具体的模仿对象，幼儿极感兴趣，可在不知不觉中进行某项动作的练习，达到发展基本动作的目的。

(2) 故事性体育游戏

这是指有一定故事情节的体育游戏，教师和幼儿都可以在其中扮演一定的角色，共同遵守一定的规则，趣味性很强，随着故事情节发展进行动作训练，还可以促进动作的进展和深化。

(3) 竞赛性体育游戏

这是以互相比赛、分出胜负为特征的一种体育游戏，一般分队进行。由于竞赛性游戏强调结果的胜负，因此幼儿可以开始注意到游戏的结果，这很好地调动了幼儿的积极性，并使他们逐步产生对比赛的兴趣。

(4) 活动性体育游戏

这种游戏不一定有很明确的规则及情节要求，却能让幼儿达到一定的活动量，在游戏中完成动作的学习。

(5) 民间体育游戏

这是指民间世代相传的一些小型体育游戏，如跳房子、踢毽子、跳皮筋、跳绳等。

(二) 体育游戏中的教师指导

幼儿游戏动机的激发、维持与教师的教学策略和方法有直接的关系，教师必须使幼儿在游戏当中能有不同的运动体验、能够自发地参与，使游戏的动力源源不断。教师要注意安排不同效果的游戏，使幼儿的身体得到全面的锻炼。

1. 小班体育游戏的特点与指导

小班幼儿的体力和身体素质都比较薄弱，大肌肉群发育不太完善，各项基本动作都还没有正确掌握，动作缺乏协调性和准确性，平衡能力差，活动不自如。小班幼儿对游戏中的动作、角色、情节都很感兴趣，但是对游戏的结果不太注重。

对于小班幼儿，教师设计体育游戏的动作内容和情节力求简单，便于幼儿模仿。教师对游戏玩法和规则的讲解要做到生动形象、富有感染力，讲解一般要结合示范来进行，在游戏中逐步提出游戏规则。

2. 中班体育游戏的特点与指导

中班幼儿的体力有所发展，动作比小班幼儿更加协调和灵活自如，平衡能力和独立生活能力也有很大的提高。他们的空间知觉能力也明显增强，能辨别方向，注意力较易集中，能控制自己比较自觉地遵守游戏规则。中班幼儿比较喜欢有情节、有角色的游戏，游戏中的动作情节和角色比小班复杂，而且对游戏结果有所注意。

对于中班幼儿，需要更加注意其身体姿势和动作的正确性。教师要示范、讲解游戏的玩法与规则，并在游戏中着重检查游戏玩法的掌握情况及游戏规则的执行情况，可开展规则简单的竞赛游戏，要鼓励幼儿关心并努力争取好的游戏结果。

3. 大班体育游戏的特点与指导

大班幼儿身体更壮实，体力更充沛，在前两年学习的基础上，已能熟练地掌握各项基本动作，而且动作显得更加协调有力、灵活自如。他们对周围的生活有了一定的见解，观察、分析和理解能力有了显著的提高，开始具有组织和控制注意力的能力，责任感逐渐增强，喜欢游戏有胜负的结果。

对于大班幼儿，教师可设计安排竞赛性的游戏，并加大难度，需要幼儿克服一定的困难之后才能达到游戏的目的。教师要求幼儿独立地玩游戏，严格遵守游戏规则，争取最好的游戏结果。

幼儿体育游戏所寻求的是快乐、活泼、多变，教师可让幼儿在安全的情境下尽情地去发挥，借游戏的驱动去体会运动的乐趣。

七、智力游戏的开展与指导

（一）智力游戏概述

智力游戏是依据一定的智育任务而设计编定的一种有规则的游戏。智力游戏将一定的学习因素和游戏的形式紧密结合起来，使幼儿产生愉快的情绪，提高幼儿学习的主动性和积极性，提高幼儿努力完成任务的坚持性以及思维的灵活性和敏捷性，有助于幼儿形成乐于动手、动脑的好习惯，促进幼儿的智力发展。

1. 智力游戏的结构

智力游戏由游戏任务、游戏构思、游戏规则和游戏结果四个部分组成。这四个部分也是规则游戏所共有的，它们互相联系，综合地体现在每一种智力游戏之中。

（1）游戏任务

游戏任务是对幼儿认识内容和智力训练的要求。一般把某一发展目标分解为若干个小型游戏活动，梯次设计游戏的智力要求，用"滚雪球"的方式扩展幼儿的知识量，逐步提高幼儿的智力水平。

（2）游戏构思

游戏构思是在游戏中对幼儿动作和活动的要求。智力游戏的构思由多种多样与智力活动有关的动作组成，如看一看、找一找、猜一猜等。游戏过程中隐含了相关知识的学习和智力成分，游戏过程实质上就是知识学习的智力训练过程。

（3）游戏规则

游戏规则是通过规则确定和评定幼儿的游戏动作和活动是否合乎标准，在游戏中起指导、组织、调整幼儿行为的作用，以保证游戏任务的完成。游戏规则可以提高游戏的趣味性和刺激性，促使幼儿在游戏中积极努力。

（4）游戏结果

游戏结果体现游戏目的实现的程度，是判断游戏任务完成与否的标志。良好的游戏结果可使幼儿获得满足和愉快，并能激发他们继续游戏的兴趣。

2. 智力游戏的类型

智力游戏有丰富的内容，有很多种类。根据智力游戏的任务，可将智力游戏分为以下几种：

（1）训练感官的智力游戏

准确而敏锐的感知能力是观察力的基础。教师通过听觉游戏、视觉游戏、触觉游戏及观察力训练游戏等，帮助幼儿对事物典型的、细微的特征进行感知，加强感知的目的性、计划性，扩大感知的范围、广度和深度。

（2）练习记忆力的智力游戏

教师通过游戏训练幼儿注意的稳定性，提高注意的分配和转移的能力，保持记忆的准确性、持久性。练习记忆力的智力游戏包括注意力训练游戏、识记再认游戏、识记再现游戏等。

（3）锻炼思维的智力游戏

锻炼思维的智力游戏旨在培养幼儿的概念理解能力，发展幼儿的分类、比较及序列化能力和一定的逻辑判断和推理能力，从而提高幼儿思维的独立性、敏捷性和逻辑性。

（4）发展有想象力、创造力的智力游戏

想象力是创造力的基础，甚至就是"创造本身"。教师通过想象再造游戏和想象创造游戏，使幼儿可贵的创造性思维萌芽不断得到培育和发扬。

（二）智力游戏中的教师指导

1. 小班智力游戏的特点与指导

小班幼儿能用词组成简单的句子来表达自己的意思，但句子经常不完整，常出现没有主语的病句或颠倒的情况。幼儿的思维和动作、行为紧密联系，一旦动作停止或转移，其思维也就随之停止或转移。小班幼儿的智力游戏比较简单，游戏任务容易理解、容易完成，游戏方法具体，游戏规则一般不复杂。

对于小班幼儿，智力游戏多是利用玩具材料进行的。教师首先要考虑的是选用什么样的玩具、教具，用什么样的方式来激发幼儿的游戏兴趣。小班幼儿智力游戏的玩具和材料应该颜色鲜明、品种简单。在游戏时，教师应用自己的兴趣影响幼儿，讲解力求生动、简明和形象，过多的解释将会冲淡幼儿的注意力，使他们失去游戏的兴趣。教师一般采用描述性语言讲解游戏的玩法和规则，由于智力游戏的精确性高与幼儿理解能力较低之间存在反差，游戏的讲解可与示范动作相结合。

2. 中班智力游戏的特点与指导

中班幼儿已掌握了口语的基本语法，能完整叙述一件事情的经过。中班幼儿思维的具体形象性最为突出，需要具体的活动情景与活动形式。他们对周围世界充满浓厚的兴趣，对新鲜事物具有强烈的好奇心，喜欢向成人提出各种各样的问题。中班幼儿的游戏任务比小班要求高一些，游戏的动作逐渐多样化，游戏规则更多带有控制性，游戏中除用具体实物和教具外，还增加了一些语言的智力游戏和竞赛的因素。

对于中班幼儿，教师的讲解、示范应尽量与幼儿的尝试过程同步进行。有时可先让幼儿尝试，根据幼儿尝试中的错误再有针对性地讲解和示范。在游戏中，教师应注意检查他们对游戏玩法的掌握与执行规则的情况。对遵守规则的幼儿应给予鼓励，使幼儿明确只有严格遵守游戏规则，游戏才有趣味。要鼓励幼儿关心并努力争取好的游戏结果。一般来说，中班幼儿能独立地玩熟悉的游戏，教师只须在必要时给予指导。

3. 大班智力游戏的特点与指导

大班幼儿词类范围扩大，对词义的理解加深，能够用连接词进行连贯有条理地独立讲述，思维仍然是具体的，但明显地出现抽象逻辑思维的萌发。在记忆一些具体事物时，会自动地把事物进行分类，按类别记忆。大班幼儿观察事物的目的性、标准性、概括性都有一定的增长，并且出现了有意地抑制和调节自己心理活动的方法。大班幼儿对活动强度高的智力游戏更感兴趣，也喜欢参加带有竞赛性的智力游戏。

对于大班幼儿，教师一般只须用语言讲解游戏，要求幼儿能独立进行游戏。大班幼儿智力游戏的任务和内容都较为复杂，要求幼儿在智力游戏中完成较多的活动，游戏动作难度较高，多为一些有相互联系的、迅速而连贯的动作。游戏规则的严格程度不断提高，幼儿不仅要学会控制自己遵守游戏规则，而且要迅速、准确地执行游戏规则。教师要提醒幼儿严格遵守游戏规则，争取最好的游戏结果，并能对游戏的结果适当地进行评价。

智力游戏简便灵活，也不拘环境条件和时间的长短，无论是在上课时间还是在自由活动时间均可进行，教师应尽可能地考虑幼儿的个别差异，适当区分不同的层次，使每个幼儿都能在参与游戏中得到各自的发展。

八、音乐游戏的开展与指导

（一）音乐游戏概述

音乐游戏是指幼儿在音乐伴奏或歌曲伴唱下进行的游戏，音乐与动作相配合，以动作表现音乐，以音乐衬托动作，使动作表现得优美、富有节奏感与表现力。音乐游戏集中体现了音乐的艺术性、技能性与儿童的年龄特点和发展水平之间的对立统一。

1. 音乐游戏的结构

音乐游戏的结构由游戏任务、游戏设计、游戏情境、游戏规则和游戏成果组成。

（1）游戏任务

音乐游戏的任务是对幼儿认识内容和音乐训练的要求，一般体现在音乐欣赏、歌唱、韵律、打击乐等方面。

（2）游戏设计

音乐游戏中幼儿面对特定的审美对象，新鲜感便会油然而生。教师运用有声有色、生动活泼、新颖别致的游戏设计，唤起幼儿的审美注意，激发幼儿的审美渴望，更好地使幼儿受到音乐熏陶，达到最佳的效果。

（3）游戏情境

教师有目的地引入或创设具有一定情绪色彩的、生动具体的场景，引起幼儿产生积极的情感共鸣，使幼儿更快地进入音乐意境，帮助幼儿准确地认识音乐形象、更好地学习音乐技能、提升音乐素养。情境的创设要贯穿音乐游戏的全过程。

（4）游戏规则

音乐本身即幼儿需要遵守的游戏规则。音乐游戏的特性决定了幼儿在游戏过程中容易出现过度兴奋、人际冲突等现象，而通过规则使幼儿保持情绪的适度、舒适的兴奋状态是音乐游戏顺利开展的重要条件。所以，使幼儿意识到"音乐游戏是宽松、自由的，但这一切必须建立在一定规则的基础上"便十分重要。

（5）游戏成果

通过艺术化、生活化的方式展示幼儿的游戏成果，表现自身的音乐感受，为施展音乐才华提供空间。

2. 音乐游戏的类型

音乐游戏是多种多样的，分类方式也各不相同。根据目前幼儿园音乐游戏活动的实践大致分为以下几类：

（1）听觉游戏

音乐听觉能力是形成各种音乐能力的前提条件和基础。音乐听觉能力是指通过辨别、感知、领会、想象、思考音乐艺术形象及其内涵的能力，它包括听辨音乐的长短、强弱等。音乐听觉游戏是让幼儿充分欣赏自然产生的和人创造的各种音响效果,从音响的旋律、音色节奏等方面"接触"音乐语言,感受音响之美。

(2)节奏游戏

节奏是音乐构成的第一要素,培养节奏感是幼儿音乐教育的重要内容。节奏感是无法从符号学习中获得的,必须通过肌肉反应来感知,依靠身体高度协调的动作来感觉。节奏能力培养可结合各种音乐活动形式进行,包括说、唱、律动、舞蹈、器乐等。

(3)歌唱游戏

歌唱是人类发自本性和本能的一种嗓音游戏,也是一门声音的艺术。它不仅仅要求有动听的歌声,唱得音调准确、节奏正确、吐字清楚,还要求能创造性地运用歌声来表达各种感情。歌唱游戏旨在通过游戏让幼儿享受歌唱的乐趣,培养音乐感受力,发展幼儿运用嗓音进行艺术表现的能力。

(4)舞蹈游戏

舞蹈通过富有表情的韵律形体动作表现情感,是用人体姿态和身体动作进行的一种综合造型艺术,它结合了音乐的感受、审美的眼光与感情的表达,是时间艺术和空间艺术的有机结合。舞蹈游戏能够提高幼儿身体动作的协调性,发展幼儿的想象力和动作表现力,为幼儿今后形成良好的艺术气质打下基础。

(二)音乐游戏中的教师指导

教师应根据教育要求及幼儿的实际水平选编游戏并开展指导:一方面要根据教育的任务、要求选编不同类型的音乐游戏;另一方面顺应幼儿的年龄特点、生活特点和班级的实际水平,选择和编制能激发幼儿学习兴趣,使其获得成功体验的游戏。

1. 小班音乐游戏的特点与指导

小班幼儿喜欢唱歌,尤其对富有喜剧色彩、情绪热烈的歌曲会产生浓厚的兴趣。小班的音乐游戏能初步理解他们所熟悉歌曲的歌词内容和思想,理解性质比较鲜明的音乐情绪。有的幼儿甚至会即兴哼唱一些自己编的旋律和短句,能随音乐特点做动作,但由于经验不足,还不能随音乐性质变化相应的动作。

对于小班幼儿,教师必须有一种帮助幼儿理解和体验音乐活动所需要的特定的情绪。教师通过表情、动作、语言的变化,帮助幼儿更快地进入音乐作品所营造的意境中，学习感受性质鲜明单纯、结构短小明晰的歌曲和有标题的器乐曲的形象、内容和情感，在感受的同时进行多种方式的创造性表达，并鼓励幼儿用自己喜欢的方式来表现自己熟悉、喜爱的歌曲和乐曲。

2. 中班音乐游戏的特点与指导

中班幼儿听辨音的分化能力有所提高，逐渐能辨别声音的细微变化，对不同体裁、性质、风格乐曲的分辨能力也有很大发展，能基本理解音乐所表达的情绪和情感，并由此产生一定的想象、联想。在韵律活动中，手部动作出现的频率较高，多数幼儿比较喜欢做重复动作，能够再现短小的歌曲和较长歌曲中比较完整的片段。在歌词的理解方面还有一定困难，会出现错字、漏字和相似字的现象。

对于中班幼儿，教师应有意识地培养幼儿养成安静倾听、欣赏的习惯。要使用不同的速度、力度和音色变化来表现歌曲的不同形象、内容和情感，播放节奏感较强或民族风格的音乐，帮助幼儿感受到乐曲的结构，听出乐段、乐句之间的重复以及乐曲在情绪性质上的明显差异，拓宽幼儿对音调和节奏方面的体验。进一步引导幼儿发现律动中的动作组合规律，按简单的固定节奏型为歌曲、乐曲、舞蹈等做即兴伴奏，进一步学习或创编新动作，在集体中学会保持与音乐、与他人配合，形成初步协调的能力。

3. 大班音乐游戏的特点与指导

大班幼儿在音准把握能力上有了一定的进步，能基本唱准曲调，可以比较完整、准确地再现熟悉歌曲的歌词；对歌曲的形象内容、情感的体验与理解能力也会在一定程度上得到增强，甚至能够独立地即兴哼唱出相对完整的新曲调。对鲜明而有特点的节奏、音响和舞蹈律动具有浓厚的兴趣，幼儿能比较准确地按音乐节奏做各种稍微复杂的动作组合，逐渐将以前对乐器敲打的兴趣转向操作乐趣和效果乐趣，进一步丰富舞蹈动作语汇，喜欢在游戏中再现和表演他们感兴趣的人物表情、动作、情节和活动场面，表演时根据自己的经验和想象不断求新与创造。

对于大班幼儿，教师要帮助幼儿形成欣赏音乐的良好习惯和情趣，让幼儿欣赏更多不同性质、不同风格的乐曲、歌曲和舞蹈，更加细致地感知和体验这些音乐作品的内容和独特风格，感受不同形式的艺术美。在音乐游戏中不断丰富音乐要素，包括音乐的演奏乐器和演奏场景、音乐中的运动和张力、音乐中的情感以及音乐中的形象和情节等,并在此过程中加深幼儿对音乐的感受和把握。开展舞蹈创编活动,帮助幼儿按音乐的内容、风格和节奏特点表演各种基本动作、模仿动作和舞蹈组合动作。教师多组织表演、创作等艺术表现活动,使幼儿进一步学习使用其他各种非音乐的艺术手段,提高体验和表达音乐情趣的能力,鼓励幼儿表现自己对艺术作品的独特理解。

九、游戏观察

学前教育过程中,儿童游戏活动的教育意义能否体现、教育目标能否达成,取决于教师指导儿童游戏的实践经验和水平。只有通过观察,教师才能知道材料投放是否恰当;儿童的兴趣点是什么以及已有的生活经验丰富程度;游戏中面临什么困难;游戏中的互动出现了什么矛盾等。然后,教师才能决定以何种方式引导或指导哪个对象,给予及时的帮助和指导,从而促进儿童游戏的发展。

（一）游戏观察概述

游戏观察是指教育者通过感官或辅助仪器,有目的、有计划地对儿童游戏活动进行系统、连续地考察、记录、分析的方法。

1. 游戏观察的种类

教师在游戏中的观察有两种:随机观察与有目的观察。有目的观察是根据事先设定的儿童各种行为的发展水平指标,进行有针对性的观察。教师根据教育和研究的需要,确定目标儿童或目标行为,在游戏前设计观察内容,以便通过观察分析确定有针对性的教育方案。随机观察与有目的观察的主要区别便在于此。

2. 游戏观察的价值

通过对学前儿童游戏的观察,教师可以了解儿童喜欢的游戏类型、喜欢的玩具和游戏设备、喜欢的游戏空间、乐于参与的游戏主题,幼儿与同伴、教师互动的方式以及有关幼儿在游戏中表现出来的认知与社会性等方面发展的有价值的信息。对学前儿童游戏进行观察是教师了解学前儿童游戏行为的关键。

（1）帮助教师近距离了解幼儿

苏联心理学家维果斯基指出,游戏创造了幼儿的最近发展区。幼儿在游戏中的表现总是高于他们的实际年龄,高于他们的日常行为表现。游戏正如放大镜的焦点,凝聚和孕育着发展的所有趋向。通过游戏,教师可以了解幼儿的兴趣需要、情感态度、认知水平、个别差异等,进而为学前儿童游戏提供适时、适度的指导。

幼儿在自主游戏中可按照自己的意愿和兴趣选择游戏内容和游戏材料。因此，教师观察选择各游戏区域的幼儿人数、幼儿在某区域游戏持续时间的长短、幼儿使用游戏材料的频率，幼儿游戏的过程等，能够及时把握幼儿喜欢的游戏主题、游戏区域、游戏材料等，了解幼儿的兴趣需要和经验状况。幼儿的个性特点和能力差异通常能在游戏中得以充分地表露，教师只要善于观察，就能深入了解到每个幼儿的特点、闪光点，以此为依据，对幼儿做出正确而全面的评价，更好地对幼儿进行引导，促进幼儿的发展。

（2）帮助教师有效地指导游戏

当教师通过观察发现了学前儿童游戏存在的问题，并且幼儿也有希望教师参与游戏的需要时，教师就要选择恰当的指导方式参与到幼儿的游戏中。无论是采用平行介入、交叉介入或者是垂直地干预指导，教师都应在观察的基础上，视特定的游戏情境而采用相应的指导方式。

教师可以通过参与、材料指引和言语引导等策略去指导幼儿的游戏。教师要先观察把握幼儿问题存在的关键性因素，进而选取最有效的指导策略，对幼儿的游戏实施影响，做到对症下药。

（3）帮助教师科学地评价游戏

儿童游戏评价的内容涵盖了游戏的空间创设和材料投放的适宜性，幼儿在游戏中的认知、情感和社会性的水平、游戏主题情节的开展等方方面面的内容，这些内容都需要教师通过长期、深入的观察才能够获得。教师观察得越仔细，获得的资料就越翔实，对游戏的评价也就越准确客观。

同时，教师通过观察儿童游戏，能够及时地发现儿童在游戏中的闪光点和成功的经验，及时给予积极的评价和肯定，增强儿童的自信心，调动儿童游戏的积极性，并使游戏朝着好的方向继续发展。

（二）游戏观察的内容

教师对游戏进行观察包括以下几个方面：

1. 游戏行为方面

游戏行为方面主要观察幼儿认知、社会性、情绪情感的发展情况；幼儿对游戏的专注程度；学前儿童游戏的兴趣和偏好；学前儿童游戏的目的性、主动积极性；学前儿童游戏中的社会交往水平如何；幼儿在游戏中的组织能力如何等。

2. 游戏场地方面

游戏场地方面主要观察游戏场地安排是否合理，有无浪费的地方或过于拥挤的区域；区域间的邻近安排是否合理，如互补区域间的临近、安静区和喧闹区的远离；游戏场地间是否有通道，场地间的路线、标注、边界是否清晰合理等。

在最新版本《托儿所、幼儿园建筑设计规范》（JGJ39—2016）中规定，托儿所、幼儿园应设室外活动场地，并应符合下列标准：

（1）每班应设专用室外活动场地，面积不宜小于60平方米，各班活动场地之间宜采取分隔措施。

（2）应设全园共用活动场地，人均面积不应小于2平方米。

（3）地面应平整、防滑、无障碍、无尖锐突出物，并宜采用软质地坪。

（4）共用活动场地应设置游戏器具、沙坑、30米跑道、洗手池等，宜设戏水池，储水深度不应超过0.30米；游戏器具下面及周围应设软质铺装。

（5）室外活动场地应有1/2以上的面积在标准建筑日照阴影线之外。

3. 游戏材料方面

游戏材料方面主要观察游戏材料是否安全卫生；游戏材料的数量是否满足幼儿的需要，有无争抢游戏材料的现象发生；游戏材料是否符合幼儿的年龄层次需要，有无过难或过易的、儿童不问津的；辅助性材料的运用及效果等。

4. 游戏时间方面

游戏时间方面主要观察游戏开始、进行、结束的时间分配；游戏中专注的时间长短；一日游戏的时间长短等。

（三）游戏观察的方法

1. 扫描观察法

扫描观察法是指观察者在相等的时间段里对观察对象依次轮流进行观察，适合于粗略地了解全班幼儿的游戏情况，如可以掌握游戏主题的设定、幼儿游戏主题的选择、角色扮演等一般行为特点。扫描观察法一般在游戏开始和结束的时候运用得较多。扫描观察法的流程如下：

（1）预先设计观察表格，表格可以根据所要观察的内容而设计。

（2）确定观察对象和顺序。

（3）实施观察活动，以5~10分钟为一个时间单位，对观察对象进行有序观察，用统一的方式进行记录。

（4）教师分析观察记录。

2. 定点观察法

定点观察法是指教师固定在游戏中的某一区域对儿童游戏进行观察。此法适合了解幼儿的游戏情况，了解幼儿的现有经验以及他们的兴趣点、幼儿之间的交往、游戏情节的发展等动态信息，并且让教师较为系统地了解某一事件发生的前因后果，避免指导的盲目性。

定点观察法的流程如下：

（1）教师固定在某观察的区域，来此区域的幼儿都可以作为观察对象。

（2）教师观察幼儿的游戏行为、语言、表情，掌握幼儿的动作表情、活动兴趣、专注程度、交往情况等。

（3）在学前儿童游戏过程中，教师边指导学前儿童游戏，边做现场观察。

（4）观察记录用实况描述或事件抽样的方法记录。

3. 追踪观察法

教师根据需要确定某个幼儿作为观察对象，观察他在游戏活动中的各种情况，固定人而不固定地点。此法适合于观察了解个别幼儿在游戏中的发展水平，教师可以自始至终地观察。追踪观察法的流程如下：

（1）在自由游戏情境中观察儿童真实的游戏状态。

（2）对幼儿进行观察。

（3）采用实况记录的方法记录。用图示将观察路径记录下来，然后用实况描述方式的记录儿童游戏，也可以有教师的评述，以及有分析、有对策。

第三节 区域活动

区域活动以其独特的"自由、自主、宽松、愉快"的活动形式深受幼儿的欢迎，为幼儿提供充分的自主活动的表现机会，最适合让幼儿进行个性化的学习，从中凸显其优势智力。

一、区域活动概述

（一）区域活动的概念

区域活动也叫区角活动，是指在一定的教育思想指导下，由教师为幼儿提供合适的活动场地、材料、玩具和学具等，让幼儿自由选择活动内容，通过操作、发现、讨论等活动来获得知识、发展能力的一种活动形式。

（二）区域活动的特点

1. 自由性

区域活动让幼儿依靠自身的能力，通过对各种材料的摆弄、操作去感知、思考、寻找问题的答案。幼儿可根据自己的兴趣、意愿、能力自行选择活动，自由结伴、自由选择、自由活动，从而在不同的水平上获得相应的发展。

2. 自主性

区域活动中，幼儿自主决定游戏的材料、方式、内容及玩伴，按自己的方式和意愿进行。区域活动是自我学习、自我探索、自我发现、自我完善的活动，可以充分发挥幼儿的主体作用，让幼儿成为自己真正的主人。

3. 个性化

教师通过设置各类活动区域，安排各种活动内容，满足不同发展水平幼儿的需要。教师根据幼儿的实际水平进行针对性的指导与帮助，使幼儿在不同的水平上获得不同的经验，让每个幼儿在原有水平上实现自己富有特色的发展。

4. 指导的间接性

在区域活动中，教师退至幼儿后面，幼儿成为活动的主体。教师的任务是观察幼儿的活动情况，分析指导的内容和决定指导的方法，以游戏伙伴的身份做隐性的指导，培养幼儿的积极性、主动性和创造性。

（三）区域活动的意义

区域活动充分体现了幼儿身心发展的特点，可满足幼儿活动和游戏的需要，更好地促进幼儿自然、自由、快乐、健康地成长，实现"玩中学、做中学"。

（1）区域活动的开展为幼儿的交往提供了良好的心理环境，区域活动的设置是自由、开放的，幼儿可以根据自己的喜好选择相应的区域进行活动，丰富的环境为幼儿提供了探索、求知的空间，使幼儿的欲望得到满足。

（2）区域活动为幼儿提供了协商、合作的机会，现在的幼儿多是以自我为中心的，在幼儿园的集体教育中，教师虽然比较注重对幼儿这方面的培养，但针对性不强，而区域活动的特殊性恰恰弥补了集体教育的不足。

（3）区域活动为幼儿的发展提供了广阔的空间，区域是幼儿们自己的天地，幼儿们在属于自己的空间里感受、发现和创新，自由自在地交往。幼儿的双手和头脑始终处于积极的状态,在自己的小天地里探索、操作,获得了更宽广的发展天地。

二、区域活动环境的创设

区域活动的教育价值主要附设在区域内的操作材料、情境及相应的活动中。区域活动开展的前提是有一个特定的"有准备的环境"。《纲要》明确指出:"幼儿的空间、设施、活动材料和常规要求等应有利于引发、支持幼儿的游戏和各种探索活动,有利于引发、支持幼儿与周围环境之间积极的相互作用。"

(一)活动区域的设置

在现阶段幼儿园室内环境设计中,有多种多样的区域,大致有以下三种类型:

1. 常规区域

目前,幼儿园常规区域一般包括建构区、美工区、表演区、角色游戏区、阅读区、益智区、语言区、科学区、感官操作区、沙水区和运动区等。

2. 特色区域

特色区域主要是体现与其他幼儿园不同的、比较独特的区域。这种特色可以是地域特色,也可以是园本、班本特色的体现。

3. 主题区域

主题环境的建构越来越引起教师们的重视,主题环境可以体现在墙饰上,也可以体现在区域环境上。主题区域即将某一主题活动内容物化在区域材料当中,引导幼儿在区域活动中实现主题目标。

(二)活动区域的布局要求

活动区域根据教室空间(面积、格局、形状)、儿童人数(男女比例)、编班方式(年龄段、混龄、同龄)、幼儿园总体安排及课程设置等总体考虑,必须使地面、墙面、桌面得以充分利用,环境布置、材料设备等蕴含的教育因素能充分发挥作用,让儿童在充分的活动中获得多方面发展。

1. 活动区域的界限性

在划分界限时,除了考虑美观、漂亮之外,更要从教育的角度出发。可通过地面不同的颜色、图案或质地来划分不同的区域,也可划分立体界限,运用架子、柜子或其他物体隔离划分出不同的区域,形成封闭或开放的空间。还可以用有相关活动区所写下的文字、图片或装饰物帮助幼儿认识区别各个区域。各个区域之间还要留出足够的、便于幼儿进出的通道,以保证活动的顺利开展。

2. 活动区域的相容性

在布置活动区时要考虑各个区域的性质,尽量把性质相类似的活动区安排在相邻的位置。如把以安静的阅读活动为主的图书区和以动脑为主的数学区放在一起,把操作活动为主的积木区和娃娃家放在一起等。同时还要考虑,需要用水的活动区应当靠近盥洗间或取水处,自然区和图书区等需要明亮光线的区域应靠近窗户等。

3. 活动区域的转换性

在考虑划分各个区域的同时,也要考虑幼儿可能出现将一个活动区内的活动延伸转换至其他活动区的需要。例如,在表演区的角色游戏活动可能会延伸至积木区;在自然区的活动可能会延伸至美工区。应该预见幼儿可能出现的延伸活动,并在活动区的设置上满足幼儿的这一需求。同时,密切观察幼儿在各个活动区的活动,细心了解幼儿的兴趣和需要,并及时调整活动区的种类和数量。

三、区域活动材料的投放

区域材料作为幼儿活动的操作对象,是幼儿建构、学习、发展的媒介,材料的投放影响着幼儿活动的开展。教师在投放区域材料的时候,要根据幼儿的年龄特点、幼儿的实际发展水平、近期的教育目标进行投放。

(一)材料要有趣味性、新颖性

有趣的材料能够引起幼儿主动参与操作及激发幼儿探索的欲望,从而提高目标的达成度。科学区中有趣的凸凹镜、奇妙的磁铁、会变的三原色、沙漏、转盘、拼图等,生活区中的夹弹子、动物喂食、小猫钓鱼等,计算区中的图形、数字、七巧板、多变的几何体等对幼儿充满了诱惑,幼儿参与的兴趣就很浓。材料的提供不能一成不变,而要根据教育目标和幼儿的发展需求,分期、分批地投放并依计划不断地更新材料,不断地吸引幼儿调动主动参与的兴趣与逐步深化的探究。在完成某个教育目标时所设计、提供的材料要力求做到角度不同、丰富多样,以满足幼儿反复操作的需要,使其积极性一直保持在最佳状态。

(二)材料要有目标性、主题性

区域活动的材料要考虑幼儿的年龄特点、发展水平及最近发展区,使材料蕴含或物化着教育目标与内容。当幼儿操作这些材料时能揭示有关的现象和事物间的关系，而这些现象和关系，正是教师期望幼儿获得的，也是这个年龄段的幼儿能够获得的。例如，小班生活区提供纽扣、木珠、串线板等材料，目的是锻炼幼儿手指、手腕和手眼的协调能力；而中班教师在美工区投放的三原色，是希望幼儿通过颜色游戏感受与发现三原色的变化，通过自己的积极思维去建构颜色变化的规律。

教师有针对性地选择、投放与主题相关的操作材料，并且充分挖掘材料在不同区域内的多种教育作用，一个目标可以通过若干材料的共同作用来实现，一种材料也能为达到多项目标的服务。例如，积木区中，幼儿进行的不仅仅是"建构"活动，也可以进行艺术、语言数学、社会等多领域的学习活动，关键是教师要有研究、发掘各活动区教育潜能的思想意识，时刻注意活动材料的多领域经验的指向性、材料的低结构性，注重隐性环境的暗示作用。

（三）材料要有层次性、系统性

区域活动是幼儿个性化学习的最佳途径之一，教师根据幼儿的能力提供操作难易程度不同的活动材料。某些材料从加工程度来说，可为同一个活动区提供原材料、半成品和成品，由浅入深，从易到难分解出操作层次，并构成系统性，以满足幼儿学习的不同需要。教师可在图书区为不同层次的幼儿提供不同材料，并提出不同的要求：为能力较弱的幼儿提供音像设备，让他们仔细认真地听故事，激发幼儿阅读的兴趣；为能力中等的幼儿提供图书，锻炼幼儿看图阅读的能力及习惯；为能力强的幼儿提供故事的部分情节，让幼儿依据情节自己想象故事的发展并进行表达与表现。幼儿根据自己的能力自主选择，这样不仅使区域活动适应了不同水平幼儿的学习，更重要的是它能使幼儿体会到学习的成功与快乐，更多地体验到自信。

（四）材料要有操作性、探究性

所投放的材料必须引导幼儿对客观事物进行动手操作和动脑思考，保证动脑思考和动手操作形成联动。当前，很多教师往往将探索等同于一般意义上的动手操作，造成了幼儿在区域活动中简单机械的重复训练，没有对幼儿的心智提出积极的挑战，使区域活动不能最大限度地支持幼儿与材料之间的相互作用，不能引发幼儿的探究活动。例如，有的教师给幼儿投放一个用硬卡纸做成的时钟，让幼儿根据要求拨出不同的时间，这就仅仅是一个机械的动手操作活动，不具有探索性；而给幼儿提供钟面、时针、分针、数字等材料，让幼儿自己拼装出时钟，这就是具有充分探索性的活动。因为在组装时钟时，幼儿要不断地思考如何拼装各个部件、数字怎么安排、时针与分针如何协调、如何让各个部件活动起来等问题，幼儿在动手操作的过程中，即可不断地进行积极的探究。

四、区域活动的流程

（一）开始部分

教师可以介绍新的材料及玩法，让幼儿知道该怎么玩；也可以介绍被冷落的材料，以激发幼儿进一步的兴趣；还可以谈谈活动中的注意点，如选择区域时人数的控制问题、材料的取放问题等。时间不宜太长，应控制在5分钟以内。

（二）中间部分

教师组织幼儿进入各区活动，让幼儿拥有真正的自主权，让他们自主地决定、主动地探索学习，这是区域活动的核心部分。教师是环境创设者、条件提供者和观察指导者。教师主要通过改变环境或投放不同的材料来影响幼儿的学习。教师要注意不断地在各个区域间来回观察和参与游戏，要留意观察每个幼儿的操作情况和交往能力，针对出现的问题，选择恰当的时机参与到幼儿的活动中，与幼儿一起探索、操作、发现、讨论、解决问题，真正体现幼儿的主导地位。教师要通过观察和分析，看看幼儿对材料是否感兴趣、是否会玩；思考哪些材料适合怎样能力的幼儿；思考可以提供哪些不同层次的材料；观察幼儿游戏时是否需要帮助，并思考以何种形式对其进行帮助。

（三）结束部分

教师评价活动的情况，一般情况下是小班幼儿以教师评价为主，中大班的可以教师评价，也可以幼儿自我评价和同伴评价。无论采用何种评价方式，都不能只注重结果，更要注重过程的评价。其目的在于引导幼儿自发、自愿地进行交流、讨论、积极表达情感，共享快乐、共解难题、提升经验，同时激发再次活动的愿望。评价的结果往往影响到幼儿今后的活动情况，评价对幼儿的发展也有一定的导向作用。教师的评价应该是全面的，根据幼儿的活动情况，抓住幼儿的闪光点加以鼓励，针对幼儿出现的问题提出不足，鼓励幼儿大胆地发表自己的意见，并根据自己的意见加以总结。

对活动的结束可以设置一定的信号，如一段优美的音乐，让幼儿在听到音乐时便收拾玩具并放回原来的地方。

五、区域活动的指导模式

根据区域活动的性质特点，把区域活动的指导模式分为以听说表现为主、以动手操作为主、以探索发现为主的三种类型：

（一）以听说表现为主的区域活动指导模式

该模式一般适用于阅读、音乐、美术等区域活动，具体环节包括以下几方面：

1. 创设情境，激发兴趣

该环节是引起幼儿的内在动机，使幼儿积极地投入多种形式的活动。教师的任务是为幼儿创设特定的环境，包括安静、舒适的活动空间，附带丰富有趣的活动材料（如图书、画报、幻灯、录音故事、音乐等），以此激发幼儿参加活动的兴趣和愿望。

2. 引导感知，观察援助

该环节是让幼儿自由地选择区域内容、自主活动，教师的任务是引导幼儿感知理解听说、表达的有关内容，指导幼儿学会浅显易懂的知识和技能。

3. 展现交流，分享成果

该环节是通过作品展示、互动交流，分享成功的快乐，增强幼儿的自信心和成功感。可采用故事表演、美术作品的介绍等方法来实现。

（二）以动手操作为主的区域活动指导模式

该模式适用于建构、手工制作等区域活动，具体环节包括以下几方面：

1. 创设情境，激发兴趣

该环节的目的同前一模式。但教师的任务是为幼儿提供能满足需要的材料，并设置有关的问题情境，供幼儿观察感知之用。该模式主要是让幼儿自己去观察感知、发现操作的步骤和方法，进而自己进行操作探索。

2. 观察引导，鼓励探索

该环节是引导幼儿观察发现相关物体的制作方法和步骤，当幼儿操作时发生困难，应及时给予启发或援助，帮助鼓励幼儿获得成功。

3. 展示作品，交流分享

该环节教师让幼儿介绍自己探索操作时碰到的困难、作品制作方法的演示等，培养幼儿的自信心、坚持性及探索精神。

（三）以动手操作为主的区域活动指导模式

该模式适用于建构、手工制作等区域活动，具体环节包括以下几方面：

1. 创设情境，激发兴趣

该环节的目的同前一模式。但教师的任务是为幼儿提供能满足需要的材料，并设置有关的问题情境，供幼儿观察感知之用。该模式主要是让幼儿自己去观察感知、发现操作的步骤和方法，进而自己进行操作探索。

2. 观察引导，鼓励探索

该环节是引导幼儿观察发现相关物体的制作方法和步骤，当幼儿操作时发生困难，应及时给予启发或援助，帮助鼓励幼儿获得成功。

3. 展示作品，交流分享

该环节教师让幼儿介绍自己探索操作时碰到的困难、作品制作方法的演示等，培养幼儿的自信心、坚持性及探索精神。

（四）以探索发现为主的区域活动指导模式

该模式适用于科学区、益智区等区域活动，具体环节包括以下几方面：

1. 感知讨论，激发兴趣

该环节的目的是让幼儿在感知或讨论的过程中，主动地获得知识。教师的任务是让幼儿明确感知目的和任务，提高他们参与的积极性，同时要提出一些引起幼儿思考的问题，组织幼儿开展讨论，激发幼儿内在的学习动机，引起幼儿思考的兴趣。

2. 引导探索，尝试发现

该环节是教师鼓励幼儿自由探索，对于幼儿的探索尝试不要多加干涉。因为，受能力和知识经验水平的限制，幼儿的尝试、发现需要一个过程，所以教师要善于等待，要注意幼儿的个别差异，对有困难的幼儿给予帮助和鼓励。

3. 验证交流，迁移应用

该环节是让幼儿将探索尝试的结果当众进行验证演示，也可以启发幼儿把探索发现获得的知识经验迁移应用到新的探索活动中去。通过这样的活动，既能使幼儿的自信心和成功感得到增强，又使幼儿的探索尝试、迁移应用的能力得到进一步的提高。

幼儿园区域活动是幼儿园"生活、学习、做人"教育活动的一个操作平台，也是幼儿最快乐的活动之一。幼儿园必须创造一个幼儿主动探索发展的环境，进一步调动幼儿的主动性和积极性，更好地发挥区域活动的实效性，为幼儿的终身发展奠定基础。

第四节 小组活动

《纲要》中明确提出："通过引导幼儿积极主动地参与小组讨论、探索等方式，培养幼儿合作学习的意识和能力，学习用多种方式表现、交流、分享探索的过程和结果。"小组活动在促进幼儿主体性学习、照顾幼儿个体差异、支持幼儿同伴间合作方面独具价值，能较好地体现新课程所倡导的自主、合作、交流等理念，在教育改革中逐步成为学前教师关注和探索的热点。

一、小组活动概述

小组活动是以合作学习小组为基本形式，系统利用活动中动态因素之间的互动促进幼儿的学习，共同达成发展目标的教育活动。小组活动具有四个基本特征：以异质小组为基本形式；以小组明确的目标达成为标准；以小组成员相互依赖的合作性活动为主体；以小组总体成绩作为评价和奖励的依据。

二、小组活动的价值

（一）唤醒主体意识，提高幼儿的参与度

小组活动为幼儿提供了宽松的心理环境，使他们有机会大胆地提出自己的想法、质疑他人的观点，使批判性学习成为可能。组员的表现机会增多，对他人信息的接收更加丰富，在经过组员间不同想法的碰撞后，使幼儿进一步激发创造力、拓展思维、培养创新意识和思维能力，同时促进幼儿自身知识经验体系的建构，获得可持续发展的动力。

（二）改善师幼关系，提高教育的和谐度

师幼关系从传统的管理型、集权型转变为交流型、伙伴型。幼儿可以走到教师的身边，教师也可以随意地触摸到每个幼儿，距离的拉近、言语交流频率的递增、动作交流的增加可以让师幼关系变得更加亲密。教师有更多的时间和精力来观察幼儿，更能了解幼儿的参与情况、活动水平以及活动兴趣需要，可

以采用个别化的方式以促进幼儿的个性化发展。

（三）创建交流平台，提高社会化发展水平

小组活动中，幼儿的学习方式以及角色作用都发生了改变。幼儿主动提问、自主交流、敢于尝试、学会倾听和反思，在与同伴的互动中发展合作能力，为获得终身学习的能力奠定坚实的基础。由于小组活动是以小组明确的目标达成为标准，小组与个体的价值就融为一体。幼儿在通过共同努力完成小组任务的同时，个体的价值也随之得以实现，自尊、自信等社会性基本素质也得到发展。

三、教师在小组活动中的管理技术

教师的小组活动管理是一种微观管理，教师在活动价值导向下的行为安排能够体现小组活动管理的目的性和策略性。教师管理小组活动的技术内涵主要包括冷静观察与分析的技术、设计与反思的技术、反馈与回应的技术（语言与非语言方式）、引导幼儿的技术、与幼儿沟通交往的技术、用评价与期望激励幼儿的技术、运用资源与创设环境的技术等方面。

（一）成立合作小组，引导幼儿体验合作活动

成立合作小组是开展小组活动的首要工作。教师遵循"组间同质、组内异质"的原则，教师应考虑幼儿的性别、兴趣、水平能力和性格特征等因素，小组成员要做到"强弱搭配优势互补"。小组成员要相对固定，使同组的幼儿有尽可能多的时间共处和交流，彼此之间尽快了解和熟悉，对同伴的行为方式和性格特征有更加深入的了解。

（二）充分发挥"小组共同体"的教育作用

小组成员之间是以共同的任务目标连接而成的"共同体"。由于小组活动包含了讨论协商、统一意见、分工合作、交流分享等合作学习必需的环节和策略。教师在活动初期应致力于协助幼儿熟悉小组活动的具体步骤，即"商量—分工—操作—交流"环节，幼儿在反复进行这些环节的过程中，乐于合作并善于合作。例如，科学活动中可设计分组操作环节，让小组成员分工协作，有组长、记录员、操作者、发言者，每个成员各有职责；在实验中，小组成员要积极合作，分工操作，共同努力开展实验，以验证教师提出的假设；在实验结束后，小组成员要整理实验材料，帮助教师收拾活动场地。同时注意小组中的角色还要定期轮换，保证幼儿的多角色体验。

（三）适时指导，让幼儿习得更多的合作技巧

教师应关注小组活动的整个过程，并在不同阶段给予有效的指导。教师对幼儿的引导主要体现在幼儿合作小组的分组、幼儿合作过程中冷场、幼儿讨论脱离主题这3个方面。若幼儿在分组方面出现矛盾，教师应根据幼儿性格、爱好、能力等方面，并结合具体的情况进行适当的变动；若幼儿在合作过程中冷场，出现"作而不合、合而不均、合而无技"等情况，教师要根据原因进行指导，保证小组活动体现合作与交往；若幼儿讨论偏离主题，教师应及时地以提问者的身份去提问，将话题围绕主题展开，保证合作学习的顺利进行。教师应提升幼儿的理解与交流能力，在合作中，不但要让幼儿学会与他人交流自己的见解，而且要让幼儿学会倾听他人的建议与想法，并且与他人积极友好地相处，在活动中学会商量、谦让、共同使用等技能，同时应引导幼儿积极寻求帮助和主动帮助他人。教师要把握机会甚至创造机会帮助被排斥或游离在小组活动外的幼儿参与到小组活动中来，并帮助幼儿协商解决矛盾冲突与问题。从渗透、支持到自主阶段，教师的支持和指导贯穿合作学习的始末，教师的角色由台前向幕后逐步淡化。

（四）充分利用新问题资源，引导幼儿自己解决矛盾冲突

小组活动中出现的问题正是教师实施教育的最佳时机，将活动中的问题管理转化为服务于幼儿活动的、能有序地引导幼儿控制活动资源和活动进程的主动行为，调适动静结合的活动节奏，引导小组活动走向更深入的层次。

小组活动形式上的多人合作性、活动内容的生成探究性、幼儿反应的个体差异性以及活动过程的不可预见性等，都可导致活动过程中不可控因素的增多，出现一些超出教师预设的新问题、新现象。教师要将这些新的问题和现象转化为一种新的教育资源进行利用，为幼儿提供更多探究的内容，以及更多思考的空间和释疑机会，这就使活动内容更能适应幼儿不断变化的实际需求，从而提升活动效能，促使幼儿的自主探究学习兴趣随着新的探究情境的出现而更加浓厚，也使新的活动目标和探究内容不断生成，探究空间亦不断拓宽。

（五）评价主体多元化，全面详细

教师对活动的评价应全面、详细，使过程性评价与结果性评价相结合。对活动过程的评价要从小组合作过程的合作性和小组中每个成员的状态进行分析；对于活动的结果主要是通过小组是否完成任务和所用时间来进行评价。

评价主体应由教师和幼儿共同担任。教师为主体的评价能够为幼儿提供更好的指导方法；而幼儿为主体的评价更真实、内容更丰富，幼儿能够通过评价与反思得到锻炼。无论评价标准如何变换，均应坚持把握"淡化个体、强化小组"的原则，强调"合作学习、荣辱与共"的关系，培养合作精神、团队意识和集体观念。

幼儿园的教育目标是促进每位幼儿的身心健康发展，小组活动符合幼儿个性化发展的需要，理应成为今后幼儿园活动的重要形式。

第五节 主题活动

主题活动是围绕主题确定内容、具有综合性的、一系列的教育活动的统称。主题活动能够充分调动幼儿的多种感官，并形成多种体验方式，在促进幼儿全面发展教育方面具有十分重要的意义。

一、主题活动概述

主题活动是指在一定的时间里，围绕一个中心内容（主题）组织开展的教育活动。主题活动打破了学科之间的界限，将各种学习内容围绕一个"中心"有机地连接起来，从儿童的兴趣和需要出发，紧密跟随现实生活发生的新变化和新形势，围绕主题展开一系列的活动，使幼儿通过探索和学习，获得与该主题相关的比较完整的经验。

（一）主题活动的优点

以"主题"的形式构建每一阶段的生活经验，使幼儿园生活成为促进幼儿持续发展的连续教育。

1. 主题活动更具生活性、开放性

幼儿园的主题一般选择季节性、节日性以及幼儿的兴趣点为主题，这样的主题贴近生活，幼儿非常感兴趣，当幼儿运用自己所学的知识解决生活中的问题后，学习的兴趣会更浓。主题活动具有丰富的教育资源，幼儿活动的地点不再局限于教室，幼儿园、家庭及社区为幼儿提供广阔的活动空间。

2. 主题活动更具系统性、综合性

主题活动是以一个主题为中心进行延伸的活动，这些活动紧紧围绕这个主题而进行,这个主题始终贯穿于活动的始终,小的活动构成一个小主题,几个小主题构成最后的大主题。主题活动是一种跨学科的综合性教学形式,能够使各学科的教学内容互相联系、彼此渗透,有助于幼儿获得整体性、连贯性的知识,同时也有利于开发幼儿的多元智力。

3. 主题活动更具探究性、生成性

主题教育的最大价值在于师幼之间共同有深度地探讨一个主题,通过自主探究等多样化研究性学习的活动形式,发挥幼儿的主动性,促进幼儿的主动探索与学习,引导幼儿在愉快的体验中获得成功与发展,从而丰富幼儿的学习生活经验。这种伴随着活动过程而具有丰富的内心体验是形成认知和转化行为的基础,为幼儿的终身学习打下良好的基础。

(二)主题活动的各个阶段

1. 起始阶段

教师引导幼儿围绕自己感兴趣的主题提出问题,初步编制主题网络。

2. 发展阶段

幼儿在教师指导下,开展多种活动,对主题进行深入探索。教师重视幼儿的发展与社会的密切关联,尽量提供机会让幼儿从多个视角来观察和看待事物,为幼儿介绍一些活动方法与技能,帮助幼儿制订解决问题的方案,做好观察记录、收集作品、自我反思以及叙述性的学习体验各方面的记录。

3. 结束阶段

教师组织汇报、表演等活动让幼儿向全班幼儿、家长及全园甚至更大范围的人群进行成果展示。通过成果的展示,幼儿的自我得以充分体现,获得一定的"高峰体验",这种体验与满足激励幼儿继续进行新的探究活动,成为其学习过程的内在动力。教师关注幼儿提出的新问题,并为其继续探究提供支持。

(三)主题活动的实质

1. 主题活动是一种探究活动

探究是幼儿学习的一种重要方式,探究的过程是问题解决和创造的过程。幼儿通过探究可以获得对知识的理解。幼儿天生具有探究的本能,正是这种本能促使幼儿去探寻事物的本质和解决问题的办法。随着年龄的增长,幼儿探究的欲望更加强烈,探究的范围也更加广阔,主题活动给幼儿提供了一个进一步探究科学世界的平台。

2. 主题活动是知识整合的过程

在主题活动中,需要以学科知识的整体性作为有用的和必要的基础,比较系统的学科知识是进行主题活动的基础与前提。主题活动注重学科领域内知识结构的重组以及在统一原理的基础上重新建构教学形态。主题活动能灵活处理好学科知识之间自然的、相对的和灵活的关联,进而配合主题情境、相关的探索活动以及幼儿的学习需求。通过适当的安排,让学科知识进入生活,使学习内容与幼儿的学习之间呈现一种有机关联的状态。

3. 主题活动是幼儿认知结构建立的过程

只有幼儿自己具体地和自发地参与各种活动,才能获得真实的知识,才能形成他们自己的假设。在主题活动过程中,幼儿通过观察、操作等方式来表达对主题的理解和体验。幼儿不仅对事物进行探究,还在探究中主动地建构起自己的认知结构,获得对事物的理解。主题活动的过程是一个操作、体验、理解的过程,也是幼儿建构自己的知识和经验的过程。通过主题活动,幼儿的认知、情绪情感和社会交往等多方面能力得到了全面、协调的发展。

二、主题活动的有效开展

主题活动是一个系统的设计过程。无论主题活动有多么大的灵活性,每一个活动的设计、开发和实施都应当是有计划进行的。教师应综合各方面来选择主题、编制主题活动网络、科学组织主题活动等。

(一)选择主题

一个主题所要表达的是幼儿在这一时间段内所要参与的一系列活动,还有幼儿所要从中获得的主要经验。主题是教师选择组织学习内容、开展教育教学过程、创设教育环境的方向标。

1. 以幼儿的发展为中心进行主题设计

以幼儿某一阶段的发展为中心整合学习内容,如"我上中班了",围绕幼儿发展的四方面——身体与动作、社会性、认知和情感组织活动,每一方面的发展都可以有几个次级主题,每一个次级主题都可以组织幼儿分小组从多方面开展活动。因不同阶段孩子的发展特征不一样,这类主题在课程目标设置上也容易体现出层次性和渐进性。

2. 以幼儿的心理逻辑顺序为中心进行主题设计

从幼儿在日常生活中认识事物的心理出发，把与某事物相关的其他事物整合在一起。例如，"街心花园"的设计按照幼儿进入街心公园时的所见、所闻、所想来设计主题网络，使各项活动成为幼儿经验的连续体。

3. 以幼儿的生活为中心进行主题设计

幼儿以自然的方式去发现生活中事物间自然的和真实的内在联系。据此，幼儿生活中的自然环境与社会环境都可以成为幼儿园课程的主要内容，如动物、植物、四季变化、节令纪念日、家庭、店铺、公共机关、风俗、疾病和游戏等都可纳入活动内容的范围。

主题活动既可各班独立开展，也可整体规划全年级共同进行。由于教师自身有着较高的知识水平，为幼儿选择的主题也必然存在一定的可行性。同时，可以把活动主题选择的权利交给幼儿们，鼓励幼儿自主进行活动主题的选择。他们选择的主题不一定比教师的科学，但往往正是他们内心所需要的，能够最有效地促进幼儿的成长。

（二）编制主题活动网络

教师根据活动主题的教育价值明确主题要素的内容性质，根据幼儿的生活经验和知识背景，组织与拓展主题材料，构成各层次要素之间彼此关联的主题网。每个主题都通过网络的方式表现主题开展的基本线索。通过对主题目标、内容的确定和主题展开线索的呈现，进一步设计主题的环境、教学活动、家园联系工作及游戏等，同时提供主题涉及的主要资源。主题活动网络大致包括以下四种：

1. 主题概念网

主题概念网是将主题概念进行分解延伸，检索与主题相关的知识经验，引发出与这个概念相关的一系列次级概念，进行层层分解。

2. 主题活动网

主题活动网是分析主题所涵盖的学科或领域倾向，设想儿童可以从这些学科或领域中获得哪些具体的知识和技能，将主题要素网络转变成活动网络。各种活动一般不存在先后顺序和逻辑顺序，可以独立进行。

3. 主题概念活动网

主题概念活动网是上述两种主题网络的结合，关注活动的广度与横向衔接的问题，同时考虑活动的深度以及活动内容的系统性与逻辑顺序等问题，保证主题活动的递进与衔接而进行设计。

4. 多元智力主题网

根据多元智力内容，寻找与主题相关的活动素材，能够直观地体现主题的各个活动和所涉及的领域。

此外，如果大、中、小班有共同的活动主题，则应在不同年龄班组织不同层次的主题内容，并使这些内容能够有机地衔接起来，从而构成一个主题逐层拓展与深化的螺旋式主题网络。

（三）科学组织主题活动

组织主题活动不仅仅是组织学科内容的一种形式或技术，更是一种综合性、系统性思考的教育哲学实践。主题活动设计不仅要为儿童从多维且具有内在一致性的视角掌握知识提供机会，也要为促进儿童接纳知识或者多样化理解知识创造条件。

1. 在主题活动内容的选择与安排方面，需要从教学活动的综合度与关联性入手

主题活动所预期的目标直接制约主题活动的综合度。如果主题活动的目标主要指向儿童的知识关联，促进儿童认识世界的完整图景，那么其综合的范围往往具有灵活性，可以是一个领域内相关知识的关联，也可以是跨领域的综合。这种较高程度的综合要求知识之间的联系和结构都比较严密；如果主题活动的目标主要指向儿童的经验方面，那么活动内容之间的联系和结构可以比较松散，而更多指向儿童经验成长方面，关注个人综合应用知识解决问题的能力。

2. 在活动与儿童之间寻找一种动态的平衡，以保证教学活动设计的科学性和可行性

一方面，要从儿童年龄特征与需要出发，去联系和整合社会的需要，把社会对儿童的要求与儿童成长发展的需要结合起来，并将之体现在儿童培养目标和课程目标中；另一方面在目标的指引下，动态地把握学科、儿童、社会三者之间的关系，并以此作为主题活动设的依据。从社会与儿童的现实生活出发，按照认识事物的线索或者解决问题的线索去考虑学科内部知识的整合或者学科之间的综合；从儿童的需要出发，按照儿童现实生活的状况和经验、背景去考虑学科与儿童生活的关联。

3. 主题活动须妥善处理整个幼儿教育阶段的课程组织架构

一方面,须兼顾幼儿园各个年级儿童学习经验的横向衔接与纵向连贯,使整个学前教育阶段能够为儿童提供一个循序渐进、逐渐扩展的学习进程;另一方面,通过鼓励各个年级和学科教师之间的合作设计活动,共同肩负主题活动的责任,互相配合活动内容,使彼此成为知识分享者、资源提供者,进而推动教学实践,促使儿童成长为积极、主动的学习者。

(四)充分发挥主题墙的教育价值

主题墙是主题活动的缩影,承载着分享合作、快乐讲述的多重功能,是融审美价值、教育价值等于一体的交互载体。每一个主题墙饰的创设,不仅是活动内容的体现、教学活动的反映,更是幼儿学习过程和结果的记录。教师应把主题墙的创设摆在体现教育取向的重要位置,支持幼儿的学习和活动,体现在整个主题活动发展的全过程。

1. 体现自主性,使主题墙成为幼儿动手操作的舞台

教师让幼儿按照自己的意愿和能力自主使用空间和材料,创设属于自己的活动空间和活动场景,使幼儿对活动的探索、发现、讲述、展示、分享等通过主题墙进行展现。在内容的选择上,坚持以幼儿作品为主,展示幼儿参与活动的全过程以及在活动中的体验与收获,使之成为幼儿表达经验的空间,成为体验成功的展台。

2. 体现动态性,使主题墙成为问题探究的实验场

主题墙的创设动态化体现在两方面:一是主题墙的内容应随着幼儿的兴趣需要、主题的变化而变化,如"丰收的季节"主题墙,初次布置以"秋天的色彩"为主线,展示了幼儿收集的有关秋天里花草树木的色彩变化以及幼儿和家长一起完成的调查表,以后则将幼儿在"丰收的秋天""快乐的郊游"等活动中的所看、所思、所想、所做等通过多种形式陆续进行展示;二是教师在主题墙创设中预设一些内容,随着主题活动的不断深化而展开、丰富,构成渐进的系列。

3. 体现参与性,使主题墙成为家园合作的平台

充分调动幼儿和家长参与的积极性,有效利用家长资源,给每位幼儿和家长提供参与主题墙创设的机会。只有在幼儿、家长、教师的共同参与下,主题墙创设才会更有价值。这样不仅促进幼儿的发展,也使家园关系更为融洽。

为了组织有效的主题活动,教师应充分尊重幼儿的主体性,开展与幼儿生

活有较强联系的活动，同时，教师应该与幼儿加强合作交流，把主题选择的权利赋予幼儿，并根据幼儿的学习兴趣，创设主题活动的各项内容，最终实现科学有效的主题活动目标。

综上所述，区域活动、小组活动、主题活动是我国幼儿园主要的活动形式，三者之间既有区别又有联系。一般来说，幼儿在区域活动中关注的是区域中环境的探索和活动内容的挖掘；在主题活动中关注的是寻找兴趣点和表达、表现；在小组活动中关注的是合作与研究。由于这种划分不由规则所限定，而是由幼儿兴趣和活动需要自然形成的，因此三种活动经常互相融合。幼儿可能在某一游戏区发现兴趣点，生成主题后把活动扩展到其他区域；也可能在主题活动中形成分工，分成各个小组去探索、表达。正因为三种活动具有相互联系、相互依存的特点，所以应在学前教育实践中使之自然融合，达到更好的效果。

第六节　幼儿园其他活动

一、亲子活动

（一）亲子活动的概念

学前教育机构的亲子活动是指教师组织家长和孩子共同参与的活动，它是一种有助于增进教师、家长与儿童情感交流，加强教师与家长对儿童的共同了解以进一步增进教育效益的活动形式。幼儿园亲子教育主要对象是孩子，家长与教师同为教育者，同时，幼儿园也肩负着指导家长科学育儿的任务。幼儿园通过引导父母参与幼儿园活动，实现幼儿园与父母沟通交流以及对父母的指导，从而达到亲子关系融洽，教育资源最佳整合与利用的效果，更好地促进儿童身心健康和谐发展。

（二）亲子活动的功能

对学前儿童来说，亲子活动在其成长发展过程中发挥着重要的作用，有着独特的功能。首先，亲子活动是为了寻求快乐而自愿参加的一种活动。它既可以促进儿童身体生长，又可以促进儿童智力的发展，还可以使儿童产生良好的情绪。其次，亲子活动让儿童体验初步的社交关系，为儿童之间、儿童与家长之间搭建交往的平台，有助于幼儿社会性的发展。再次，亲子活动加强了亲子之间的情感联系，为建立良性亲子关系打下基础，有助于儿童个性的完善与发展。同时，亲子活动也是家园共育的重要途径和组织形式，有助于家园教育形成最大合力，共同为儿童创造最佳的教育环境。

（三）设计、开展亲子活动的注意事项

首先，要提供适宜的活动环境。开展亲子活动需要一定的活动空间、场地、必要的设施、玩具和材料，同时也要做好后勤保障，提供饮用水、医疗服务，如厕等方便条件。其次，亲子活动指导要多样化。根据不同幼儿的需要、兴趣与家长的特点，进行多样化指导，增进幼儿园与家长的广泛联系，使亲子活动更富有成效和价值。再者，充分利用各种资源。包括人力资源和物质资源，如家长资源、社区资源、自然资源、文化资源。最后，教师要处理好自己与家长的关系。在设计、开展亲子活动时，教师应主动邀请家长参与，教师和家长是合作者、共同教育者，不是教育者与被教育者的关系。教师尤其不能忘记自己的角色，不能把家长置于服从、配合的地位，更不能以居高临下的姿态随意指挥家长。

二、节日活动

（一）常见的节日活动

对于学前教育机构来说，常见的节日活动主要有六一儿童节、元旦等国际通行节日，也有我们的传统节日，如端午节、中秋节，还有国内或当地特色节日，如国庆节、泼水节。

（二）节日活动的功能与作用

不同的节日，其功能有所不同，传统节日侧重优秀传统文化的传承与发展；国庆节侧重爱国主义情感的培养。总的来说，节日活动的功能有娱乐功能、教育功能和文化功能。

节日活动对儿童发展的作用主要体现在：促进儿童认知的发展；促进儿童社会性情感的发展；促进儿童动作技能的发展。

（三）节日活动的设计与指导要求

首先，节日活动要紧扣活动的性质、主题。不同的节日活动，其性质与主题有所不同，三八国际妇女节的主题侧重于感受、体验妈妈对儿童的关心与爱护之情，激发儿童对妈妈的感激之情；重阳节侧重于尊老敬老传统美德的传承；

六一儿童节侧重于体验童年的乐趣与对儿童权利的尊重与保护。

其次，注重儿童的参与。在设计、组织活动时，不能忽视儿童的主体地位，从活动的设想、筹备、开展到总结、反思、评价，都需要儿童全程参与，儿童不是节日活动的旁观者、表演者，而是节日活动的设计者、筹备者和参与者。

最后，将"节日精神"渗透到平常教育活动中。一般来说，幼儿园集体节日的庆祝活动并不多，我们应该设法将这些活动所体现的精神渗透到日常生活中，扩大节日活动的教育效应，呵护节日文化所传承的精神文明，而不是让节日仅仅停留在短暂的一天，甚至半天。

三、参观活动

（一）参观活动的意义

学前儿童身心发展受到来自幼儿园、家庭和社会多种因素的综合影响，幼儿园只有与家庭、社区密切合作，协调一致，才能提高教育影响的有效性，促进学前儿童良好社会性品质的形成。幼儿园外出参观活动正是充分利用社区、家庭资源的重要途径，对于推进幼儿园、家庭和社区形成良好的合作共育具有重要意义。

（二）参观活动的资源

学前儿童外出参观的资源主要是指丰富多样的自然资源和社区资源，其中，社区资源包括物质资源、文化资源和人力资源等。

（三）参观活动的指导策略

第一，参观前的准备活动。教师需要制订方案，包括预设学前儿童可能出现的问题与需求、活动的教育价值、参观对象所在专业领域知识以及有针对性的教育策略、学前儿童的组织与安排等。

第二，参观过程的指导。重视儿童的操作，倾听学前儿童的问题，鼓励他们的探究与求证，引导他们进行记录，组织他们进行分享交流，帮助提高自主学习能力。

第三，参观后的总结，包括参观见闻、讨论活动、主题绘画、家长座谈等。

第七章　学前教育的合作与衔接

影响幼儿成长的环境包括家庭、学校和社会（社区）。随着现代社会的发展，教育社会一体化已成为现代社会必然的发展趋势。学校教育、家庭教育和社区教育在完成对儿童教育这一共同任务上的联系越来越密切。《纲要》总则指出："幼儿园应与家庭、社区密切合作，与小学衔接，综合利用各种教育资源，共同为幼儿的发展创造良好的条件。"我们应当使儿童成长的各种要素通力合作，利用当时当地的一切有利资源，为幼儿构建一个更加健康、和谐、平衡、开放的教育生态环境。

第一节　幼儿园与家庭教育的合作

家庭是指建立在婚姻、血缘关系和一定经济基础之上的亲密合作、共同生活的社会群体，它是人类最基本的社会生活单位。家庭这个"社会细胞"有着多种社会功能，可以满足个体和社会的多种要求，家庭的教育功能则是其中最基本的社会功能之一。

一、家庭教育概述

家庭教育通常是指父母或其他年长者在家庭中对儿童和青少年进行的教育。在专门的教育机构——学校出现之前，家庭是儿童接受教育的唯一场所。学校产生以后，家庭教育的作用并没有因此而削弱。无论在什么社会，家庭教育都有着其他教育无法替代的重要作用。

（一）家庭教育的特点

与幼儿园教育、社区教育相比较，家庭教育具有以下特点：

1. 先导性

一个婴儿来到世界上，首先接触的环境是家庭。儿童通过父母的教养过程逐渐学会了认识周围的事物和人，学会了与其他人的交流和沟通，形成了最初的早期经验。这些早期经验为儿童后来接受学校教育或社会教育起到了一种定势的作用，儿童在后来接受教育影响都会以在家庭中所获得的早期经验为先导、做依据，积极、主动、有选择地接受一定的思想、观点。

2. 权威性

家庭是一个特殊的社会心理群体，它以血缘关系、情感关系为纽带，把家庭成员团结在一个紧密的、休戚与共的群体中。家庭中的血缘关系使子女与父母之间建立了深厚的、牢固稳定的情感基础，这种情感联系是社会上任何人际关系所无法比拟的。家庭中，父母对子女的爱往往是一种特殊的、巨大的教育力量，父母对子女提出教育要求时，也往往以这种情感作为控制载体。在这种文化、思想中子女对父母的依赖关系，也使得家长对子女的影响和控制的权威性显得格外现实。

3. 终身性

在人生的历程中，人所接受的最长时间的教育就是家庭教育。生活中我们看到，一个人不仅在儿童少年时期接受家庭教育，即使长大成人、成家立业后，由于上下代之间的血缘关系和亲情关系，家庭教育依然在起作用，父母依然是子女的"老师"。而学校教育和社会教育无论时间长短，都只能是一种阶段性和间断性的教育。尽管终身教育思想已为人们普遍接受，但人们在学校和社会上接受教育的时间仍是阶段性的，在时间上远不能和家庭教育相比。

（二）我国目前家庭教育的状况

随着社会的不断进步，科学技术和信息水平的不断提高，家庭的经济、文化、思想观念、生活方式乃至家庭结构及家庭成员之间的关系也都发生了相应的变化。社会对家庭教育的要求也越来越高。我国目前家庭教育状况如何？能否适应未来社会发展的需要？未来的家庭教育应该如何实施？这是每一位教育工作者和广大家长都需认真思考和研究的问题。

1. 我国目前家庭教育存在的优势

随着社会的发展，我国现代社会的家庭教育呈现出了多方面的优势：

（1）家庭教育意识逐渐增强。知识经济时代的到来，使文化科学知识在社会发展中的重要作用越来越为人们所认可。为了适应知识经济的挑战，许多家庭都把子女的教育问题摆到了非常重要的位置。这与以往的家庭教育相比，是一个长足的进步。

（2）家庭成员的文化修养普遍提高。研究表明，家长文化水平的高低，直接影响其对子女的教育期望、教育态度和教育方法等，进而直接或间接地影响家庭教育的效果。公民文化修养的提高，为提升家庭教育质量提供了必要的保证。

（3）家庭的物质条件逐渐优化。现代的家庭中，很多家长为了孩子的学习和发展，教育消费投入比例越来越大。特别是近些年信息产业的崛起，使得利用网络技术来进一步开阔孩子的视野成为可能。所有这些，都为孩子的发展提供了有利的物质条件。

2. 我国目前家庭教育存在的问题

我国目前家庭教育存在的问题归结起来主要有以下几个方面：

（1）教育观念上的偏差。尽管现在多数家长都非常重视家庭教育，但由于自身素质的原因，加之传统社会文化的影响，有不少家长在如何实施家庭教育、怎样看待人才、亲子关系应该如何处理等方面的认识上仍然存在着一定的偏差。当前，其主要体现在人才观方面的认识偏差、在代际关系处理上的认识偏差、在家庭教育实施上的认识偏差等方面。结果，家庭教育中付出了很多精力，教育效果上却不尽如人意。

（2）培养目标定位上的偏差。家庭教育的目标直接制约着家庭教育的活动和效果。目前，在家庭教育目标的确定上存在一定的偏差。较为明显的主要有目标定位过高以及目标定位脱离了孩子的兴趣、爱好。其结果事与愿违，孩子不但对学习产生厌恶心理，还影响了上下代之间的亲情关系。

（3）教育方式方法不当。目前，相当多的家庭仍然存在不当的教育方式，或对孩子过度溺爱、过度保护，使孩子形成任性、自私、蛮横、自我为中心等多种消极的性格品质；或对孩子过分专制，严重地伤害了孩子的自尊心和自信心，孩子往往缺乏同情心、冷漠、横行跋扈或胆小、懦弱，还有的孩子会形成攻击型人格；或对孩子放任自流，会使孩子由于失去必要的监督而形成散漫、懒惰等不良的性格品质。

上述问题若不及时解决，势必削弱家庭教育的效果，对幼儿今后的成长造成极为不利的影响。

二、幼儿入园适应中的家园衔接

从家庭到幼儿园，是幼儿从家庭迈向社会的第一步。这一步走得如何，关系到幼儿个性的健康发展，关系到他们今后的社会适应。"入园适应"的经验作为人生发展重要的"早期经验"，对于幼儿今后的发展具有重要的影响。这种影响虽然不如入学以后的学习成绩那样直观，但是对人的一生发展的影响是深刻的、长远的。幼儿园与家庭都应当重视这个问题，帮助幼儿适应环境的变化。

（一）幼儿入园适应中的常见问题

入园适应是指幼儿对幼儿园环境与生活的逐渐习惯化过程。幼儿在入园适应过程中，有以下一些常见的问题：

1. 分离焦虑

分离焦虑是指婴幼儿与亲人分离时，面对陌生的环境而产生的紧张情绪和不安的行为，表现为饮食减少、睡眠不安、情绪不稳、沉默寡言，甚至拒绝进食。分离焦虑的产生主要与儿童自我体验的落差、自理能力的欠缺和自身性格有直接的关系，家长的过度照顾、焦虑情绪传导也是主要原因。

2. 集体生活不适应

幼儿从家庭到幼儿园，不适应集体生活，表现为生活能力差：不会自己吃饭，午睡要人陪，不懂大小便要上厕所，不会和小朋友友好相处，争抢玩具等。这是过去家庭生活经验的反映。幼儿需要学习在集体中如何生活，分离焦虑和集体生活的不适应是幼儿面对陌生环境的自然反应。教师应当理解和接纳幼儿的这些表现，不能把这些表现当作幼儿在行为习惯上的"问题"，或者视若无睹，让幼儿"自然适应"；要通过各种努力，使幼儿更好、更快地适应新的生活与要求，对幼儿园生活产生好的感受。

（二）解决方法

改善幼儿的入园适应，需要家长和教师密切配合、家园同步，才能取得良好的效果。

1. 家庭方面为幼儿做好入园的各种准备工作

（1）帮助幼儿做好入园的心理准备。家长要让幼儿知道，上幼儿园是一件既快乐又自豪的事情，也是幼儿必须要做的事。在幼儿园里面有许多玩具供其玩耍，并且能掌握许多在家里学不到的技能、本领，能结交许多好伙伴。家长可以讲一些幼儿园里有趣的、好玩的事，让幼儿产生一种向往的心理。

（2）帮助幼儿做好生活方面的准备。家长可以提前去了解幼儿园的作息时间和生活规律，然后对幼儿的生活规律进行合理有计划地调整，尽量按照幼儿园的生活作息时间来安排幼儿日常的生活。家长还可帮助幼儿掌握最基本的生活技能，有助于幼儿在集体生活中更好地发展，增强幼儿的自信心，从而缓解幼儿的分离焦虑。

2. 幼儿园方面为幼儿做好入园引导与适应工作

对于学前教师而言，做好幼儿入园的前期准备工作是非常必要的，一般包括以下几个方面：

（1）主动与家长沟通，帮助家长了解入园准备工作的内容。在幼儿入园之前，请家长填写《新入园幼儿情况调查表》，了解幼儿的个性特点、生活习惯和情绪表现等细节方面，以便更深入地了解幼儿。向家长们介绍班级情况、教师基本情况、幼儿园的作息时间安排，有利于幼儿更快地适应幼儿园的日常生活。

（2）创造适宜的环境和开展丰富的活动。精心设置活动室和布置活动区，提供新颖丰富多彩的玩具。通过开展丰富多彩的、动手操作性强的游戏和活动来吸引幼儿，让幼儿在游戏中获得愉快的情绪体验，培养对幼儿园生活的兴趣，逐渐地适应幼儿园生活。

三、幼儿园与家庭的合作

幼儿园与家庭各具不同的特点，家园双方积极主动地相互了解、相互配合、相互支持，通过双向互动共同促进幼儿的身心发展。在家园合作中，幼儿园应处于主导地位，负有"主动与幼儿家庭配合""建立幼儿园与家长联系的制度"的责任。

（一）家园合作的内容

幼儿园要取得家长对儿童教育上的配合，必须主动加强与家庭的联系，做好家长工作。

1. 了解学前儿童的家庭情况及家庭表现

教师应熟悉每个幼儿的家庭情况，包括家庭结构、家长的文化程度及工作情况，还要了解幼儿的具体表现，如智力、兴趣爱好、生活习惯等情况，这样才能针对性地开展教育。对幼儿的情况了解得越多，进行的教育才能越有效。

2. 向家长介绍幼儿园的各项工作

家长有权利知道幼儿在幼儿园的饮食、活动、学习情况,教师有义务向家长介绍幼儿园的各项工作,取得家长的支持与配合。教师应全面而详细地向家长宣传幼儿园的教育目标与工作计划、工作内容与教育方法等,从而使家长认识教育子女的重要意义,了解幼儿园的工作情况,主动关心、支持幼儿园的工作。

3. 帮助家长树立正确的教育观念和教育方法

调查表明,我国部分家长在孩子的教育上还存在不少错误观念,如偏重智力、技能的培养,轻视社会性发展,把幼儿的自我表达、与同伴交往、自我评价等都列为不重要的项目。幼儿园应与幼儿家长建立密切联系,了解家长在家庭教育方面遇到的困惑与要求,向家长宣传正确的教育思想,帮助家长掌握科学教育子女的方法。

4. 鼓励家长参与幼儿园教育

幼儿园有责任表达诚意,鼓励家长参与到幼儿园的教育过程中,如共同商议教育计划参与课程设置、加入幼儿活动、深入到具体教育环节之中以及与教师联手配合(共同组织或分工合作)等。鼓励家长为幼儿园提供人力、物力支持,或将有关意见反映给幼儿园和教师,如通过家长会、家长联系簿等。这样,就可以使幼儿园与家长的沟通进一步加强,使幼儿园与家长对儿童的教育影响在时间与内容方面更加紧密衔接,在方向上更加协调一致。

(二)家园合作教育活动的形式

家园合作教育活动大致可以分为以幼儿园为核心的家园合作活动和以家长为核心的家园合作活动两大类。但在实际操作过程中,它们并没有非常明确的区分。

1. 以幼儿园为核心的家园合作活动

以幼儿园为核心的家园合作活动的主要目的:一是让家长了解孩子在幼儿园中各方面的表现,了解教师是如何教育孩子的,同时通过观察教师的教育行为和孩子的表现,反思自己的家庭教育的内容和方法;二是充分发挥家长作为教育资源的作用,支持幼儿园的教育活动。

(1)教育活动开放日。这是提高幼儿园工作透明度的一种重要方法。可以是家长在幼儿入园前对幼儿园整体环境设施设备与师资力量等情况的参观和访问,也可以是幼儿入园后的一日或半日活动的参观与听课。入园前的开放日,可以邀请家长和幼儿一起来幼儿园,熟悉新教师和新环境,消除陌生感。而入园后的教育活动开放日,可以让家长从整体上了解自己的孩子在幼儿园的表现以及幼儿园的教育内容与方法,从而解除家长的忧虑。对于教育活动开放日,幼儿园应做好各项准备工作,事先要向家长介绍一日活动的目的和完整的活动计划,让家长"知其然,也知其所以然",并应指导家长在活动过程中进行观察;事后要充分发挥家长的积极参与精神,广泛听取家长对活动的意见和建议。

(2)幼儿学习成果展览与汇报会。家长把自己的孩子送到幼儿园接受教育,最大的愿望莫过于孩子的进步。举办幼儿学习成果展览与汇报会的目的在于向家长汇报幼儿在园的学习情况,让家长对幼儿园放心,并给予他们教育的信心和方法。教师要让每个幼儿都有机会展示自己的进步,并且这种展示应该是全方位的,既有知识的掌握,又有能力的表现,更有良好品德的展现。要让家长从孩子的表现中,不仅仅看到孩子的进步,更从中学习到一种新的教育理念,并将它运用到自己的家庭教育中。

(3)家访。家访的目的是让家长了解孩子在幼儿园的学习表现,让教师了解幼儿在家庭里的行为表现以及所处的家庭环境,加强沟通、交流经验,共同促进幼儿的发展。教师的家访要有一定的目的性,并在家访过程中围绕事先确定的目的进行。家访要事先与家长约定时间,不做"不速之客"。教师要满怀真诚和爱心,注意讲话方式,全面分析、介绍孩子的情况,多表扬孩子好的行为表现,以建议的方式请求家长配合帮助孩子改正不良行为习惯。

(4)家园联系册。这是一种书面形式的个别交流方式。家园联系册因内容不同而有所区别:一种是由教师根据幼儿在园情况、家长根据幼儿在家情况而撰写的,其内容可以因每个幼儿的具体情况而有差异;另一种家园联系册的内容是固定的,有的甚至是以项目的方式呈现的,如生活卫生习惯、动作发展、学习能力、语言发展、行为习惯等,教师或家长只须在上面打钩即可。相对而言,前者更为自由一些,适合于阶段性的专题联系;后者更为全面些,适合于经常性周期使用。

(5)电话或网络联系。教师适时向家长传达孩子的行为表现,就孩子出现的问题商讨解决的方法,并帮助、督促家长及时了解和关心孩子的发展。在当前,利用园讯通、班级微信群、QQ群等多样的现代化工具,不仅可以通过语言的方式,还可以通过上传图片、影像等方式,将幼儿在园生活和表现放到网络上,让家长能够及时地看到幼儿在园的情况,更加及时有效地进行沟通。这是多媒体时代家园合作的一种新方式。

2. 以家长为核心的家园合作活动

以家长为核心的家园合作活动是指为了提高家长素质和家教质量，对家长的家庭教育提出帮助和进行指导的过程，是一种以家长为主要对象的、以促进儿童身心健康发展为最终目的的成人教育。

（1）家长会。召开家长会是目前我国幼儿园与儿童家庭保持联系的基本方式之一。家长会由家长集体参加，其内容相对集中于大家共同关心的问题。其类型有家庭教育专题讲座、教育经验交流会、家庭教育专题讨论会等。专题讲座是邀请专家或由幼儿园教师就某个问题做全面系统的讲解，既有理论上的阐述，又有实践操作上的指导。教育经验交流会和家庭教育专题讨论会主要是在家长与家长之间进行，也可由教师主持。发言者要有针对性，避免泛泛而谈；主持者要注意因势利导，并适当地进行小结。

要开好家长会，教师应注意多方面的问题。首先要真诚地邀请家长参加，使他们感到幼儿园真正需要听取他们的意见。其次，要与家长建立友好的联系，使家长感到教师愿意与他们交往。当然，这种交往得是正当的、是符合教师道德标准的。最后，要鼓励家长多提合理意见，使他们感受到参与幼儿园教育工作也是他们的责任。

（2）家长园地或家长教育专刊。这是以文字的形式定期对家长进行指导的一种形式，其内容包括家园合作的方方面面：家庭教育方面可以有儿童身体与心理的发展、家庭营养知识、家庭教育方法以及新的教育观念与实践等；幼儿园方面可以有幼儿园近期的教育活动或重大事项、孩子的作品等。当然，也可以给家长留一些篇幅，供讨论、谈心得体会、提意见或建议等。在科技发达的今天，家长园地或家庭教育专刊也可以采用先进的多媒体形式进行。

（3）建立家长委员会。家长委员会作为沟通幼儿园与家长的桥梁不仅仅起着联系的作用，还以团体的影响力参与幼儿园的决策。家长委员会参与的主要管理工作就是促进家园合作，包括促进家园之间的信息联系，保证交流渠道畅通，协调家园教育的一致性；发动和组织家长发挥各自的专长和优势，配合幼儿园教育开展各种活动；组织家庭教育经验交流会，宣传家庭教育知识，满足家长对提高家庭教育水平的需要；向幼儿园反馈家长的意见，参与幼儿园的教育决策和监督。幼儿园应与家长委员会保持密切的联系，尊重和支持他们的工作，为他们顺利开展工作创设有利条件。

任何形式的家园合作活动，其评价标准就是家庭教育水平的提高、幼儿的发展以及教师的自我成长，并且归根结底要落实到幼儿的发展上。

(三) 家园合作的原则

在幼儿园与家庭衔接与合作的过程中，教师应遵循以下基本原则：

1. 尊重家长

尊重家长即尊重家长作为教育者的主体地位和人格尊严，不能居高临下地仅仅把家长当作教育对象和教师工作的助手。在幼儿园的教育工作计划与活动内容的安排上，要听取家长的意见，允许和欢迎家长进入幼儿园了解幼儿园教育工作，参与和评价幼儿园教育工作。要和家长共同探讨幼儿教育的方法，分享观点与经验，而不是仅仅告诉家长应该做什么和怎么做。尊重家长是做好家长工作的前提。

2. 适度要求

幼儿园和家庭在幼儿的教育问题上负有共同的责任。幼儿在幼儿园发生的问题，虽然有来自家庭生活和教育的影响，但是幼儿园应该负主要责任。教师应当和家长交流情况，共同探讨教育幼儿的方法。幼儿园对家长提出的要求应当切合实际，是家长的能力和物力所能达到的，不能苛求；同时要体谅家长的困难，在解除后顾之忧方面尽力给予帮助，以加深彼此之间感情的融洽。

3. 双向反馈

幼儿园在开展家长工作时，既要向家长输出科学育儿的信息，也要努力收集家长反映的信息。对于来自家长的反馈，无论是积极的或消极的，都要认真地分析处理。要让家长通过参与幼儿园的活动，实际体验到这种参与对幼儿、对家庭生活的好处，体验到幼儿园对自己的尊重。加强幼儿园教育与家庭教育的相互促进、相互制约，共同保证幼儿的身心健康发展。

第二节 幼儿园与社区教育的合作

社区教育在20世纪50年代被联合国重视和强调，之后在发达国家倡导和发展，在当今已经成为国际性的教育形式，并逐步走向学校、社会、家庭相互服务、互惠互利的一体化教育形态。当前随着我国社区建设的大力开展和学习型社会的积极创建，社区教育作为"实现社区全体成员素质和生活质量提高以及社区发展的一种社会性的教育活动和过程",所发挥的作用越来越突出。

一、学前社区教育概述

学前社区教育是指家庭以外的其他社会机构、社会团体、政府部门及私人创办的为学前儿童提供的非正式的教育。

(一)学前社区教育的特点

1. 接纳对象的普及性

社区学前教育不仅面向社区内每一个幼儿,而且面向每一个幼儿家庭乃至全体社区成员,为他们提供优生、优育、优教方面的服务指导,从而为儿童实现生命权、生存权、发展权提供保障。无论是来自贫困家庭的儿童,还是社区内暂住者的子女,以及残障等有特殊需要的儿童,均可从社区学前教育中获益。

2. 教育内容的娱乐性

社区教育往往是和休闲联系在一起的,儿童的娱乐是学前社区教育的重要特质。社区教育是在非正式、无压力的状态下进行的,对儿童来说,玩就是学习。社区开展丰富多彩的教育活动,创设愉快、有趣的学习氛围,满足多方位的心理需求,为提升生活品质奠定基础,为其可持续发展提供精神动力。

3. 教育活动的整合性

要为社区全体成员提供早期教育服务,须动员社区各方面力量乃至全体成员广泛参与通力合作,开展适合本社区需要的多种形式的教育服务,推动家庭、幼教机构和社区的合作。社区学前教育的发展前景是形成全方位开放的系统工程,为社区成员提供跨领域的综合管理和服务,其时限可以延伸至新婚期、孕期,其内容可涉及医疗保健、婴幼儿保育、早期教育等。

(二)当今学前社区教育的发展

学前教育社区化是当今世界发达国家学前教育发展的一个基本表现。社区与学前教育的沟通和结合正在被越来越多的国家政府重视,表现为重视学前教育融入社区,重视对学前教育课程的影响,重视社区对学前教育师资培养的影响力等。

目前,我国社区学前教育设施大致有三种:有专为儿童设立的,如儿童馆、儿童咨询所、儿童公园等;有为儿童与家长共同参与服务的,如图书馆、博物馆、儿童文化中心和各种教育中心等;还有所谓的"父母教育",如母亲班、双亲班和家长小组会议等。社区开展丰富多彩的教育活动，创设愉快、有趣的学习氛围，满足多方位的心理需求，为提升生活品质奠定基础，为其可持续发展提供精神动力。

总体来说，当代国内外社区学前教育呈现几点共同趋向：一，教育改革与社会改革同步进行；二，实施跨领域协作和管理；三，学前教育与社区生活双向互动不断增强；四，广泛调动社区力量全面参与（包括家长），扩大社区教育实施主体范围；五，社区学前教育的形式越来越优化。

二、幼儿园与社区的合作内容

（一）发掘社区资源，争取社区各方面力量的支持

1. 确立幼儿园与社区间的定期联系制度

要及时了解社区的基本自然情况、环境设施、文化风气、儿童教育措施等，并有针对性地商讨在社区环境内如何有效地教育儿童。一方面，向社区领导汇报幼儿园发展中的经验与问题；另一方面，提出幼儿园参与社区精神文明建设的活动计划，如绿化美化环境、协助社区开展群众性的文体活动、宣传慰问活动，争取社区的领导、监督和合作。

2. 动员社区力量共同办好托幼事业

社区是幼儿的生活环境，也是幼儿的学习环境。社区中蕴藏着丰富的教育、教学资源，无时无刻不起着教育作用。社区人力资源是最活跃多变的社区资源，是幼儿接触社会、认识社会并融入社会的重要人力媒介。挖掘社区内人的资源，动员社会力量为幼儿园教育所用。运用社会的力量使幼儿园教育更丰富、更充实，也更贴近生活，更具说服力。

幼儿园周围的自然景观、风土人情，各种社会机构都是对幼儿进行教育的可利用资源。教师带领幼儿到图书馆、美术馆、展览馆、科学馆，甚至工地和农村去参观，增加幼儿对国家政治、历史、文化、艺术、社会生活等方面的感性知识，加深儿童对周围世界的认识。带领幼儿到现实中去学习，拉近了幼儿与生活间的距离，让他们在现实活动中了解认识了社会，使社区环境成为幼儿教育的大课程。

（二）利用教育优势，探索幼儿园为社区服务的途径

1. 与社区共享教育资源，发展社区学前教育

幼儿园要在社区中发挥自身作为专门教育机构的优势，向社区辐射教育功

能,如:节假日向社区开放幼儿园,供社区的儿童利用园内的设施玩耍;举办幼儿教育讲座来提高社区成员的教育水平;开展各种学前教育咨询服务;协助社区开展各种教育活动等。幼儿园所具有的智力、人力、物力等资源优势,在不干扰正常教学秩序的前提下,应积极主动地根据社区的需要,真心实意地与社区相互配合,实现合作共育儿童。

2. 为社区精神文明的发展服务,共创幼儿发展的良好社会环境

幼儿园作为社区的组成部分,应以提高自身的文明程度为优化社区的文明建设做贡献,包括美化幼儿园环境、提高幼儿园教师的素质、培养幼儿良好的文明习惯等。一个好的幼儿园可以成为社区精神文明的标志,对社区的精神文明建设起示范推动作用。同时,幼儿园应当积极地吸取优秀的社区文化,利用社区精神文明的成果,将之转变为幼儿园自身的无形资产,成为幼儿园精神文明建设的促进者。

从国外社区学前教育的经验来看,有一条是特别值得学习的,那就是不追求表面的形式,而是注意把社区活动与幼儿园教育活动有机地结合起来,将之变为幼儿园教育活动自然的组成部分,从而使二者的结合深入到幼儿园教育微观层面,既不破坏幼儿园自身的生活常规、教育规律,又有很好的教育效果和社会效益。

三、幼儿园与社区合作的途径

由于社区是幼儿园赖以生存的外部生态环境,只有融入社区生活,幼儿园才能真正实现家、园、社区教育三者的和谐统一,共同为幼儿的全面发展创造良好的外部条件。同时,家庭也是属于社区、依赖社区的,家庭是社区的主要构成元素,家庭教育必然受到社区舆论的制约。幼儿园只有主动与社区合作,对社区舆论产生积极的影响,才能保证幼儿园教育与家庭教育指导工作的效果。幼儿园可以通过社区宣传橱窗、社区专家讲座、社区文化活动、幼儿园课程开发、亲子园等途径与社区进行广泛的合作。

近年来,随着人们对婴儿学习能力认识的提高,0~3岁婴儿的教育开始受到重视,许多地方已经开始以社区为依托,尝试建构0~6岁托幼一体化的教育体制,要求社区中的幼儿园充分发挥专业早期教育机构的引领作用,通过开办亲子园或亲子班等方式向社区居民提供0~3岁早期教育服务。由

于我国的社区建设还处在探索阶段,如何以社区为依托,积极发挥幼儿园的辐射功能,建设好亲子园或亲子班,对当前的幼儿园来说是一项新的工作。所谓亲子园或亲子班指的是幼儿园利用现有的教育资源,为社区3岁以下或未接受幼儿园教育的3岁以上的散居幼儿提供非正规学前教育机会的场所,通常利用节假日时间举办,同时有幼儿家长陪同。一般来说,亲子园在幼儿园有固定的场所和时间安排,幼儿园会开发和建设适用于亲子园的系列教材,并配有教师,给予专业指导。参加的家长会按时带孩子来园,通过参与亲子游戏与孩子互动,在让孩子获得有益经验的同时,促进家长教育观念的转变与教育能力的提高。亲子班相对来说比较松散,主要在周末举办,参与的家长和孩子不固定,主要利用幼儿园的场地与玩教具开展随机的早期教育,教师介入较少。幼儿园开设亲子园还是亲子班以服务于社区中散居孩子,取决于幼儿园自身的物质条件与师资条件。相对来说,开办亲子园的要求更高,特别是对幼儿园师资提出了更高的要求,教师需要熟悉0~3岁儿童发展的一般规律与特点,掌握相应的理论与方法,同时熟悉家长工作,具备与家长沟通的能力、经验与技巧,能灵活应对可能发生的各种教育事件。对幼儿园来说,开办亲子园或亲子班,主要是可以进一步充分利用现有的教育资源,为更多的社区幼儿服务,并扩大幼儿园在社区的影响,加强幼儿园与社区的联系。幼儿园应合理调配自己的教育资源与师资力量,在保证幼儿园正规教育质量的同时,建设好亲子园或亲子班,使之真正成为幼儿园与社区合作的重要途径与现代方式之一。

总之,幼儿园应从家、园、社区共育的高度出发,充分认识家庭教育与社区教育的特点和影响,积极发挥自身作为专业早期教育机构在物质资源与人力资源方面的优势,做好家庭教育指导工作,加强与社区的联系,为幼儿的健康、和谐、全面发展创设良好的生态环境。

第三节 幼儿园、家庭、社区的合作

家园区合作的开展是一项社会系统工程,应逐步建立起"政府统筹领导、教育部门主管、社会积极支持、社区自主管理、群众广泛参与"的家园区合作管理体制和运行机制。

一、以政府为主导，明确家园区合作管理机制

充分发挥政府统筹、协调的主导优势，为家园区合作的顺利运行提供组织上的支持，其良性发展创造良好的社会环境。

（一）确定家园区合作的总体工作目标

家园区合作应该以"服务儿童、服务家长、服务社会"为宗旨，在社区内为儿童创设良好的学习、活动、娱乐环境，并对儿童实施有效的教育。建议把家园区合作的目标具体确定为：

（1）为社区内更多的学前儿童提供受教育的机会和场所。

（2）为本社区学前儿童成长创造良好的精神环境和心理环境。

（3）为家长提供教育服务，提升家长教育素养。

（4）促进社区全体成员"爱护儿童、教育儿童、为儿童做表率、为儿童办实事"的公民意识的形成。

（二）成立家园区合作管理机构

家园区合作管理机构由教育部门和社区管理部门、大型企事业单位、幼儿园及家长代表等组成。它制订家园区合作实施方案，对家园区合作进行中观管理和业务指导，统筹社区内各种教育因素，协调教育、民政、卫生保健、文化娱乐、社会服务、福利保障等相关部门，它有效地履行家园区合作的管理职能，真正担负起家园区合作的指导者、组织者和推动者的责任，促使家园区合作由自发、经验型走向自觉、规范化的发展轨道。

二、以社区为平台，完善家园区合作管理的内容与形式

社区应充分行使自己的权利，发挥组织管理服务的作用，提高居民对家园区合作重视、关心的程度，动员社区各方面力量乃至全体成员广泛地支持和参与，开展适合本社区需要的多种形式的教育服务。

（一）建立社区家庭辅导站

建议由教育、医疗、卫生及群众团体代表建立家庭教育辅导站，确定开展家庭教育的重点内容，制订实施计划，开展本社区内的学前家庭教育指导"一站式"服务。主动了解散居婴幼儿的家庭情况，为社区内0～6岁特别是0～3岁婴幼儿建立个人成长档案。通过专家咨询、登门辅导、板报宣传等方式落实

"三优"工作，通过家长学校、知识竞赛、经验交流等形式，帮助家长解决在教育子女的过程中遇到的各种实际问题，使家园区合作工作覆盖到每个家庭，提高家长进行家庭教育的水平。

（二）搭建学前教育网络平台

当前家庭计算机普及率比较高，建立社区QQ群或微信群，使丰富的教师资源和学习资源通过网络平台在现实社区生活中得到共享。大力宣传、普及家园区合作理念，开展家教指南、早教论坛、亲子乐园等专题研讨，家长不仅可以直接获得最新的教育资讯，还可以直接与教师、专家交流教育观点、教育方法等。此举对于当前提出的"创设学习化社区"目标的迈进是非常有益的。

三、以幼儿园为核心，提升家园区合作的服务功能

幼儿园是社区服务系统的重要组成部分，是开展家园区合作的主阵地。幼儿园必须充分发挥各方面的优势及示范、辐射及指导作用。

（一）开展各种家园区合作活动

根据社区发展建设实际需要，完善游乐场所、教学游戏和与幼儿生活有关的服务设施，通过"玩具图书馆""幼儿园开放日""亲子园"等形式加强与社区居民的沟通，协助社区开展儿童感觉统合测试，通过"教育公益课堂"提高幼儿园教育资源的辐射能力。组织幼儿玩具、图书的出租、交换活动，定期开展幼儿生活自理比赛、玩具图书分享及各种文娱体育活动，组织由家长陪同参加的亲子活动、家庭趣味运动会、家家乐活动等社区活动。通过活动的开展，为广大幼儿提供接触社区、加强交往的机会，也有效地促进家长与孩子之间的交流。

（二）体现社区教育的本土文化

幼儿园应成为萌发婴幼儿社区意识和社区情感的场所。在教育目标中体现社区教育的要求，体现社区的本土文化，将引导幼儿认识社区、热爱社区的要求纳入教育目标。从社区丰富的教育资源中选取贴近儿童生活、适合儿童水平、富有教育意义的内容与幼儿园教育内容合二为一，将之作为幼儿学习领域的主题或问题，形成学习共同体，同时帮助幼儿生成初步的社区意识和社区情感。

四、以家庭为基点，拓展家园区合作实施主体

家园区合作更好地发挥家长参与家园区合作的沟通桥梁作用、督导助教作

用和民主管理作用,达到家长教育资源的有效开发和利用。

(一)开展家教经验交流活动

具有不同社会、经济、文化背景的家庭本身是家园区合作的重要资源,发挥每位家长各自的专业所长和教育优势,强化家长、幼教机构以及社区之间的沟通交流、理解支持,促成家长与家长、家长与社区幼教工作者之间的经验共享和优势互补,共同促进幼儿的健康。

(二)参与家园区合作活动

家长参加举办家园小报、家长联席会、邻居互助活动或开放日活动。这不仅有助于家庭教育资源的开发和利用,还可以通过家长辐射影响整个社区的文化教育氛围,使更多的幼儿在入园前就能受到良好的家庭教育和社区文化熏陶,从而提高家园区合作的水平、效率和质量。

依据社区服务为中心,积极打造优质的学前教学模式是今后一段时间学前教育发展的方向。必须进一步加大家园区合作建设力度,通过主管部门、社区、幼儿园、院校、家长之间建立一种共生互补、交叉融合、持续发展的生态关系,形成"共建、共管、共享"的格局,提高服务各界、服务幼儿、服务家长的质量,从而促进家园区合作效益的提高,更好地推动和促进各项事业的健康发展。

总之,加强幼儿园教育、学前家庭教育、学前社区教育的联系,为幼儿的健康成长创造和谐、良好的大教育环境,是一项十分艰巨的任务,是一个浩大的系统工程,需要全社会的共同努力。广大教育工作者在这项工程建设中,无论是理论研究还是实践探索,都起着举足轻重的作用,这一点应引起广大教育工作者的足够重视。

第四节 幼儿园与小学的衔接

一、幼小衔接的概念

幼小衔接是指幼儿教育与小学教育两个阶段的衔接。幼小衔接活动是为儿童实现幼儿教育与小学教育两个阶段的平稳过渡而开展的各种专门的教育活动。由此,将幼儿园、小学、家庭等不同教育主体有目的、有计划、协同有序开展的各类教育活动组织起来就形成了幼小衔接活动体系。

幼小衔接的实施主体为幼儿园、小学、家庭等，它们共建幼小衔接平台，充分发挥各自在促进儿童成长中的优势，相互支持，共同服务于儿童的学习与发展，通过多种教育活动，让儿童顺利完成从幼儿园到小学的过渡，尽快适应小学的学习与生活。教育行政部门在幼小衔接活动中承担指导、管理职能。

二、幼小衔接的意义

幼儿园与小学是两个根据儿童不同发展阶段的特点而设立的、具有不同教育任务的教育机构。两类机构在儿童的主导活动、作息制度、生活管理、师生关系、环境条件对儿童的要求等方面存在巨大的差异。由于两类机构都比较重视教育的阶段性，忽视教育的连续性及其阶段之间的过渡，造成了幼儿园与小学教育衔接不够。因此，做好幼小衔接工作，有利于幼儿入学前后的学习与发展：一方面，解决幼儿教育与小学教育之间的相互衔接问题。做好幼小衔接工作，使幼儿园、小学能根据儿童学习与发展的需要，解决当前幼小衔接工作中存在的突出问题，科学地安排儿童在幼儿教育与小学教育过渡阶段生活、学习，保障儿童连续性、渐进性健康成长。另一方面，确保小学、幼儿园按办学规律正常办学。保证幼儿园彻底消除小学化现象或倾向，科学开展教育活动，提高学前教育质量，为幼儿入学做好准备。保证小学按新生身心发展规律科学地开展教育活动，促进学生顺利适应小学的学习。

三、儿童入学适应的常见问题

幼儿园进入小学要跨越两个发展阶段，从儿童身心发展来看，是从学前期向学龄期发展的过渡时期，这个时期的儿童既保留了幼儿期的某些特征，又有学龄期刚刚出现的某些特征。入学适应不良是小学生常见的心理问题，在幼儿初入学时最为普遍、突出。长期以来，刚入学的一年级学生总要经过较长一段时间，才能慢慢适应小学生活，这给小学生的学习带来了许多困扰。

无论是对家长的问卷调查，还是对教师、学校管理者及家长的访谈，都显示出新入学儿童存在着明显的衔接期，持续的时间大约为一个月左右。而在这个衔接期内，部分儿童会表现出明显的衔接障碍，即入学适应不良，主要包括生活和学习等方面。

（一）生活方面的适应不良

1. 常规适应方面

如常规适应小学强调团体规范与要求，有许多新的班级规则、团体常规需要遵守，上课听、坐与说话的约束，作业与评价测验的规范等。

2. 人际关系方面

由于进入小学后，幼儿在人际关系上有所扩大与改变，包括师生、同学关系，与父母的关系，社区伙伴关系，都因幼儿被视为已经长大而有所变化。

3. 生活自理方面

生活自理包括在学校与家中，有关作息时间的调整、个人生活时间的规律性、个人物品的检查与收拾、处理服装仪容的问题、卫生习惯、用餐习惯、盥洗、睡眠等基本的生活自理能力问题。

（二）学习方面的适应不良

1. 课程内容方面

课程内容主要体现在由以游戏方式为主的发展性课程向以教学方式为主的认知性课程转变。具体体现在：在学习和玩乐时间的比例上发生了大幅度的变化，在学校里主要是由学习的时间构成，而游戏和玩乐的时间虽然存在，那并不属于学校课程的范畴，并且在课程的时间上有严格的安排。由于课程整体设计上的差异，小学强调学科教学与知识记忆，有越来越多的纸笔测验、作业与学习进度压力；静态的教学多于动态的活动；与幼儿园相比，只有较少的室外活动和身体运动，较少的艺术和手工活动，较少的想象游戏的机会；在课堂上，比较注重语言和一些比较抽象的活动；每日活动更加结构化，有更加正式的规则和程序等。

2. 学习环境方面

学习环境如学校设施多以大儿童为标准，在教室规划、空间布置、课桌椅的排列方式上，较强调团体式的学习。新入学的儿童必须在一定程度上了解两种不同的环境以及所面临的新的常规，包括校园物理环境以及教室场景的变化；学校工作人员及他们对新生行为、态度和期望的改变；同伴群体的变化；父母角色和参与度的变化等。

3. 学习态度方面

学习态度如对科目的喜爱程度、喜欢上学与否的动机与原因、完成作业的情况、注意力与持续的态度等问题。

4. 学习方法方面

学习方法如学习策略、考试技巧、学习时间与作业方式、能否自主学习、师生对话与回答问题情况等学习技巧的问题。

四、幼小衔接工作的内容

有学者发现，儿童的个性特征、家庭结构以及学校因素综合影响着儿童的入学适应。同时也发现，适应学校生活可能与个体的自我约束、自信、同伴关系等技能和行为密切相关，如果个性特征不健全，则会遭遇挫折。而有组织的、有规律的环境可能会增强儿童的适应能力，使他们更容易与环境协调。

儿童入小学前，面临六大断层：一，关系人的断层：由注重照顾幼儿生活、交往的幼儿园老师变为要求相对严格、对学习成绩期望较高的小学老师。二，学习方式的断层：由自由游戏、探索学习变为以学科为主的科目式的学习。三，行为规范的断层：由学前教师在生活中指导幼儿遵守规则的感性规范，变为根据《小学生守则》及各种纪律要求规范自己的行为的理性规则。四，社会结构的断层：儿童告别原有同伴，与新同学交往，需要重新确定自己在集体中的位置。五，期望水平的断层：在幼儿园，只要身心健康，快乐活泼，往往能得到成人的赞许；入小学后，成人会关注成绩和表现，对儿童的发展期望产生巨大变化。六，学习环境的断层：幼儿园是以各种活动为主线展开，小学是以上课为主线展开。

因此，幼小衔接要根据幼儿园与小学的异同，逐步增强幼儿对小学生活、学习与交往等方面的适应能力，使其平稳过渡。

幼小衔接的主要内容有：

（一）入学生活适应教育

儿童入学后，由于小学教师不可能像学前教师那样照顾学生，儿童入学后，要适应小学生活，就必须具备一定的生活能力，因此，幼儿园大班阶段，教师、家长要加强幼儿生活适应能力的培养。这些能力包括：①爱运动，具有对体育活动的兴趣并初步养成锻炼习惯。②会料理自己的生活起居，有良好的生活习惯和独立生活能力。③保持环境整洁，会及时整理书包、房间，保持文具、书本整洁。④保持个人卫生，会及时洗手、洗脸、梳头、洗澡，衣着整洁，有良好的个人卫生习惯。⑤适应小学的作息时间，会看作息时间表，认识时间，学会整点与半点的表示方法；合理利用和珍惜时间，会调闹钟，守时，早睡早起，准时上学，准时上课，按时离校；会制订自己的学习和生活时间表，等等。

（二）入学学习适应教育

幼儿园与小学有很多不同：①幼儿园学习内容广泛，是在生活中进行的；小学学习有明确的大纲。②幼儿园是以游戏与生活教育为主；小学是以课堂教学为主。③幼儿园学习没有硬性要求，凭兴趣进行；小学学习是儿童应尽的义务，有明确的任务，有作业、有考试。因此，要使幼儿进入小学后顺利适应新的学习要求，必须加强学习适应性教育。

入学学习适应教育的主要内容有：①对小学学习具有浓厚的兴趣，有较强的任务意识和良好的学习态度，会看课表，按课表做好学习准备，有正确的握笔姿势与写字姿势，按照正确的流程听作业、记作业、写作业、检查作业。②有一定的意志力、坚持性，能区分游戏与学习，能按照成人要求，迅速从游戏状态进入学习状态。③上课时能认真倾听、独立思考、参与讨论、动手操作、举手发言；养成正确的上课、举手、站立、坐姿、翻书、读书、做笔记以及下课等课堂行为。④具有良好的语言表达、阅读与书写、运算与思维等能力，适应小学语文、数学、科学等学科学习能力的要求，等等。

（三）入学社会性适应教育

在幼儿园，儿童的交往在教师的监控与指导下进行，儿童间出现的矛盾都会得到教师及时的指导与帮助而获得解决。入小学后，儿童的交往范围扩大，遇到问题时，大部分时间都得不到老师的直接干预、处理各种交往等问题，还要遵守相应的学习、交往规则，学会自我保护。因此，需要入学前就增强其社会适应能力，以适应小学新的人际环境。入学社会性适应教育的主要内容有：①会与同伴、老师、家长、成人正常交往，有自己的朋友；②能适应小学的新集体、新环境，遵守集体规则，按学校纪律要求和《小学生守则》行事，有团队意识和集体意识；③会处理同伴关系，能谦让、宽容、分享并会向同伴、老师、家长或成人寻求帮助，有矛盾时学会分析原因、有效解决；④具有安全意识，懂得基本的自我保护常识，懂得上学途中交通、交往安全，能独立上学，及时回家。

五、幼小衔接的途径与方法

幼小衔接需要幼儿园、小学、家庭的协同配合。

（一）幼儿园的幼小衔接工作的主要途径与方法

幼儿园要以促进幼儿发展为中心，根据幼儿学习与发展的基本规律以及入学准备教育的需要，与家长、社区一道，科学保教，完成幼儿园教育任务，促进幼儿园大班毕业生在体、智、德、美各方面得到全面、和谐的发展，为进入小学做好准备，为后继学习和终身发展奠定良好的基础。

幼儿园的幼小衔接工作的主要途径与方法有：

（1）一日生活、游戏和区域活动。如：随机进行幼儿交往能力、独立生活能力和生活卫生习惯等的培养，以及幼儿语言、思维等多方面的培养与教育，为入小学打基础。

（2）集体教学活动。如：引导幼儿了解并遵守集体教学活动的规则要求；在各领域的集体教学活动中，根据小学相应课程标准，围绕入学准备教育的要求，在口语表达、阅读、思维、审美、社交等方面进行针对性的入学准备教育，为幼儿入小学做好各学科认知发展能力、萌发学习兴趣等的准备。

（3）建立幼儿成长档案。收集幼儿绘画等作品、幼儿参与各种活动的影像资料、每学期幼儿发展评价、家园联系册、教师对幼儿成长的观察记录和教育笔记等，建立幼儿成长档案，为小学教师了解幼儿学习与发展提供丰富的材料。

（4）加强与小学的联系，做好衔接工作。了解小学低年级课程标准，了解小学一日常规要求等。对照《3~6岁儿童学习与发展指南》规定的五大领域的学习与发展目标适时适度调整自己的教育行为，有机地做好幼小衔接对接工作，为儿童顺利进入小学奠定基础。

（5）开展大班的专门入学教育活动。如：调整大班幼儿作息时间，在大班下期适当增加每天集体教学活动时间，与小学接轨；要求幼儿每天必须按时上幼儿园，除非特殊情况，一般不请假、不迟到、不早退，不无故不上幼儿园；组织专题活动，如组织主题活动"我要当小学生了"，了解小学入学要求，激发入学欲望，进行升学愿景教育；参观小学，了解小学的环境，了解小学生的生活、学习等与幼儿园的不同；与小学生"手拉手结对子"，请哥哥姐姐示范怎样做小学生，如怎么收拾整理自己的书包和物品，怎样上课，怎样做作业等；开展毕业教育活动。如举行毕业典礼，给孩子们照毕业照，做纪念册，念毕业诗，唱毕业歌，发毕业证，让幼儿觉得自己已经长大，要当小学生了。

（6）家园共育活动。利用家长学校、讲座、网络、家园联系栏、家长会等多种途径做好幼小衔接的家长宣传、指导工作；建立良好的师幼关系、亲子关系、亲师关系，保持教育的连续性与一致性，形成教育的合力；指导家长为幼儿购买幼儿入学时必需的文具用品。

（7）社会宣传。利用网络、宣传栏等多种媒体，向社会宣传幼小衔接工作的意义、内容、方法，争取社会的理解和舆论的支持。

（8）争取教育部门的支持、指导，接受他们的监督。

（9）入学准备教育工作考核。园内把做好幼小衔接工作纳入教师特别是大班教师的工作考核内容，促进教师做好幼小衔接工作。

（二）小学的幼小衔接工作的主要途径与方法

小学教育具有全民性、义务性、全面性等基本特点。它必须面向全体适龄儿童进行最基本的知识、技能教育，帮助他们学会如何做人，奠定学习、生活和进一步发展的基础。因此小学的幼小衔接工作的开展必须建立在了解幼儿园教育，准确把握小学教育基本特点的基础上。

小学的幼小衔接工作的主要途径与方法有：

（1）小学幼小衔接的研究与培训。一，要做好一年级班主任和任课教师幼小衔接工作的专项培训。挑选经验丰富的教师与一年级教师就"在班主任工作及学科教学中如何培养新生良好的行为习惯""如何有效地组织教学""如何让新生尽快适应学习生活""如何增强新生的安全意识""如何与家长沟通交流"等方面做经验介绍、互动交流。二，要组织教师认真学习教育部《3～6岁儿童学习与发展指南》，观摩幼儿园教育教学活动，深入了解幼儿园教育教学工作的特点，并在此基础上组织校本教研，调整和改进年级的教育教学工作。

（2）对入学新生进行摸底。一，对报名审核符合入学条件的新生进行身心发展状况摸底，了解每位新生各领域发展的初步情况，鼓励、提示新生，为入小学做好各种准备，也为教师制订入学教育方案做好准备；让新生接触小学老师与校园环境，初步建立入学意识。二，进行入学前家访。了解新生家庭教育状况以及新生家庭环境，建立师生情感联系。三，进行入学后家访。就学生入学后的入学适应问题及相关情况及时与家长交流与家长共同研究对策。四，及时与家长沟通。通过QQ、博客、网站发布信息以及家校联系栏、电话约谈、即时交流等多种途径，就学生入学后的入学适应问题及相关情况及时与家长沟通，共同研究对策，家校合作，协同教育。

（3）加强与幼儿园的联系。一，加强日常联系。熟悉幼儿园教育，了解幼儿园教育活动的特点、要求与规律；熟悉教育对象，了解幼儿在幼儿园的学习、生活情况及其身心发展特点、水平；邀请幼儿园教师参与小学教育教学活动，了解小学教育教学工作的特点；主动给相关幼儿园反馈新生入学后的发展情况，为幼儿园教师有针对性地调整和改进幼小衔接工作提供参考依据；加强与幼儿园教师幼小衔接工作的研讨，探讨科学的衔接策略与方法。二，入学前联系幼儿园。根据入学新生信息，了解新生在幼儿园的学习、生活情况，获取新生在幼儿园的成长档案、发展记录，向幼儿园老师了解新生的个性特点与各领域发展状况；派小学低年级老师和优秀小学生到幼儿园大班介绍小学；认真接待幼儿园大班"参观小学"活动或幼儿园大班与小学生的"联谊活动"，让幼儿参加隆重而庄严的升旗仪式、观看课间操，并与一年级小学生一对一结对子参观小学、听学习经验介绍、一起上课，初步了解小学生的学习与生活，激发幼儿对小学生活的向往。

（4）开展系列入学教育活动。一，开展新生亲子参观校园活动。热情接待新生与家长参观校园，组织丰富多彩的校园文化活动，吸引新生参与；参观学校教室、办公室、各种实验室、运动场、食堂等，熟悉各种学习、活动与生活设施，知道使用规定及方法，熟悉校园环境。二，开展班、队教育活动，引导班级成员相互认识与熟悉，建立班级规则；提出对合格小学生的要求，学习小学生守则、校纪校规、了解学校学习要求；成立班委会和学习生活小组，选出班干部和小组长等，引导学生学会履行岗位职责。三，开展学校校园文化教育活动。进行初步的爱国旗、爱国家的教育；介绍学校优秀毕业生，进行校史教育；学习校歌、校训、学校礼仪要求；学习课间操、眼保健操；了解学校学习要求、作业要求；介绍学校运动会、艺术节、科技节等常规活动；介绍学校运动队合唱队、舞蹈队等团队及参加这些团队的要求。四，开展少先队教育活动。介绍少先队性质和优秀少先队事迹，宣讲少先队入队条件，鼓励他们早日加入少先队。

（5）加快低年级教育教学改革。小学要依据学生年龄、心理特点和教育规律，优化课程设置，精心设计教育内容，培养新生的生活适应能力、社会适应能力、学习适应能力。一，要加强小学课程教学与幼儿园课程教学的对接研究，探讨幼儿园与小学在教育目标与内容、形式、方法上的差异，研究并寻找增强新生对小学相应课程学习的策略与方法。二，要改进教学形式与方法。教室环境布置力求温馨、活泼；选择适合学生身心发展需求的课堂教学形式，增强教学活动的直观性、游戏性和操作性；减少单调的机械练习，增加带游戏性质的当堂练习，不布置书面家庭作业，逐步提高新生作业要求；学习过程中适当安排放松休息活动。三，要建立民主、平等的师生关系，加强对新生入学的指导与服务。班主任及其他教师要加强对新生生活、学习自理、学生交往的教育与引导，及时给新生提示，对生活、学习自理和出现交往困难的学生给予帮助与辅导；任课教师要满足学生在课堂上的合理生活需求，对生活自理、学习自律困难的新生给予指导与帮助；学校配备完善的喝水、如厕、洗手、午休、午餐等生活设施，并给新生以适当的提示；加强对新生社会适应性的指导，帮助新生适应集体生活，融入集体，学会按集体规则行事。

（6）加强家校合作共育，共同促进儿童适应小学学习与生活。学校要搭建多渠道的家校合作平台，通过家长会、网上交流等多种方式让家长了解学生的在校表现情况，共同观察孩子的表现，及时发现问题并给予指导校正，学校还要对家长如何实施家庭教育进行一些必要的指导。

（7）加强幼小衔接工作考核。加强对一年级班主任和任课教师幼小衔接工作专项考核，通过检查教学常规、教师的教育教学行为及学生的一日常规情况、入学适应情况等督促教师做好衔接工作。

（三）家庭的幼小衔接工作的主要途径与方法

家长是孩子的第一任教师，家庭教育、幼儿园教育、小学教育在孩子的成长过程中起着同等重要的作用。

家庭的幼小衔接工作的主要途径与方法有：

第一，家庭成员以身作则，为孩子树立好榜样。首先，家庭成员特别是父母要做孩子的榜样，要热爱学习，热爱本职工作，有良好的阅读、学习习惯和敬业精神。二，有良好的生活习惯与生活方式，洁身自好。三，文明礼貌，待人友好。孩子的习惯、生活与学习方式受家庭成员潜移默化、耳濡目染的影响，

"其身正，不令而行；其身不正，虽令不从""上梁不正下梁歪"，因此，家长要时时提醒自己，在要求孩子时，自己要首先做好，时时、事事、处处树立好榜样，言传身教，并在每天的生活中渗透。

第二，根据幼小衔接教育的内容，有针对性地培养。一，关注生活适应能力的培养。加强营养与锻炼，保证其身体健康；帮助孩子树立时间观念，正确处理学习与游戏的关系；培养孩子的独立意识、安全意识和独立生活能力，逐渐减少父母或其他成人的照顾。二，关注其学习适应能力的培养与学习习惯的养成，培养学习品质。教给孩子有关学校生活的常规知识，要求孩子爱护和整理书包、课本、画册、文具和玩具；让孩子使用剪刀、铅笔刀、橡皮和其他工具；指导孩子削铅笔、制作简单的玩具等；指导孩子正确阅读，学会思考探究与提问，等等。三，培养孩子的社会适应能力，学会与同伴友好交往，学会在陌生环境中保护自己，学会适应新的人际与社会环境。

第三，及时与幼儿园、小学联系，参加各种家长活动。主动了解孩子在园、在校的学习、生活情况，认真、积极地配合幼儿园、小学完成各项任务。参与各种亲子教育活动、家长会、开放活动等，在活动中关注孩子的生活适应能力、社会适应性和学习适应能力的发展，并及时给予帮助与辅导。

第四，认真学习家庭教育知识，主动营造利于孩子学习、成长的家庭环境。主动搜集有关幼小衔接的书籍、资料，认真研究孩子的发展特点，明确相应的教育策略与方法；与已升入小学孩子的家长沟通、交流，学习相应的经验，在教育观念、方法上向幼儿园教师、小学教师学习。家庭成员间取得教育观念与方式上的一致意见，营造良好的家庭学习环境与书香氛围，为幼儿打造一个安静的学习环境。

六、教育行政部门对幼小衔接的管理

做好幼小衔接，教育行政部门的管理是否到位十分关键。

（一）加强对幼儿园幼小衔接工作的管理

做好幼儿园入学准备教育，对幼儿顺利入学起着举足轻重的作用。目前，幼儿园存在着将小学的内容嫁接，以学习小学的内容、采用小学教学形式与方法进行教学，为儿童入学做准备，如每天上几节课、学习拼音、学习100左右的加减法等，这种做法违背了教育的基本规律，严重地影响了儿童的身心发展，

教育行政部门必须从源头加强指导与管理。首先，要督促幼儿园全面贯彻落实《幼儿园教育指导纲要》和《3～6岁儿童学习与发展指南》精神，坚持正确的办园方向，加强教学活动管理，坚决反对幼儿园进行各类经典诵读、英语、珠心算、知识教学等"特色教育"以及开设兴趣班、入学准备班等小学化做法。其次，要加强对幼儿园开展"幼小衔接"的指导，敦促幼儿园根据儿童身心发展规律和本园幼儿特点建立完整的幼小衔接活动体系，有计划地开展幼小衔接活动，为大班幼儿毕业之后进入小学做好相应准备。最后，要加强对幼儿园的日常工作检查督导以及年检工作，对办园方向不正确、搞小学化的幼儿园要及时给予批评教育；对小学化倾向比较严重的幼儿园给予必要的处分；对小学化倾向严重且屡教不改的幼儿园进行严厉处罚。

（二）加强对小学幼小衔接工作的管理

许多小学，出于一些不恰当的利益，对入学儿童组织测试，对儿童的识字、算数、拼音等提出能力要求，影响了正常的招生，也违背了《义务教育法》的基本精神。小学生入学后，学校缺乏对新生的入学教育，不利于儿童迅速适应小学的学习与生活。

对于以上情况，教育行政部门应加强督导。首先，要规范小学新生招生工作，严禁以各种借口拒绝适龄儿童就近入学，严禁以任何名义组织新生进行入学考试。其次，要组织小学根据儿童身心发展特点与入学适应情况，广泛开展"幼小衔接"活动，帮助新生尽快适应入学的生活和学习。

（三）做好社会宣传和监督工作

幼小衔接工作还受到家长、社会陈旧的教育观念等多种因素的影响。教育行政部门还要通过多种平台，采取喜闻乐见的方式，宣传科学的教育观念和优秀的教育案例。首先，加强对社会办学机构的管理，禁止以任何名义开办与小学入学挂钩的各种培训班。其次，督促幼儿园、小学建立好家长学校，引导家长树立科学的儿童观、教育观，铲除导致幼儿园小学化的土壤。再次，利用报刊、网络、电视等大众传播媒介，介绍幼儿园教育的基本理念、内容与方法，幼小衔接工作的意义、内容与途径，以及科学保教、科学育儿、促进儿童健康成长的科学观念，引导社会树立正确的教育观念。第四，建立监督、投诉点，以便及时发现和解决幼儿园"小学化"行为及其他违反教育相关法规的行为，解决幼小衔接中存在的问题。最后，督促教研部门加强对幼小衔接工作的研究，指导幼儿园、小学科学地做好幼小衔接工作。

七、国外幼小衔接的经验

幼儿教育与小学教育的衔接问题，受到世界各国的普遍重视，并已成为当前世界教育研究的重要课题之一。尤其是对幼儿入学准备的状态研究已成为当前国外发展心理学研究的热点问题，其研究内容包括：了解幼儿学校适应的早期预测因素，建立学前幼儿入学准备状态的测评体系，及早发现入学准备状态不足的幼儿，并采取相应的干预措施，对不同干预途径的效果进行比较和评价等。

（一）在衔接理念上

首先，强调双向调适的观念，即国外学者所说的"有准备的幼儿园"（school ready kindergartens）和"有准备的学校"（child ready schools）。不仅幼儿园应该为幼儿的入学做准备，学校也应提前为幼儿的入学做准备。正如国内学者所说的，不是单向的谁向谁靠拢的问题，而是互相靠拢的问题。

其次，建立基于生态学视野的多方交流的衔接体系，至少要包括学校（学前与学校机构）、家庭（家长与孩子）和社区（社区与社会）等各个子系统，并且各子系统之间要充分交流、协同工作，才能形成一个和谐的入学生态系统。

（二）在衔接方案上

首先，建立一个完善的入学评估体系，这是制订适宜的、具有针对性的衔接方案的前提。在这个体系中，涉及入学评估标准的制订、政府和学校如何实施入学评估、如何正确地对待入学评估结果、入学评估对入学衔接方案的贡献等。

其次，学校应制订有效的衔接方案，这是解决入学衔接问题的核心。这个方案涉及在儿童入学前后学校所要做的具体工作，要考虑到对影响儿童入学衔接的所有问题的解决，要考虑到调动所有可能对解决衔接问题有益的各方力量，这个系统方案被看作解决入学衔接问题的工作手册。

（三）在衔接项目

在具体的衔接内容上，首先强调对"任务""规则""交往""自理自护"和"学习"五个方面能力的培养。无论是国内还是国外的研究，都不否认两种机构的现行坡度，培养这些能力对"爬坡者"是尤其必要的。

　　学校在课程及教学法上的连贯，这是学校在降低入学坡度方面做出的努力。这种努力往往与各国的基础教育课程改革密切相关，在我国当前的背景下，这也是解决入学衔接问题的一个重要契机。

第八章 学前教师的专业素养及其发展

在一次户外活动中，苗苗看到花坛种着漂亮的小花，便摘了一朵。A 教师看到苗苗已经把花摘下来了，便严肃地说："花是不可以摘的，以后可不许再摘了。"B 教师皱着眉头没好气地说："花回不了家了，要伤心了。"随后引导大家讨论："花园里的花可以摘吗？花摘了会怎么样？"得到的答案是："不可以摘花的。""花枯萎了。"苗苗坐立不安，接受着大家的指责和批评，并保证以后再也不摘了。C 教师温和地问苗苗："你摘花做什么呀？""花好看，摘下来送给妈妈。"随后，教师召集全班孩子讨论："我们把花摘了，花会怎么样啊？""花要哭了。""花宝宝会痛的。"教师又问："那这朵漂亮的小花怎么办呢？""送给妈妈。""送给奶奶。"最后大家觉得浇花的爷爷最辛苦，于是把这朵美丽的小花送给了门卫爷爷，大家都笑了。回到活动室后，教师又问道："我们想送花给妈妈，怎么办呢？""可以画一朵。""可以用漂亮的彩纸折一朵。"那天晚上很多妈妈收到了孩子的礼物：一朵或几朵自制的美丽小花。以上三种教师的回应都体现了"花儿好看我不摘"的主题目标。三种不同的回应，折射出了教师不同的个性、教育理念和教育机智，获得了不同的教育效果。那么，作为一名幼儿园教师，在教育的过程中应该树立怎样的教育观念，具备哪些素养，使自己尽快成为一名成熟的教师呢？

第一节 学前教师概述

一、学前教师概述

"教师"一词具有双重含义，既指一种社会职业角色，又指这一角色的承担者。1993年10月颁布的《中华人民共和国教师法》和1995年3月颁布的《中华人民共和国教育法》指出，学前教师是在幼儿园履行教育职责、对幼儿身心施行特定影响的专业教育工作者，担负着培养社会主义事业的建设者和接班人、传播精神文明、提高全民族素质的历史使命。

（一）我国学前教师观的内涵

学前教师是我国教师队伍中一股朝气蓬勃的力量，是儿童发展的促进者，应该受到全社会的关心和尊重。

学前教师从事的是幼儿早期启蒙的工作，是一项需要全身心投入且必须具有广博学识的工作，他们从事的是保育和教育工作，也是科学和艺术工作。

学前教师从事的是一项需要童心、爱心和责任心的工作，他们的工作关系到幼儿的未来、社会的未来。

学前教师是研究者、开创者，应关注儿童、了解儿童、理解儿童、研究儿童，并以创新的精神与儿童互动、对话。

学前教师是一份专门的职业，需要掌握不断更新的专业知识、技能和方法，没有科学的武装就不会有科学的成效。

（二）我国学前教师应享有的权利

（1）进行保育教育活动，开展保育教育改革和实验的权利。

（2）从事科学研究、学术交流，参加专业的学术团体，在学术活动中充分发表意见的权利。

（3）指导幼儿的学习和发展，评定幼儿成长发展的权利。

（4）按时获取工资报酬，享受国家规定的福利待遇的权利。

（5）参与幼儿园民主管理的权利。

（6）参加进修或者其他方式培训的权利。

（三）我国学前教师应遵守的义务

（1）遵守宪法、法律和职业道德，为人师表。

（2）贯彻国家教育方针，遵守规章制度，执行幼儿园保教计划，履行聘约，完成工作任务。

（3）按国家规定的保教目标，组织、带领幼儿开展有目的、有计划的教育活动。

（4）关心、爱护全体幼儿，尊重幼儿的人格，促进幼儿的全面发展。

（5）制止有害于幼儿的行为或其他侵犯幼儿合法权益的行为，批评和抵制有害于幼儿健康成长的现象。

（6）不断提高思想政治觉悟和教育教学业务水平。

二、学前教师的角色

角色是个体在特定的社会生活中的身份，以及由此而规定的行为规范及行为模式的总和。从心理层面来讲，角色包括角色语言、角色行为和角色意识3个方面。学前教师角色是学前教师在幼儿园教育生活中特有的身份，它要求学前教师必须做出符合这一身份的言行举止，并具有相应的意识。

（一）学前教师角色的历史演变

"师者，所以传道授业解惑也"，这是唐代散文家韩愈在其《师说》一文中给教师的定义，这个定义很传统地诠释了一般教师的角色与功能。但不同教育阶段的教师所承担的社会角色及所承担的职责是有所侧重的。对于学前教师而言，其角色不但与一般的教师相比有其特殊性，而且在不同的历史发展阶段，人们对学前教师的具体角色定位也有所不同。

昆体良早在2000年前就提出幼儿教师要具备三个条件：要热爱儿童；要善于观察儿童；要正确应用批评与表扬。欧文成立了世界上第一所幼儿学校以后招聘幼儿教师，其条件是：热爱幼儿并对他们有无限的耐心，性情温顺，绝不应当让他们听到愤怒的斥责或看到脸上有任何生气和怒目而视的表情；语调和神态应当是和善的、富于慈爱感情的，对所有的幼儿应一视同仁。蒙台梭利主张幼儿教师承担观察者、研究者、环境准备者和指导者的角色。

我国从1902年创办蒙养院以后，有了第一批正式的学前教师，当时称之为"保姆"，由乳母、节妇训练而成。她们是封建社会"三从四德"的模范和宣传者，最多只有小学三年级的文化程度。新中国成立后，由于幼儿园的任务主要是解决家长的后顾之忧，以保为主，所以，对教师素质的要求也不高，学前教师角色被定位于"阿姨"的层次。直到20世纪80年代，学前教师才被看作专业人员，学前教师的角色开始发生重大的变化。

从世界范围上看，随着科技的飞速发展和社会的急剧变革，教育从目标、内容到方法等都在发生着巨大的变化。当代教育发展的开放化、终身化、创新化、个性化的趋势，要求教师必须树立现代教育观念，实现由传递知识的"搬运工"向教育过程的指导者转变；由单纯的书本知识的复制者向创造力的激发者转变；由专业浅显的教书匠向"百科全书"式的教育者转变；由领导者和管理者向学生的合作者转变。学前教育也一样，经历着从形式到内容的各种冲突与融合的不断变更，社会期待的学前教师的角色也相应地发生了转换。学前教师作为职业者的呼声日益高涨，作为专业人员的素质要求的内涵也在不断拓展。

（二）学前教师角色的特点

学前教师有其与一般教师相同的角色特征，但由于其职业的活动对象的年龄阶段的差异性，决定了其在社会中扮演的角色有别于其他类型的教师，有其角色的特殊性。庞丽娟、陶沙的研究认为，学前教师角色的特殊性首先表现在其每天频繁接触、打交道的对象是生理、心理都尚不成熟的孩子。幼儿的思维方式、情感表达形式、兴趣、爱好以及行为逻辑都与一般成人有很大差异。其次，表现在担负着培养幼儿的社会责任。职业对他们提出了较高的社会要求：必须牢记要时时处处注意引导、教育好幼儿，促进他们健康成长。因此学前教师要付出大量的精力、意志与爱心。学前教师的角色决定了教师必须与尚不成熟的幼儿长期频繁地"互动"，同时必须超越一般性的交往，积极主动地引导幼儿，促进其身心发展。这些特殊的角色内涵对学前教师提出了超出常人的要求。学前教师特殊的工作对象、工作任务决定了他们实践角色规范具有较大的难度，也决定了学前教师必须随时防止角色意识淡化。

学前教师的角色要求体现于其职责之中。1996年国家颁布的《幼儿园工作规程》对学前教师的职责做了如下规定："观察了解幼儿，依据国家规定的幼儿园课程标准，结合本班幼儿的具体情况，制订和执行教育工作计划，完成教育任务""严格执行幼儿园安全、卫生保健制度，指导并配合保育员管理本班幼儿生活和做好卫生保健工作"社会对学前教师的角色期待是：学前教师是教育者、儿童生活的管理者与护理者，她必须按社会的一定要求对儿童进行体、智、德、美全面发展的教育。一些幼儿园提出学前教师对儿童要做到"五心"，即"爱心、童心、关心、热心、耐心"，也具体地规范了学前教师角色在职业道德方面的要求。

1. 与其他职业相比，学前教师充当着多重角色

学前教师是学前儿童发展中的重要他人。重要他人（significant others）是

指教师、家长、同伴等对儿童身心发展具有重要影响的个人或群体。学前教师是儿童发展中的重要他人,对儿童发展具有不可替代的影响。儿童从母体来到人世间,起初只是一个自然人。在家庭中,孩子受到父母精心哺育,言传身教;在社会上,大众传媒、人际交往使其耳濡目染,但这些影响可以说是零散的、潜移默化的。而学前教师对孩子的教育则是系统的、有目的的。学前教师作为专业人员,会根据社会的要求,把人类社会积累起来的某些劳动经验、科学文化、思想意识和行为规范等社会精神财富,用最适合的方式传授给儿童,使幼儿初步适应社会。此外,由于儿童对教师具有强烈的向师性,凡是教师说的、教师做的,都会成为儿童模仿的对象,学前教师的一言一行都会对孩子的一生产生深远的影响。

2. 学前教师是学前儿童生活的照料者和班级管理者

学前儿童的年龄还小,生活自理的能力较差,在家庭中,被父母精心地照顾着。进入幼儿园之后,学前教师就要担负起照顾他们的责任,把他们当作自己的孩子一样细心照顾,还要像妈妈一样给予他们情感上的安慰,使他们在生理和心理上得到和谐的发展。

3. 学前教师是学前儿童学习的组织者、支持者和引导者

学前教师要引导儿童进行积极有效的学习,首先要为儿童创设一个包括物质条件、社会交往和情感互动的全教育环境,这样的环境既可以鼓励儿童的探索活动,同时又可以鼓励儿童进行社会交往,当儿童在这样的环境中进行各种活动时,教师要观察研究他们的兴趣、需要、情感,掌握每个儿童的不同特点,有目的、有意识地引发儿童在活动中去观察、思考、探索、发现,引发儿童学习的积极性,同时给儿童提供一定的指导、支持和帮助,使儿童在活动中获得成就感,树立对活动的信心。

4. 学前教师是联系学前儿童与社会的中介者

幼儿园是儿童最早接触的家庭以外的社会环境,教师是儿童初步适应社会生活的引路人。教师通过组织各种教育教学活动,让儿童了解社会是什么样的,社会对他有什么期望和需要,自己可以做什么,不可以做什么,从而做出恰当的行为。此外,教师作为班级的领导者,可以引导儿童建立起班级的共同活动目标,使每个儿童都遵守集体的共同行为规范,互相开展行为的评价,为儿童走向更广阔的社会生活奠定基础。

这些角色反映了学前教师"一身多职"。学前教师的这些角色是交织在一起的，这既是儿童这一群体的年龄特征的反映，又是学前教育这一社会现象特定的要求。学前教师的角色既是多重性的，也是随时变换的，在不同的活动背景和情境下，学前教师的角色也显示出差异。例如，在生活中，学前教师是儿童的照料者；在教学活动中，学前教师是儿童活动的组织者、引导者；当儿童自主活动时，学前教师充当观察者的角色；当儿童之间出现矛盾时，学前教师是协调者和协助者；当儿童受到委屈时，学前教师是儿童的倾诉对象，需要耐心地成为一位倾听者；教师有时是严肃的、有原则的教育指导者，有时则是儿童的朋友与伙伴，等等。

第二节 学前教师的专业素养

中国台湾地区一位幼教专家曾经说过："生命是宝贵的，而学前教师却是从事启发生命工作的。"成为一名合格的学前教师，承担起这份责任，不仅要具有良好的职业道德、稳定的心理素质，还要具有扎实的专业知识、精湛的职业技能。

一、职业道德素养

道德是教师魅力的核心，是教师对学生、事业及自己的态度在其言行中的反映。道德并不是一项单纯的性格或特质，而是多方面的综合呈现，它是通过长期的教育实践而形成和发展的各种品质的总和。学前教师应具备的道德素质，主要表现在以下几个方面：

（一）爱岗敬业

忠于人民的学前教育事业，是学前教师爱岗敬业的本质要求。对学前教育事业的热爱主要来自教师对教育事业在社会发展中地位与作用的认同。只有把学前教育同民族的振兴和现代化建设的成败联系起来，才能对教育事业有深刻的认识。认识得越深，爱得越深，且爱得越深，则干劲就越大。学前教师还要有无私奉献的精神，教师劳动的成果主要体现在幼儿的成功中，而教师自身则是默默无闻的，没有奉献精神是干不好学前教育工作的。只有当一个人享受自己的工作时，他才能够充分发挥自己的潜能，体验到工作的乐趣和自我的价值。

能够享受自己的工作，从工作中获得乐趣，这才是爱岗敬业的最高境界。

（二）为人师表

为人师表是教师形成威信的必要条件，是教师做好教育工作的重要保证。一个学前教师表现怎样的思想品德、行为举止，对于可塑性强、模仿性强的幼儿起着直接的影响和熏陶作用。幼儿每天大部分时间都生活在幼儿园这个环境中，与教师朝夕相处，他们的游戏、学习生活都由教师指导、管理和培养。幼儿总是习惯于模仿教师的言行，并把自己的言行同教师的言行相比较、鉴别，由此判断自己的言行。可以说，在幼儿人格萌芽、形成和逐步发展的整个过程中，教师人格始终是一种"无言之教"。它作为一种自觉的非权力性、非强制性的教育影响力，制约着幼儿道德信念体系的形成和道德行为模式的建立。

（三）严谨治学

严谨治学要求教师树立优良学风，刻苦钻研业务，不断地学习新知识，探索学前教育教学规律，改进教育教学方法，提高教育、教学和科研水平。一般来说，学前教师掌握的知识可以胜任学前教学工作，但是随着时代的进步、科技的发展、新知识的不断涌现，教育事业要求教师树立终身学习的观念，做永远的好学者。

（四）团结协作

正确处理教育活动中的各种关系，这是教育过程本身的需要，也是教师个体发展不可缺少的条件。教师要树立团队观念，以此来调节个人与集体、个人与他人之间的关系。教师之间互相尊重，团结协作，密切配合。要严于律己，宽以待人；要维护其他教师的威信，尊重他人的劳动；要虚心学习，取人之长，补己之短。

二、心理品质素养

教师的心理素质指在教育活动中内隐的间接对幼儿产生影响的心理品质。学前教师是幼儿身心发展中的"重要他人"，幼儿处在心理成长和人格养成的关键时期，他们在心理和生理上都还不成熟，自我调适、自我控制水平较低，自我意识也处在萌芽状态。学前教师良好的心理素质始终在幼儿情感发展和心理健康方面发挥着至关重要的作用。

国内外一些有关"好学前教师"的心理特征的研究中,令幼儿喜欢的学前教师具备以下几方面的心理品质:

(一)热爱幼儿

热爱幼儿是对学前教师道德品质和心理品质的双重要求。如果教师在职业道德的支配下与幼儿交往,那仅仅是服务领域的职业要求,而不是真正的教育。当前,我国相当一部分学前教师的职业承诺主要是规范承诺,而不是情感承诺,也就是说,她们只是服从社会规范,而不是真正喜欢幼教事业才从事这一职业的。热爱幼儿是学前教师应当具备的一种职业心理素质,而不应仅仅表现为某些外在的动作和行为,它应根植于教师的教育观,代表着教师良好的职业心理素质。虽然幼儿园的管理制度可以对学前教师能否做出热爱幼儿的教学行为起到良好的鼓励和监督作用,但关键还是要依赖教师的内在品质。热爱幼儿体现在以下四个方面:

其一,关心了解幼儿。只有在全面了解幼儿的基础上,才能做到更好地关心幼儿。学前教师应了解幼儿在家的表现及家庭对幼儿的影响,了解幼儿的内心世界,了解幼儿的性格特征和兴趣爱好,然后在生活、思想等方面有针对性地给予关心。

其二,尊重信任幼儿。尊重幼儿就要尊重幼儿的人格和个性。教师对幼儿的教育,应以正面教育为主,不能采取讽刺挖苦的做法来伤害幼儿的自尊心,造成师生情感对立,导致教育失败。尊重幼儿,就要信任幼儿。教师应充分相信幼儿的心灵是为接受一切美好的东西敞开的,教师要善于捕捉,并使之发扬光大,而不应漠然视之。

其三,公平对待幼儿。教师对幼儿应一视同仁、平等对待,不能掺杂任何偏见。教师应努力做到使每个幼儿都感到自己付出的努力能得到公正评价,使他们轻松愉快地融合在集体之中。应该知道"好"和"差"是相对的,每个幼儿都好比一粒种子,都有发芽、开花、结果的可能性,只是有的发育得早,有的发育得晚,有的枝上挂果,有的根上结实,有的可能作为栋梁之材,有的可以做药用之材,而有的只是以自己的芳香和姿色美化着人们的生活,各有各的特点,各有各的用途。对于幼儿,需要的是从不同角度,以不同的方法去开发。

其四,严格要求幼儿。教师光有一颗热爱幼儿的心还不够,还要在思想上、学业上严格要求他们。教育上的严格与态度上的严厉是不能等同的，在幼儿面前整天阴沉着脸，动辄训斥，让幼儿畏惧自己，绝不是严格要求，严格要求应该是合理的、善意的、可理解的和现实的。

（二）温和耐心

耐心一般被界定为学前教师在具有包容的宽阔心胸、爱护幼儿的热情、敬业的责任感的基础上，对待幼儿的一种不急不躁、温和友善的心理特质和行为表现。目前，学前教师并不是普遍具有耐心这一重要的心理品质的，有些学前教师会对聪明乖巧的幼儿或家庭背景好的幼儿更有耐心；有些教师则是出于幼儿园规章制度的要求而被迫表现出有耐心。学前教师是否有耐心往往受其自身生活状态、专业准备状况及其社会地位与待遇等因素的影响。

学前教师要学会理解幼儿独特的话语，能够心平气和地同幼儿进行平等的交流，倾听幼儿的声音，把握幼儿的需要；还要尊重幼儿玩的天性，在幼儿沉醉在自己的游戏世界中时，学前教师要耐心细致地进行观察，从中把握幼儿发展的诸多契机，借此组织有效的教学支持。此外，对于幼儿所犯的错误，学前教师应该将之视为教育的契机而不是"麻烦"，通过平等地与幼儿交流来把握幼儿问题行为背后隐藏的需要，同时帮助幼儿理解教师的要求，思考自身行为后果，学会选择和做出正确的行为。

（三）沉着自制

学前教师应慎重地对待自己的言行，善于支配和控制自我，是学前教师有效影响幼儿的重要心理因素。学前幼儿年幼无知、自控力差，常会出现各种行为问题，如任性、不遵守规则、不听从规劝、违背教师提出的要求、同伴之间不能友好相处、攻击性行为较多等，学前教师要善于调整、控制自己的情绪，处事冷静，以平和的态度对待幼儿。学前教师在任何时候都不能把自己的不良情绪带入幼儿园，教师的喜怒无常对学前幼儿是极为有害的，容易使一些幼儿去窥测教师情绪的"晴雨表"，形成两面派行为方式，从而影响幼儿个性的健康发展。

优秀的学前教师应善于控制自己的情感，恰当地运用表情、姿态、语言去感染幼儿，以保证教育过程的有效性。

最具有代表性的是教师将惧怕情绪传递给幼儿，并使幼儿形成同样的惧怕心理。年轻的教师正带领幼儿在花园里观察春天的花朵，这时一只飞虫掉在了教师的肩膀上，一个眼尖的幼儿马上对教师说："老师，你的衣服上有只飞虫！"教师马上尖叫起来，迅速抖落虫子，并用脚把它踩死，同时吓得花容失色。幼儿对有生命的东西有一种天生的喜爱，他们可能会和蚯蚓"玩游戏"，可能会把蜗牛带回活动室饲养。而教师的上述反应会让幼儿产生两种心理冲突，一是感觉飞虫是很可怕的东西，从而失去对大自然的观察兴趣，失去对有生命的东西的喜爱，甚至可能会演变成对昆虫过敏性的心理障碍；二是感觉教师言行不一致，因为昨天教师还在教他们画可爱的飞虫，说飞虫如何美丽可爱。作为教师应该克服自己的惧怕情绪，沉着应对，不要把自己的不良情绪传递给幼儿。

（四）乐观向上

学前教育这一职业要求学前教师在为人处世方面积极活跃，情绪乐观，兴趣广泛，敢于尝试，愿意与人交往，在与幼儿交往的过程中，能始终以积极乐观的情绪给幼儿以良好的影响。

教师个人的情感、意志、个性特征以及与幼儿交往的方式、教育幼儿的方法，都会对幼儿性格的形成产生潜移默化的影响。充实、丰富的生活内容，快乐的情绪体验，给幼儿温馨的爱抚和安全感，会使幼儿变得活泼开朗，积极向上；相反，单调的生活刺激、刻板的教育模式、冷漠的环境氛围会使幼儿个性难以健康发展。教师应成为幼儿快乐的天使，以充满活力的形象、快乐的个性、大方的仪容去赢得幼儿的尊重与喜爱，从而塑造幼儿活泼开朗的性格。

三、知识素养

学前教育是启蒙教育，学前教师有不同于其他教育阶段教师的专业特征和专业服务对象。学前儿童有着强烈的好奇心，随着现代信息技术发展和各种儿童读物的普及，他们的知识已远远超过其年龄界限。他们喜欢思考，有自己的见解并有提不完的问题，渴望能得到成人的解答。教师是他们心目中最有威信、最有学问的人，自然成为他们经常提问的对象。教师有广泛的兴趣爱好、渊博的知识，才能深入浅出地回答幼儿们提出的各种问题，在满足他们求知欲的同时点燃智慧的火花。

学前教师的知识素养结构一般包括以下三个方面的基本内容。

（一）扎实广博的普通文化知识

强调学前教师对普通文化知识的掌握，因为普通文化知识本身具有陶冶人文精神、养成人文素质的内在价值。学前教师应具有哲学、社会科学、自然科学等方面的知识，不仅要渊博，而且要内化为个体的人文素质，从而成为一个具有崇高的精神境界、健全的人格特质的人类灵魂的工程师。另一方面，教师的职责之一是传授知识，学前教师不是单科教师，而是要对幼儿实行全面的教育。未来教育提倡培养通才，学前教师应具有科学、社会、语言、艺术、健康等领域方面的知识，并将各类知识融会贯通，做到中外结合、文理兼容，树立博学的形象和较高的教育威信。

（二）宽厚精深的学科专业知识

学前教师要通晓自己所任教的学科，这是对学前教师文化素质的基本要求，包括三个层次：所教学科的基础知识、所教学科的主体知识和所教学科的前沿知识。学前教师要了解学科知识的发展动态，不断充实和调整自己的专业知识结构，拓宽专业知识的广度，加深专业知识的深度，才能游刃有余地驾驭教学，才能深入浅出地给幼儿讲清、讲精、讲活，更好地适应新形势对学前教学工作的新要求。

（三）全新丰富的教育理论知识

掌握教育科学理论，懂得教育规律，这是学前教师提高向幼儿传授知识、施加影响的自觉性，达到良好的教育效果所必需的。学前教师的专业知识包括学前卫生学、学前心理学、学前教育学、学前教育活动设计、儿童家庭教育等与儿童身心发展及教育有关的专业基础知识。同时，还应该掌握学前教育的理论知识、基本规律和实践方法，才能有效地进行学前教育工作。要善于理论联系实际，把教育理论广泛应用于教育实践，解决教育教学过程中的各种实际问题，使教育科学理论真正发挥作用。

学前教师还必须具备一定的艺术知识与技能，如唱歌、跳舞、弹琴、绘画、手工制作及创编故事、讲故事等。这些艺术方面的知识技能既能充实幼儿的教育内容，又能成为幼儿教育的重要手段，它们可以使幼儿在轻松、活泼、愉快的气氛中形象直观地接受教育。

四、职业技能素养

学前教师的职业技能素养是指教师从事学前教育工作所需的实际能力及其掌握的程度，主要包括以下基本内容：

（一）观察能力

幼儿情绪易外露，其内心活动、身体状况常通过表情、动作和简短的语言表现出来。幼儿的一个小动作、一刹那的行为，都可反映其真实的内心活动。当值日生分苹果，将小苹果留给自己，大苹果让给小朋友时，常充满希望地看着老师。因此学前教师要具有了解幼儿个性和活动情况的细致而全面的观察力，从幼儿的眼神、表情、动作、姿态等方面看出他们的心理活动与情感体验。蒙台梭利强调，一个不会观察的教师绝对是不称职的，每位教师都要将自己的眼睛训练得如同鹰眼一般敏锐，能观察到儿童最细微的动作。

学前教师观察能力的高低表现为能否敏感地捕捉到幼儿发出的动作、表情或语言等方面的信息，并且快速地做出正确的判断和反应。通过观察幼儿的发展状况和差异，了解幼儿现有水平和不同幼儿在发展水平、速度、技能、能力上的差异，进一步探明幼儿的内部需要和最近发展区，为教师设计和指导教育活动、及时地应答幼儿的需要等提供依据。教师的观察能力是洞察幼儿的内心世界、进行因材施教的先决条件。

（二）语言表达能力

教师的语言表达能力强弱直接决定着教育活动的效果，影响幼儿心智活动的效率。教师良好的语言表达能力能诱发幼儿的求知欲，激起幼儿的学习兴趣，吸引幼儿的注意，调动幼儿良好的情绪、状态，陶冶幼儿的情操，同时直接影响着幼儿的语言发展。

教师的言语表达应做到：第一，生动形象。言语要具有趣味性，引人入胜，并符合形象思维的规律和形式，用幼儿熟悉的形象加深他们对知识的理解。第二，准确精练。能确切地使用概念，科学地做出判断，合乎逻辑地推理，表述简洁清楚，干净利落。第三，通俗明白。说话要明白，深入浅出，善于把复杂的东西讲简单，把抽象的东西讲具体。第四，严谨含蓄。言语要具有逻辑性，结构严谨，思路清晰，善于帮助幼儿思考，富有启发性。此外还要注意辅之以非语言表达手段，如手势、表情、姿态等，以增强言语的表达效果。

（三）沟通能力

沟通需要一种相互性，相互理解、彼此接纳对方的观点、行为，形成在双向交流中彼此协调的默契。教师的沟通能力主要包括教师与幼儿、教师与家长的沟通能力和促进幼儿之间相互沟通的能力。

第一，教师与幼儿的沟通。教师与幼儿主要的沟通方式有非言语的和言语的两种。不论哪种方式都要求教师有积极主动、平等的态度，提供一个安全、温暖、可信赖、无拘无束的交流环境，尽可能地从幼儿角度来考虑问题。

第二，教师与家长的沟通。家长作为教师的合作者加入教育者一方，共同对幼儿施教，有利于提高学前教育的质量。教师应当具备与家长交流的技巧，主要包括聆听的技巧，以适合家长的态度、语言、表达方式以及考虑家长的观点、心情的谈话技巧，以及向不同类型的家长传达信息（口头的或书面的），特别是描述儿童行为、提出建议或意见的技巧，帮助教师求得家长的相互尊重、相互理解、相互支持。

第三，促进幼儿之间的沟通。幼儿之间的沟通受到他们社会性发展、语言发展等方面的制约，需要教师有意识地进行帮助。学前教师要认真研究幼儿沟通的特点，如：幼儿喜欢什么话语？交谈常在什么地方、什么场合发生？什么样的形式最有利于幼儿产生或发展交谈？等。在此基础上，利用小群体活动或游戏的方式给幼儿提供交流的机会，从而促进幼儿之间交谈的需要，发展他们自我表达和理解他人的能力、听和说的能力。

（四）组织管理能力

学前教师的组织管理能力具体表现为能否科学地安排儿童日常各项活动，充分调动儿童活动的主动性、创造性，最大限度地促进儿童的发展。它包括了解幼儿的能力、一日生活的组织与保育能力、教育活动的计划与实施能力、游戏的支持与引导能力、交往与协调能力、环境的创设与运用能力、对幼儿的激励与评价能力等。

（五）信息技术应用能力

教师要能够运用以计算机及网络为核心的信息技术来促进教学，熟练制作和应用教学课件，达到信息技术和各科课程的整合，优化教学结构，培养幼儿获取信息、终身学习、创新和实践等能力，提高教学质量。

（六）教育监控能力

教育监控能力是指教师为了达到预定的教育目标，在教育的全过程中将自己所进行的教育活动和行为本身作为意识的对象，不断地对其进行积极、主动、自觉的计划、监察、反馈、评价、反思和调节的能力。

第一，计划与准备能力，是指教师为教育活动做准备工作的过程中体现出的教育监控能力，即教师在进行具体的教育活动之前，分析所要面临和解决的教育任务及教育情境中的相关因素，如教材、幼儿的兴趣和需要、幼儿现有的发展水平和潜能等，结合自己的教育教学能力、风格、特点和经验，确立适宜的教育目标，制订教育计划，明确所要进行的活动内容，选择教育的策略，构想设计出解决各种问题的方法，并预测教育过程中可能出现的问题及可能达到的教育效果等。

第二，反馈与评价能力，表现为教师在教育过程中随时监控班级的状况，密切关注幼儿的反应和参与活动的程度，不断获取教育活动各要素变化情况的反馈信息，并根据幼儿的反馈或是教师的自我反馈，客观地认识和评价自己的教育过程、教育方法、教育策略、教育效果、教育行为以及幼儿发展和进步的状况。

第三，控制与调节能力，是指在教育过程中，教师根据反馈信息和新情况有意识地、自觉地发现和分析教育过程中存在的问题及其原因，并据此及时调节教育活动的各个方面和环节，对自己下一步要进行的教育活动和教育行为进行调整与修正的监控能力。

第四，反思与校正能力，是指在一次或一阶段的教育活动完成之后，教师对自己已完成的教育活动的全过程进行深入的总结和反思，并进行相应校正的能力。教育监控能力较高的教师，在教育活动完成之后，通常会回顾和评价自己的教育活动过程，反省教育活动是否适合儿童的实际水平，是否能够有效地促进儿童的发展；仔细分析自己在教育过程中哪些方面是成功的，哪些方面还有待改进；反思自身教育行为的特点与不足等，并进行相应的调整和校正。

（七）教育机智

教育机智是指教师对幼儿活动的敏感性及能根据新的、意外的情况快速做出反应，果断采取恰当教育教学措施的一种独特的能力。它是观察的敏锐性、思维的灵活性及意志的果断性的独特结合。处于学前教育阶段的儿童，一方面正处在身心快速发展的时期，常常会出现一些新的情况。另一方面，教育情境又是错综复杂、瞬息万变的，会随时随地发生一些意外的事情，这就要求教师具有教育机智，迅速做出反应，果断采取措施，及时妥善处理。

总之，学前教师的素质是搞好保教工作、培养幼儿成才的重要保证。学前教师在长期的学前教育实践中才能逐步培养和形成良好的综合素质。

第三节 学前教师专业化成长

一、学前教师专业化发展的概念

按照美国学者科尔文（G.Corwin）等提出的标准，凡称得上一门专业者，必须具备有关专业特征的十四项指标。我国学者曾荣光、何福田等也提出专业化的10项指标：为社会提供不可或缺的服务；享有专业服务的专利权；接受长时间训练与入职辅导；具备一套"圈内知识"；有专业自主权；组成对成员具约制力的专业团体；确立一套专业守则；获得社会和当事人的信任；享有相当的社会地位和职业报酬；不断接受在职培训和从事科研活动。

1966年，联合国教科文组织在《关于教师地位的建议》中提出，应该把教师工作视为专门职业，认为它是一种要求教师具备经过严格训练而持续不断的研究才能获得并维持专业知识及专门技能的公共服务。教师专业发展首先强调，教师作为一个教育教学的专业人员，要经历一个由不成熟到相对成熟的专业人员的发展历程；其次，强调教师作为一个发展中的专业人员，其发展的内涵是多层面、多领域的，既包括了知识的积累、技能的娴熟、能力的提高，也涵盖了态度的转变、情意的发展。国外持行为习得观点的学者通常把由实习教师发展到专家教师划分为三个阶段：①新手阶段：这个阶段教师常会出现教学失误；②中间阶段：教师获得了更多的教学经验并能够自觉地调节自己的教学活动；③最后阶段：对于努力提高教学技能的一部分人来说，他们发展到了高水平阶段。

德耶弗斯则把教师的职业发展划分为五个阶段：新手阶段（novice level）；优秀新手阶段（advanced beginner level）；胜任阶段（competent level）；熟练阶段（proficient level）；专家阶段（expert level）。

教师职业向专业化方向发展，需要以下几个条件：一，确立教师资格证书制度；二，规范教师教育的专业训练；三，加强教育实习，延长实习时间；四，培养教师的教育和专业学科的科研能力。教师专业发展对学生学习能力的提高、对教学质量的提高乃至对整个教育质量的提高将产生巨大影响。因此，许多国家都在寻求教师专业化发展的道路，制订教师专业化发展的计划，并提出一些有效的措施。

例如，美国未来与教育全国委员会提出加强未来教师的专业训练，并主张在证书制度、待遇等方面确保未来教师的专业化发展。日本文部省从"教师是从事学生人格形成的专门性职业，也是决定教育成败的关键"的观点出发，把提高教师的素质能力作为20世纪90年代主要的政策和课题。奥地利的教师教育以"求同"战略为指导，以"专业化"思想为主导，以提高质量为目的进行了一系列改革，在"专业化"思想推动下学生必须学习教育学、学科教学论和进行教学实习。

总之，学前教师的专业化发展是指学前教师不断接受新知识、增长专业能力，从而使其专业结构不断更新、演进和丰富的过程。从专业结构看，幼儿园教师专业发展包括理念、知识、能力、态度和动机等不同侧面；从专业结构水平看，幼儿园教师专业发展具有不同等级、不同阶段。

二、学前教师专业化发展的阶段

从一名新教师成长为一名合格教师再到一名专业化教师，这是一个漫长的过程。学前教师的专业发展大致可以分为新手、熟练、胜任、骨干和专家五个阶段。

（一）新手阶段

刚刚毕业的新教师和实习期的教师都属于这个阶段。当他们从学校走进幼儿园，他们将会面对一群天真顽皮、精力旺盛的学前儿童，同时也会碰到各种类型的家长，这些"新手"们往往会觉得很不适应，经常会出现焦虑和无助的情绪。虽然在此之前，他们已经试教过很多次，也学习了有关学前儿童心理和生理发展的知识，但由于以前的知识学习只是停留在理论层次，面对具体的情景时还不会运用理论知识来解决实际的问题。同时，"新手"们对学前教育工作的认识比较理想化，看问题时不能一分为二、不懂得灵活变通。因此，处在身份角色转换中的"新手"们将面临很多挑战。

（二）熟练阶段

经过一两年紧张而忙碌的教育教学实践，"新手"们基本上已经克服焦虑和无助的情绪，逐渐"入门"，能够较熟练地处理教育教学中遇到的各种问题。在这个阶段中，学前教师基本上能将以前所学的理论知识与实际的教育教学工作联系起来，基本上能对自己的教育教学行为进行反思，使自己每一次的教育教学活动较上次都有所提高。但他们在面对一些突发事件时还是会有些不知所措，不知该怎样树立自己的威信。

（三）胜任阶段

大概经过三四年的教育教学实践，学前教师基本上能够胜任各类保教工作。他们对学前儿童的了解也更全面和深刻，他们已经能够根据学前儿童身心发展的特点和需要来设计和组织教育教学活动，能够很好地运用教育教学的技巧，慢慢形成自己的教学风格。但他们的教育教学行为还没达到流畅、灵活的程度。

（四）骨干阶段

经过五六年的教育教学实践，有一些学前教师就进入了骨干阶段。长期的教育教学实践让他们积累了丰富的经验，他们能够对教育教学中的各种情境做出正确的判断，并采取积极有效的处理。同时，他们会更积极地反思自己的教育教学行为，尝试和探索新的教育内容或教学方法，并积极与同事或同行讨论和交流，使自己朝着专家型教师努力。

（五）专家阶段

进入专家阶段的学前教师不仅拥有娴熟的教育教学技能，更有扎实的理论基础和丰富的教育教学经验，这样就能更好地指导和鼓励别人，并能不断地进行自我批判和反思，从而实现自我超越。

三、学前教师的专业成长

学前教师的专业成长是指其在工作中通过个人的努力和集体的培养，其教学品质、教学技能和教育素养逐渐从不成熟到相对成熟的过程，其内在专业结构不断更新、演进和丰富的过程。那么，如何有效地促进学前教师的专业发展呢？

（一）在学习中充实

学前教师的专业化成长离不开先进的教育理念指导，而先进的教育理念是在不断阅读理论书籍、倾听理论讲座以及与其他学前教师相互交流的过程中逐渐形成的。学前教师只有在实践中自觉地运用各种教育理论，参与多种形式的教研活动，不断分析教育实践中出现的问题，同其他学前教师们相互交流、评价、反思，关注和分享其他学前教师先进的教育经验，才能在教育实践过程中，通过自我反思检验自身已有的理论，调整不适宜的教育行为，构建、扩展自身的教育经验，从而促进自身专业水平的不断提高。斯腾豪斯（Lawrence Stenhouse）提出学前教师的理论成长有三条途径：通过系统的学习、通过研究其他学前教师的经验和检验已有的理论。

1. 整合教育理念、加强理论交流，提高教师理论水平

真正掌握理论知识的过程是自身主动建构的过程，是从自身原有的理论基础上，吸收外界不同的信息来源，然后不断地实践检验、研究发现，形成自己的教育理念。因此，只有以自身积极思考、辨别为前提，然后领悟、迁移、融合、整理、运用，内化成自己的理论结构，才能真正使自己的理论得以提高。在日常的工作中，每位学前教师的理论水平差异很大，组织教师间的互动切磋很有必要。在浓厚的交流气氛中，吸收别人的经验，取人之长补己之短，经过加工提炼，再到实践中去验证，交流、实践……在这循环往复的过程中，教师们不断超越自己原有的理论经验，使自身的理论水平逐渐提高。

2. 分析教育案例、加强观摩评价，提升自身教育技能

借鉴外界信息，是教师们提高自身教育技能的方法之一。通过观摩优秀的教案或案例走进优秀教师的教育境界，对其教育思想进行探索研究。这主要包括：活动设计目标、选择的内容是否适合；每个环节所采用的教育手段是否促进了幼儿发展；投放的材料是否充足、适宜；教育过程中还有哪些不足。教师应针对活动中出现的各种现象，从多个角度进行思考、深入分析，将商讨的教育经验进行有效的梳理，并结合自己的工作实践，进行借鉴、反思、加工与创新。

3. 关注教育对象、调整自身行为，促进教师专业化成长

教师要根据幼儿成长所必须具备的经验，关注幼儿的兴趣点，从幼儿生活中捕捉有价值的教育契机，设计适合幼儿的有效教育。教师应对自己的教育对象进行特别关注，观察幼儿活动中的反应，了解他们的内心世界，调整教育策略，这也是提高教师洞察力的关键。

（二）在实践中提高

瑞吉欧的创始人马拉古齐曾说："学前教师专业素养的形成与发展，必须在与幼儿一起工作的实践过程中同时进行，除了在职培训，我们没有其他选择，所有智慧在使用过程中更加坚固，而教师的角色、知识、专业和能力在直接的

应用中更强化。"教师具有的教育理论只有在引起自身经验、情感的共鸣，融入自身的教育实践之中，才能真正发挥作用。因此，具有个性、情境性、开放性的实践活动，对学前教师的专业发展有着非常重要的作用。

根据美国社会学家赖利夫妇的"社会范畴论"，每一个体在社会中都不是孤立的，都从属于一定社会中一定的群体，拥有相似社会范畴的人由于生活环境、心理因素相近而具有很多共性，从而看似分散的大众实际上形成了各种不同的团体。学前教师的专业成长必须在一种开放的、对话的教师团体中实现。在一个由不同性情、经验才能和观点构成的教师团队中，教师可以通过相互质疑、脑力激荡等形式充分调动思维，碰撞出新的火花，创造出新的思想。瑞吉欧教学提倡教师的团队学习，认为"教师必须放弃孤立、沉默的工作模式"。教师团队进行交流讨论、相互观摩活动、讨论各种教育问题，通过分享，使教师产生共鸣和感悟，从而对个人的成长带来促进与帮助。

（三）在反思中超越

教学反思是指教师在先进的教育理论指导下，借助行动研究，不断对自己的教育实践进行反思，积极探索与解决教育实践中的问题，努力提升教育实践的科学性、合理性，并使自己逐渐成长为专家型教师的过程。有关研究表明，促使新手教师转变为专家教师的因素，不是他们的知识和方法，而是他们对幼儿、自己及自己的教育目的、意图和教学任务所持有的信念，是她们在教育实践中表现出来的教育机制和批判反思能力。教师专业发展的一种新的取向和理念便是强调教师的自我反思、自我更新。

教学反思用平实的话，记录教后感受，认真思考教学得失，明确教学目标是否达成、教学情境是否和谐、儿童积极性是否被调动、教学过程是否得到优化、教学方法是否灵活、教学手段优越性是否体现、教学策略是否得当、教学效果是否良好。这些记录是思考及创造的源泉，是教学科研的丰富材料及实践基础。多一点教学反思的细胞，就多一些教科研的智慧，常用的形式有教育叙事、教学日记、教师博客。

1. 反思成功之举

反思成功之举包括引起教学共振效应的做法、临时应变得当的措施、教育思想的渗透与应用、教学方法的改革与创新，供以后教学时参考使用，并可在此基础上不断地改进、完善、推陈出新。

2. 反思败笔之处

反思败笔之处是指对疏漏失误进行回顾、梳理,并对其做深刻的探究和剖析,使之成为以后再教时应吸取的教训。

3. 反思教学灵感

反思教学灵感是指课堂上一些偶发事件产生的瞬间灵感。它常常是不由自主、不期而遇的,课后若不及时反思,便会因时过境迁而烟消云散,应当及时做好收集整理。

4. 反思儿童见解

反思儿童见解是指记录儿童独到的见解、对教科书的疑惑、对自己的质疑。这些都闪现儿童创新的火花,帮助教师拓宽教学思路,可以作为今后成功教学的材料养分。

5. 反思再教建议

反思再教建议是指对知识点上的新发现、教学方式的新突破、教法上的新改进、组织教学的新思路进行必要的归类与取舍,把自己的教学水平提高到一个新的境界和高度。

美国心理学家波斯纳提出:教师成长 = 经验 + 反思。叶澜教授说过:"一个教师写一辈子教案不一定成为名师,如果一个教师坚持写三年教学反思可能成为名师。"可见,教学反思是每位教师必备的素质,更是青年教师走向成熟的捷径和基本标志。进行有效的教学反思是促进教师专业化成长的重要途径,是不断丰富和完善教师自我思维和再学习的一种有益的活动。

第九章　学前儿童的发展与评价

《幼儿园教育指导纲要（试行）》指出：教育评价是幼儿园教育的重要组成部分。教师应自觉运用评价手段，了解教育活动对幼儿发展的适宜性和有效性，以利调整、改进工作，提高质量。足见学前教育评价的重要性。何谓学前教育评价？评价的目的与意义何在？教育工作者在进行评价时应该遵守哪些原则？学前教育评价的具体模式和方法又有哪些？本章将对这些问题进行解答。

第一节　学前儿童发展评价的定义与意义

最早的考试制度可以追溯到中国的西周。开始于隋朝、到唐朝逐渐完善的科举制度俨然是中国古代最理想的选拔人才的方法，但是在1000多年的历史长河中，科举制度逐步形式化，演变成为束缚知识分子思想的工具。

西方正规的教育评价活动一直到19世纪末才开始实行，早期主要集中在美国。经典的评价研究有赖斯的拼字测验。教育心理学家桑代克为教育评价与测验做出了巨大的贡献，因而称之为"现代教育测验之父"。

以泰勒为代表的进步主义教育家在1933—1940年进行了新教育课程实验，形成了一套课程评价理论，也就是教育史上著名的"8年研究"，泰勒本人也因为"划时代的教育评价宣言"——《史密斯·泰勒报告》被称为"教育评价之父"。20世纪50年代美国教育学家布鲁姆建立的教育目标分类学直到现在仍然是重要的评价指标体系。可以说，教育评价的发展大致经历了从考试到测量、从测量到评价的发展历程。

学前教育评价的发展轨迹一方面紧随教育评价发展之后，同时也是学前教育实践的发展和进步的见证。学前教育评价起源于20世纪的儿童研究活动。霍尔、杜威、格塞尔、特尔曼等对儿童的发展表现出了极大的兴趣，相继在儿童研究的方法、儿童的教育以及智力的测验等方面做出了重大的贡献。学前教育评价是学前教育体系重要的组成部分，是学前教育中不可缺少的重要活动。

一、学前教育评价的定义

评价，从字面上理解其实就是评定价值。我们日常生活中购买物品需要评价，家长为孩子选择幼儿园需要评价，教师选择教材和教学内容需要评价，一个人选择自己的职业同样需要评价。评价是一个价值判断的过程，是建立在特定信息的基础上，对事物某种属性所做的价值判断。

教育评价就是要通过系统地获取和分析有关教育现象、要素的量或质的资料，判断该教育现象或要素是否满足社会对教育的某种需要。教育评价因要涉及对人的行为进行衡量评估，往往具有动态性、多变性和潜在性，是一种难度较大的活动，为保证评价的客观性，还需要借鉴科学的方法、途径和手段。

关于学前教育评价的理解应分为广义和狭义两种。广义的学前教育评价是对学前教育活动的一切方面的评价，包括学前儿童发展的评价、学前教育课程的评价、幼儿园游戏的评价、幼儿园日常教育活动的评价、学前特殊儿童的评价、学前教师的评价、学前教育机构的评价、学前教育信息的评价。狭义的学前教育评价主要指的是学前儿童发展评价、学前教师发展评价与幼儿园工作的评价。

二、学前教育评价的类型

学前教育评价是一个涵盖内容广泛的概念，从不同的角度进行划分就会产生不同的评价类型。例如，教师以书面的形式做出的评价报告可以称之为"正式评价"，而在日常教育教学活动中对学生的印象和看法的评价则属于"非正式评价"。下面将介绍几种常见的学前教育评价类型。

（一）按评价的功能划分

1. 诊断性评价

诊断性评价是指在教育教学活动开始之前进行，为了解评价对象的情况，使教育教学计划能够更有效地实施而进行的评价。诊断性评价能够帮助评价者找出教育教学活动中的各种问题，评价者根据诊断的结果进一步分析还能够找出问题的原因所在。因此，诊断性评价在学前教育中使用比较普遍，能为幼儿园选择、制订教育计划和方案奠定基础。

2. 形成性评价

形成性评价是指在教育教学活动中进行的、为正在进行的教育教学活动提供反馈信息，进而获取改进工作的依据，提高教育教学活动质量的评价。例如，在教学过程中给表现优秀的小朋友奖励贴纸或者教师自制的卡片，给每天都坚持上幼儿园的小朋友发"全勤宝宝"奖状等，都属于形成性评价。

3. 总结性评价

总结性评价是指在教育教学活动结束后进行的、旨在判断目标达成度和教育效果的评价，因此也成为终结性评价。它关心的是教育活动的效果，不涉及教育教学过程，能够向评价者提供决策信息。例如期末的时候幼儿园评选"优秀小班长""全能宝宝"。

(二) 按评价参照体系划分

1. 相对评价

相对评价是指在某一类评价对象中选择一个或若干个作为标准，将该类对象逐一与标准进行对比，判断其是否达到标准所具备的程度或特征。例如，以一个团体的平均分为标准，判断个体得分在团体中的相对位置；选取某一地区的一所示范性幼儿园的办学条件为标准，其他幼儿园以此来评价自身达到标准的程度，都属于相对评价。

2. 绝对评价

绝对评价是指以一个确定的客观条件作为标准，将各评价对象与标准进行对比，判断其是否达到这些目标。例如体育测试中的各种达标测试都属于绝对评价。

3. 个体内差异评价

个体内差异评价是指对评价对象的过去与现在，或若干个侧面进行的相互比较。例如，将某个幼儿学期初与学期末动作发展测试的成绩相比较，或将幼儿园各方面工作达标程度相比较都属于个体内差异评价。此评价常与相对评价结合运用。

(三) 按评价的主体划分

1. 内部评价

内部评价也称自我评价，是指评价者通过自我认识与分析，对照一定的评价标准与要求，对自己各个方面的情况如学习、工作成绩做出判断。由于内部评价中被评者是评价活动的参与者，评价结果更易于接受，也能够促进被评者自我意识的提高。

2. 外部评价

外部评价也称他人评价，是指由除自身之外的他人或组织组成评价小组，对被评者进行评价。例如政府主管部门、社会中介机构对幼儿园的评价，园长对教师的评价，教师对幼儿的评价等都属于外部评价。

3. 内外结合评价

内外结合评价是指在由外部评价机构或组织发起，在自我评价的基础上，对评价对象收集资料，进行认证或鉴定。例如，一些幼儿园教师的年终考核就由自我评价、幼儿评价、同行评价、学校有关部门整理总结几个部分组成。

（四）按评价资料的搜集与分析方式划分

1. 定性评价

质的评价是指对评价对象的性质或程度进行语言文字的描述，或对各种口头的、书面的材料加以细致地分析，揭示其中的意义。定性评价操作简单易行，但具有较大的主观性。

2. 定量评价

定量评价是指将采用定量的方法，对评价对象的各方面进行数量化的分析和计算。例如用智力测验的方法评价学前儿童的智力发展水平。

三、学前教育评价的意义与功能

（一）学前教育评价的意义

作为学前教育重要的组成部分，学前教育评价的根本目的就在于提高学前教育质量，特别是提高幼儿园的教育教学质量，促进学前儿童、教师、学前教育机构的发展。其意义主要可以归结为四点：①为教育决策提供依据；②促进幼儿园教育改革；③提高幼儿园保教质量；④提高幼儿园教育管理效率。

（二）学前教育评价的功能

教育评价本身就是一项系统工程，其功能表现为可从多方面推动和促进学前教育的发展，具体而言主要有以下功能：

1. 鉴定功能

学前教育是在一定的教育目标指导下进行的。教育评价与教育活动同时出现并伴随始终，例如水平鉴定、评优鉴定、资格鉴定等。通过评价，我们能够对评价对象进行认定，判断其是否达到了目标，鉴定其合格与否、优劣程度、水平高低，这是学前教育评价的重要功能之一。

2. 诊断功能

教育评价是发现和诊断问题的有效手段。评价者通过对观察、问卷、测验等手段的运用，能够确定被评价者存在的缺陷、矛盾或问题，进而为确定解决问题的策略与方法提供重要依据。例如，对幼儿健康、语言、社会等领域进行评价，不仅能够为一般教育教学计划的制订提供依据，还便于对个别幼儿进行教育和辅导。

3. 导向功能

学前教育评价是在《幼儿园工作规程》《幼儿园管理条例》《3～6岁儿童学习与发展指南》等目标和精神的引导下进行的，它所依据的目标或标准具有鲜明的方向性，对幼儿园的各项工作具有引导和导向功能，对整个学前教育事业起到导向作用。

4. 激励功能

教育评价的结果能够引起一定的心理效应。适宜的评价结果能够给被评价者带来满足感，与评价结合在一起的奖励制度，也将引发被评价者改进工作的内在需要和动机，对于暂时没有达到目标的评价对象则是一种有力的鞭策，激励学前教育工作者不断进取。

5. 调节功能

教育评价的调节功能主要体现在两个方面：一，评价者为被评价者调节目标；二，被评价者通过评价了解自己的优势和缺失，及时调节自身的教育理念与行为，以实现自我调节。

第二节　学前儿童发展评价的内容与要求

一、学前教育评价的内容

学前教育评价涉及与幼儿园教育教学活动相关的各个方面，其包含的内容是多方面的，主要内容为三个方面：学前儿童发展评价，教师发展评价以及幼儿园教育工作评价。下面我们将一一探讨这三个方面的评价。

（一）学前儿童发展评价

评价学前儿童的发展，主要目的：①收集学前教育是否有效的证据；②鉴定学前儿童各个方面的发展是否正常；③提供促进学前儿童发展的信息。

2012年国家教育部颁布的《3~6岁儿童学习与发展指南》（以下简称《指南》）中规定，3~6岁儿童发展评价的内容主要包括以下五个方面：健康，语言，社会，科学，艺术。《指南》全面、系统地明确了3~6岁各个年龄阶段幼儿在各学习与发展领域的合理发展期望和目标，也对实现这些目标的方法和途径提出了具体、可操作的建议，是我们对学前儿童进行教育评价的"实践指南"。

对学前儿童发展进行评价可以是表格式，也可以是文字式的。进行评价时应注意：①应公平地对待所有儿童；②评价的内容和方式应适用于儿童的年龄；③评价方法应多样化，从不同角度获取有关儿童发展的信息；④评价应使儿童受益，促进儿童的发展。

（二）教师发展评价

对从事学前教育工作的教师进行评价是促进幼儿教师队伍整体素质的提高和个人专业发展与提升的重要途径。教育部对幼儿园教师的专业标准做出了详细的规定，其中的相关内容是我们对幼儿教师进行评价的重要依据：

（1）专业理念与师德：职业理解与认识、对幼儿的态度与行为、幼儿保育和教育的态度与行为、个人培养与行为。

（2）专业知识：幼儿发展知识、幼儿保育和教育知识、通识性知识。

（3）专业能力：环境的创设与利用、一日生活的组织与保育、游戏活动的支持与引导、教育活动的计划与实施、激励与评价、沟通与合作、反思与发展。

在对幼儿园教师进行评价时应秉持"发展性教师评价"的理念，使教师本人、园长、合作教师、家长、专家都参与评价，自评与互评相结合，尤其强调自我评价，促使教师主动参与评价，主动寻求自我发展。

（三）幼儿园教育工作评价

幼儿园教育评价具体包括对幼儿园入园与编班、幼儿园的课程、幼儿园的游戏、幼儿园的教育活动、幼儿园总务工作、幼儿园与家庭和社区的合作、幼儿园的管理等各个方面的评价。以下我们主要了解幼儿园课程、游戏、教育活动这三种与学前儿童、教师直接关联的评价。

1. 幼儿园课程评价

幼儿园课程是包含多方面因素的复杂系统。幼儿园课程评价旨在根据幼儿园课程的特点和组成要素，通过收集和分析比较系统全面的有关资料，科学地判断课程的价值和收益。

对幼儿园的课程进行评价的目的在于完成以下任务：①发现课程中的有效部分和不足之处；②向主管部门或社区汇报课程的功效；③通过寻找优缺点改进幼儿园工作；④提供有关针对具体对象的具体课程的信息。

2. 幼儿园游戏评价

游戏符合幼儿的天性与特征，也是最能够满足他们需要的活动形式，在幼儿园各项工作中占据着非常重要的位置。对幼儿园的游戏进行评价能够帮助我们更好地了解：①幼儿游戏的背景，游戏中积累的经验以及存在的问题，便于及时反馈和改进教育策略，为教师制订相关计划提供依据；②幼儿之间的差异，为个别化教育提供依据；③教师对幼儿游戏活动的指导情况，如游戏环境的创设、材料的提供、游戏中的师生互动、教师的指导技能等；还能促使教师不断反思个人的儿童观、游戏观，提高游戏指导能力，加强游戏研究，进而促进教师的专业成长。

对幼儿园的游戏进行评价应该遵循以下原则：

（1）发展性原则。在对游戏的评价中，我们需要在了解幼儿原有发展水平的基础上提供机会与条件，促进幼儿游戏水平的提高，促进幼儿身心的和谐发展。

（2）过程性原则。我们更注重的应该是幼儿在游戏过程中所表现出来的能力和倾向，而不是仅关注游戏结果。

（3）主体性原则。主体性可以说是幼儿游戏的本质特征。幼儿游戏一般具有自主性、愉悦性、虚拟性、社会文化性、具体性等特点。幼儿正是在具体的游戏活动中认识理解周围的世界，进而获得身心发展的。

（4）整合性原则。在游戏评价中，我们需要对儿童的健康、语言、社会、科学、艺术等领域进行综合考量。

3. 幼儿园教育活动评价

幼儿园教育活动评价是指教师在日常教育工作同时进行的，"运用幼儿发展知识、学前教育原理等专业知识于教育实践，分析问题、解决问题的过程"。对幼儿园的教育活动进行评价，应包括对教师的长期或短期教育计划和日程的安排，有关健康、科学、社会、语言、艺术等各个方面的教育内容，以及对与之相关联的日常活动、幼儿的学习与发展等。

二、学前儿童发展评价的基本要求

现代教育评价的一个重要理念是"评价不是为了证明，而是为了改进"。在学前教育改革的大潮中，评价越来越向着人文关怀的方向发展。为合理利用评价促进学前儿童发展，教师应关注以下几个方面：

（一）注重学前儿童发展评价的主体性与多元性

在学前教育评价中，幼儿作为评价主体的地位越来越得到关注和重视。评价的过程也是幼儿自我评价和反思的过程，教师应关注幼儿的自我评价，发挥幼儿的主体性，为幼儿提供一个自我反思的机会，有意识地培养幼儿反省的习惯，有助于幼儿自我概念的形成和发展，有助于教师更好地理解幼儿。同时鼓励家长积极参与到评价中来，共同促进幼儿的成长，促进幼儿自我反省，尝试评价；让家长学会欣赏，参与评价；让教师调整行为，因材施教。增强幼儿自我评价的意识；提高教师观察、记录、研读幼儿的能力和水平；激发家长参与家园合作的积极性，形成幼儿、教师、家长三位一体的互动式评价。

（二）注重学前儿童发展评价的综合性与过程性

在实施表现性评价时，教师应多方面、多角度地对幼儿进行评价。在评价过程中，教师不应只关注幼儿特定方面的发展，应关注幼儿各方面的发展，全面综合地评价幼儿。在评价过程中，教师可综合运用多种方式方法对幼儿进行评价。例如，在成长记录袋评价中，教师可将等级评估表、观察记录、评语三部分加以结合，记录的方式也不局限于描述性语言，可增加一些幼儿能看懂的如绘画、评语或照片记录等，让幼儿亲身感知自己的进步，从而树立积极的自尊心和自信心。

幼儿天生具有探索和求知的欲望，幼儿的学习每时每刻都在发生。一次创作的成果、一张发展量表怎能完全体现幼儿的学习和成长过程呢？评价过程不是某个单一的教学活动，也不是一次简单的综合测评，而是幼儿在某一时期连续、系统、整体的发展过程。教师须通过连续性的观察，了解幼儿发展中哪些方面有所欠缺、为什么欠缺以及应从哪些方面帮助幼儿弥补。幼儿的外显行为易受多种因素的制约，在不同环境、不同情境、不同活动中，幼儿的表现可能会有很大的差别。因此，教师在观察和评价的过程中，应关注幼儿的实际情况，将幼儿当前的表现与以往的表现加以对比，从而对幼儿做出发展性评价。

(三)注重学前儿童发展评价的日常性与系统性

良好的日常评价有利于提升整体评价质量，更好地促进幼儿发展。在日常评价中，教师的评价应更加聚焦，即评价语要尽可能具体一点，以分析性评价为主，减少类似"很棒""非常好"等空泛的评价。可将评价语转换成"我认为你……方面做得好""表现很好，也可以在……方面继续加强"等具有针对性和指导意义的形式，以使评价更具有价值。教师在评价幼儿活动中的表现时，可多选择"做事细心，有条理""与其他小朋友沟通时有礼貌""在活动中，能够与其他小朋友分工合作，且合作过程愉快"等评价语，以帮助幼儿了解自己哪些方面做得好，哪些方面还有待加强，进而增强幼儿的自我认知能力。为提高日常评价的质量，教师应多选用具有针对性、指向性和指导意义的评价语。

在运用表现性评价的过程中，要注重评价的系统性。表现性评价的实施是一个伴随"制订计划—确定观察主题—创设情境—收集信息—分析整理—反思总结—改进活动—再次制订计划……"一系列步骤的循环往复过程。教师须做好长期系统的观察和记录，才能更好地了解幼儿，更充分地利用评价改进自己的教学工作，从而促进师幼的共同发展。

第三节　学前儿童发展评价的模式与方法

一、学前教育评价的模式

评价模式是与某种特定的评价过程相联系的一整套的程序和方法，是评价理论的具体表现形式。教育实践的复杂性，直接导致了评价模式的多样化。在这里我们主要介绍几种常见的学前教育评价模式。

(一)目标获得性评价模式

目标获得性模式，也称为目标达成模式，其倡导人是近代教育评价的主要创始人泰勒。这种评价模式强调明确地阐述行为目标，并对这些目标加以系统测量。用该模式进行的比较是在预定的目标(或标准)与结果之间进行比较。

目标获得性评价模式基本步骤如下：①阐述主题目标并将目标分类；②将

目标按行为定义,即将目标转变为可观察或测量的行为指标;③选取评估这些目标的合适手段与情景;④制订或选择测量工具;⑤收集资料;⑥将收集的资料与行为目标进行比较;⑦获取改革或调整启示。

这种评价模式将评价视角集中于可观察的行为目标,能系统地考查预定目标与儿童发展之间的一致性,因为具有具体的评价指标体系,易于对目标达成程度做出评价,教师作为评价过程的参与者,可操作性较强。但它不能够直接评价教育过程,以及任何非行为目标的现象和方面。同时因为目标是人为制订的,很容易使一些主观的目标进入到评价体系之中。目标获得性评价模式目前仍然广泛运用于各种教育评价活动之中,特别是比较大型和正式的教育评价活动。

(二)目标游离模式

目标游离模式,从字面上我们就可以看出它跟目标获得性评价模式有着某种联系。1967年,美国哲学家斯克里文针对传统评价将注意力集中在目标达成上,而提出了此种教育评价模式。他认为教育活动除了会收到预期的成效之外,还会产生各种"非预期效应",或者我们可以称之为"第二效应"。这种非预期的效应有可能是积极的,也有可能是消极的,但不管积极还是消极,它们都是教育的结果。目标游离模式不追求既定的目标,运用这种模式进行评价的重点在于评价"教育实际上干了什么",即教育事实上产生了哪些结果。

作为一种评价模式,目标游离模式没有严格的定义和评价程序,可操作性比目标达成模式也要差,它还不是一种完善的评价模式。但作为一种评价指导思想,斯克里文的"目标游离模式""无费用评价""评价系统清单"等,毫无疑问对我们的教育评价理论和实践都产生了较大的影响。

(三)CIPP模式

CIPP是将评价的四个部分背景(context)、输入(input)、过程(progress)、结果(product)的英文名称第一个字母组合而成。这种模式是由美国学者斯塔弗尔比姆在20世纪60年代提出。一般而言,这种模式分别回答评价"需要做什么""应该如何做""是否完成""成功与否"四个问题,并且分别为四类决策服务:计划决策,建构决策,自行决策,循环决策。

这种评价模式使用范围广,综合性强,可在课程发展的任何阶段进行。对行政决策人员具有广泛的服务性功能,因此也称之为"决策评价模式"。但正是因为这样，CIPP模式最终的效能依赖于决策者的观念与水平，某些内容也只是描述性的，如果要全面展开这种评价模式，实施比较困难，费用也会较高。

（四）外貌评价模式

外貌评价模式是心理测量学家斯塔克（R.Stake）于1967年倡导提出的。他在《教育评价的外貌》一文中批评非正式评价（基于随机观察、主观判断、含蓄目标、直觉常模等）的缺点和不足，鼓励教育者从三个方面收集资料：①前提因素，如儿童的年龄、知识经验、智力状况、机构的资源条件、师资条件等；②过程因素，如各类教育教学活动、游戏、作业、测验、交往，以及有关的人际关系（师幼关系、同伴关系、上下级关系等），人与物的关系（儿童与材料的交互作用）；③结果因素，如儿童习得的经验、身心品质等，以便考查评价的全貌。

外貌评价模式不仅考察结果，而且考察前提与过程，能较为完整系统地考察被评对象的全景，可运用于几乎所有机构或课程，或运用于各种类型的评价（如形成性评价、终结性评价等）。但因为缺乏获取各项观测资料的科学适宜的方法，收集的资料覆盖面广，若全面推行，则相当复杂，可能耗资太多，应用起来比较困难。

（五）应答评价模式

应答评价模式也是由斯塔克（R.Stake）提出的。他认为，外貌评价模式所要求的信息资料可运用于应答评价模式的背景中。这种模式具有三个方面的特征：①更直接地指向课程或方案的活动而非内容；②尽量满足评价听取人对信息的需求和兴趣；③评价报告更能反映各类人员不同的价值观念。

应答评价模式的评价工作程序一般如下：①制订一个关心与商谈计划，安排各类人员对课程的实施情况进行观察，在综合观察结果的基础上，写出简明扼要的报告；②从报告中提取有价值的方面，广泛收集持有不同观点的人的看法，并考察资料的准确性；③听取有关权威人士对各种结果的意见，以及评价听取人对这些结果之间的关系；④根据评价者和评价委托人达成的协议，决定是否需要写出最终的书面评价报告。

二、学前教育评价的方法

学前教育评价涉及学前教育的各个方面，出于不同的评价目的和内容，我们选取的评价方法都不同。随着学前教育评价理论与实践的发展，评价的方法越来越丰富多样，并且各有优点和不足。在幼儿园的教育实践中，常用的方法有观察法、实验法和调查法。

（一）观察法

观察法是指在自然状态下，评价者根据信息采集的目的和方案，有目的、有计划地观察被评者在一定条件下的言行变化，做出详尽的记录，然后进行分析处理。观察法是教育评价中最常用也是最基本的一种方法。从不同维度可将观察法分成不同的类型：

（1）从时间上来看，可分为长期观察和定期观察。

（2）从范围上来看，可分为全面观察（对若干评价对象同时加以观察）和重点观察（只观察记录一种评价对象）。

（3）从规模上来看，可分为群体观察和个体观察。

（二）实验法

实验法是一种有控制的观察。研究者根据一定的研究目的，事先拟定周密的设计，把与研究无关的因素控制起来，让被研究者在一定的条件下引发出某种行为，从而研究一定条件与某种行为之间的因果关系。实验法是一种较为严格、客观的研究方法，可分为实验室实验和自然实验两种。

1. 实验室实验

实验室实验即在实验室里，借助一定的仪器设备，促使被试者做出反应，以获取所需要的资料。因为有了严密控制的条件，这种方法能够提供精确的结果，适用于对幼儿感知、记忆、思维、动作和生理机制等方面的研究。

2. 自然实验

自然实验是指在原有的环境中，适当控制一些条件进行的观察。例如，在教室里不影响课堂教学的条件下，研究教师语调对幼儿注意力的影响；在运动场上研究幼儿在体育活动中的互助行为等。

（三）调查法

调查法实际上是一类方法的总称，包括谈话法、问卷法、测验法和作品分析法。

1. 谈话法

谈话法是指通过与幼儿及相关人员进行口头问答的方法收集资料的一种方

法。谈话能够有意识地、主动地了解幼儿深层次的思想活动。

谈话法是一种简单易行的方法，运用时应注意以下几点，以确保谈话取得较好的效果：①谈话前确定好谈话的目的、内容和过程，如先谈什么、后谈什么，谈话地点、时间、方式等；②谈话态度亲切、和蔼、诚恳；③根据谈话对象的不同采用灵活多样的谈话方式；④耐心听取谈话者的意见，不轻易打断；⑤如果允许，可通过笔记、录音或者录像的方式记录谈话过程，谈话结束后记下自己的看法和感受。

对于幼儿来说，教师应该注意运用非正式谈话来进行了解。由于没有特定的形式、地点和时间的限制，更有利于对幼儿进行了解，也更具有通畅性和交流的及时性。

2. 问卷法

问卷法是指评价者根据评价目的，以书面的形式将要收集的资料列成明确的问题（问卷）让被评者回答。常用的形式是将一个问题可能的答案都列出，让被评者圈，根据评价者的回答，分析整理结果。

在学前教育评价中，由于幼儿缺乏书面文字处理能力，对幼儿进行问卷调查难度较大。因而在进行评价时，一般以了解幼儿情况的成人为对象，如家长、教师等，由其向幼儿解释后代填。

3. 测验法

测验法是指按照规定的法则运用特定的量表对研究对象某一方面的特征进行度量的方法，一般采用量表或测量工具来完成。根据编制的规范性可将测验分为标准化测验和非标准化测验。根据回答方式可将测验分为书面测验和非书面测验。

下面介绍几个适用于对学前儿童发展进行评价的量表：

（1）婴幼儿发育量表（0～3岁）

由中国科学院心理研究所范存仁等研究成功的《0～3岁婴幼儿发育量表》，从领域和行为两方面来评价婴幼儿感知敏锐性、注意分辨能力以及对外界做出反应的能力，早期获得物体的恒常性、记忆、学习及回答问题的能力，早期概括化和分类能力以及感知、注意和认识能力等。

（2）中国儿童发展量表（3～6岁）

该量表是在北京师范大学张厚粲教授主持下研制的，是评定学前儿童发展的诊断性量表。量表分为治疗发展量表和运动发展量表。全测验共16项分测验：看图命名（10题），量词使用（8题），看图补缺（10题），语言理解（7题），按例找图（10题），袋中摸物（8题），拼摆图形（12题），数数算算（16题），错误分析（6题），社会常识（8题），人物关系（11题），以及单脚站立（测平衡力），立定跳远（测爆发力），左跳右跳（测动作的灵活性），蹲蹲站站（测耐久力），快捡小豆（测手眼的协调和灵敏性）。

（3）韦克斯勒学前儿童智力量表（WPPSI）

该量表的设计者是美国著名的心理学家韦克斯勒。我国郭迪和龚耀先分别于1983年和1984年对其进行了修订，制订了适用于中国儿童的量表。

该量表包括11个分测验，主要分为言语和操作测验两大块。言语部分包括常识理解问题、算数、发现两物的相似性和词汇等。操作部分包括整理图片、积木、图像组合、译码和迷津等。

（4）中国比奈智力测验

比奈西蒙智力量表是世界上第一个正规的智力测验。斯坦福大学以推孟教授为代表的学者们先后对该量表进行了四次修订，于是有了斯坦福-比奈量表。我国也对其进行了修订。

该测验一共有51个项目，适用于3～18岁（最适宜为4～14岁）的儿童。例如，5岁组题型包括在人像上补笔，模仿折叠三角形，为皮球、买、火炉下定义，判断图形的异同，把两个三角形拼成一个长方形等。

（5）儿童人格测验

罗夏墨渍测验是常见的儿童人格测验。该测验也适用于成人，主要用于诊断异常人格，由10张墨渍图构成。

同样适用于儿童的投射测验还有儿童统觉测验、绘人测验、填句测验、动态家庭画测验等。该类测验的依据在于儿童运用的色彩、构图以及空间位置等都与其人格有关系。

4. 作品分析法

作品分析法是指通过对被评价者的作品如作业、日记、考卷、绘画、手工制品等来分析他们的心理特点或某方面的能力水平的一种方法。作品分析法具有隐蔽性、评价规模较小、可信度高等特点。

三、学前教育评价的发展趋势

（一）评价涉及领域逐渐广泛

自泰勒领导的"八年研究"标志教育评价的诞生以来，学前教育评价已经从单纯注重对儿童发展的评价，发展到对与学前教育相关的各个方面的评价，评价涉及的领域越来越广泛。目前许多国家的学前教育评价不仅包括常规的评价项目（课程、幼儿、教师发展、活动游戏），还包括学前教育的物质和心理环境评价，缺陷或弱智儿童、家庭背景不利儿童的教育计划的评价，学前教育的费用投入及其收益的评价，乃至儿童玩具电视节目、文学作品和文化用具等的教育价值评价等。这一趋势的发展必然也导致了各种专业人员之间的跨领域专业合作日益增多。

（二）评价机构趋于多样

我国目前的学前教育评价一般是由教育行政部门承担，功能也局限于地方政府对学前教育机构的监督和领导。这种格局近年来也发生了一些变化，部分地方政府教育部门制定和颁布了本地区"托幼机构分级分类验收标准"或"优质幼儿园和示范幼儿园的验收标准"等，采用评价结果与收费结果挂钩的手段，发挥评价应有的激励功能。

美国的学前教育评价主要由专门的教育评价、教育研究机构或学术团体与有关专家相结合的评估组织机构实施，具有非政府性和权威性，例如美国幼儿教育协会和各州分会均设有专门的评价委员会。每年各地学前教育机构提出评估申请，缴纳一定的评估费用，在评价委员会的指导之下先进行内部自评，经过评审自评报告，现场访问评审之后，得出的评价结论以及发放的合格证书已经成为托幼机构开业和家长选择的有力证据。

英国的教育评价主要由学术专家进行，政府干预较少。许多国家都设有独立经营的评估、研究、认证机构，凭借专业的人员和技术，在业内已经建立起了信誉和权威。一些高等院校的专业研究人员也经常受到评估机构的委托和资助，参与到评价之中来。

国外在学前教育评价方面的成熟经验是值得我们借鉴和学习的。改变评价机构单一的情况，充分发挥专业机构和人员的专长与实力是提高教育评价质量、实现教育评价功能的有力保障。

（三）评价技术不断革新

科学技术的迅猛发展为学前教育评价提供了新的方法和手段。近年来兴起的"三角量法""多重参照测量"等，可克服单因素测量评估方式的局限，更好地解释和判断多元化因素的学前教育现象的价值。

由于计算机技术的普及和发展，涌现出了许多新的研究成果和程序软件，都可为教育评价所用。例如，美国加利福尼亚州大学洛杉矶分校的电子工程专家和教育学院的学者们合作，正在创建一种电子幼儿园教室，将有助于为研究和评价幼儿的学习过程和幼儿之间的交互作用收集多方位的资料。

近年来，国内外已有较多关于一般性教育评价技术的书籍和资料，这些书籍和资料的问世也为学前教育评价提供了大量的有用信息。

（四）评价功能更显重大

我们进行学前教育评价的终极目的，就在于推动、促进学前教育改革的深入发展以及保教质量的不断提高。

许多国家的教育决策部门开始鼓励并支持有价值的评价项目，并把评价结果作为决策的重要依据。科学的决策，是当代各国政府致力追求的目标。评价的结果应该也必须是决策的核心。这一趋势将有益于把学前教育的领导管理、决策水平、评价工作与改革实践等多方面的发展纳入一个良性循环圈，大大加速学前教育事业优化发展。

（五）"元评价"的逐渐显现

对教育评价工作进行再评价，不断考察评价工作的信度和效度，也就是进行"元评价"，是我们提高评价水平、充分发挥评价功效的必要条件。

一些发达国家，常可发现一些对具体评价项目加以评价的专门性论著及论文。反思评价中收集的资料是否与问题密切相关，方案是否需要调整，使用的手段是否适宜，资料来源是否多样、是否具有针对性和代表性……这种活动不仅能够促进评价水平的提高，还有助于促进整个评价事业的发展，使教育评价工作在总结经验、吸取教训的基础上得以不断改进。